高等教育“十三五”规划教材

基础会计学

第二版

韩沚清　赵丽萍　主编

中国矿业大学出版社
China University of Mining and Technology Press
·徐州·

内容简介

《基础会计学》以会计核算方法为主线展开阐述。首先，从会计学产生和发展入手，介绍会计的基本含义、职能与目标。其次，详细阐述会计的基本核算方法，包括：会计科目与账户、借贷记账法及其在制造企业中的具体应用、会计凭证、会计账簿、财产清查及财务报告等内容。同时，对会计核算组织程序及账户分类进行了系统的总结介绍。最后，对包括会计法规体系、会计职业道德等内容的会计管理与组织工作进行了说明。

本书可供高等院校会计学专业和经济管理类专业教学使用，也可供其他层次人员培训使用或学习参考。

图书在版编目(CIP)数据

基础会计学 / 韩沚清，赵丽萍主编. —2 版. —徐州：中国矿业大学出版社，2018.2(2021.3 重印)

ISBN 978-7-5646-3910-5

Ⅰ. ①基… Ⅱ. ①韩… ②赵… Ⅲ. ①会计学 Ⅳ. ①F230

中国版本图书馆 CIP 数据核字(2018)第 032086 号

书　　名 基础会计学
主　　编 韩沚清　赵丽萍
责任编辑 褚建萍
出版发行 中国矿业大学出版社有限责任公司
(江苏省徐州市解放南路　邮编 221008)
营销热线 (0516)83884103　83885105
出版服务 (0516)83995789　83884920
网　　址 http://www.cumtp.com　**E-mail**:cumtpvip@cumtp.com
印　　刷 江苏凤凰数码印务有限公司
开　　本 787 mm×960 mm　1/16　**印张** 18.25　**字数** 350 千字
版次印次 2018 年 2 月第 2 版　2021 年 3 月第 2 次印刷
定　　价 32.00 元

第二版前言

本书第一版于2012年7月出版后，得到广大师生的厚爱和支持。他们热情地反馈了许多宝贵的意见和建议。2014年1月以来，财政部先后发布了多项具体会计准则（包括修订）、准则解释等；2017年11月4日，第十二届全国人民代表大会常务委员会第三十次会议对《会计法》进行了第三次修改。为帮助读者高效地学习和掌握会计学原理，我们结合读者朋友们的反馈意见和老师们使用教材过程中的创新以及会计准则等的修订要点，适时组织了此次修订。

基础会计学是高等院校经济管理类专业的一门重要专业基础课程，为其他各门专业会计课程的学习奠定了基础。本教材是我们在长期从事会计理论和会计实务教学与研究的基础上，以现代会计理论为基石，积极吸收会计研究的最新成果，同时充分借鉴国内外同类教材的成功经验，以《会计法》和最新的《企业会计准则》及其应用指南为依据编写的。

本书第二版保留了第一版的主要特色：创新性，突出"新"思维；系统性，体现会计学课程体系的连续性；完整性，涵盖会计核算原理的全部主要内容；实用性，考虑社会需要基础上的实用性和可操作性；优化性，优化整合相关经验及研究成果。

第二版修订主要考虑以下几个方面：一是会计的国际趋同问题，如结合最新准则的变化对有关章节内容进行了增补、调整与修改；二是教材内容体系的可理解性，如关于会计核算前提、财产清查和账务处理程序的调整等；三是文字表述的完善，修改了部分章节、个别例题和数字。上述修订涉及所有各章。另外，考虑到会计学课程体系的完整性和系统性，删去了"计算机在会计中的应用"一章。

本书由山东科技大学韩沚清教授、太原理工大学赵丽萍教授担任主编；山东科技大学郝敏、李芳、付莉、刘英姿、刘立华及太原理工大学郭淑娟、王亮、王聪参加编写。本书第二版编写具体分工是：第一章第一、二、四、六节由韩沚清编写；第一章第三、五节由王亮编写；第二章由王聪编写；第三章由刘英姿编写；第四章第一～五节由付莉编写；第四章第六、七节及第六章和第十章由郝敏编写；第五章和第七章由刘立华编写；第八章由郭淑娟编写；第九章由李芳编写；第十一章由赵丽萍编写。全书由韩沚清负责统稿，由韩沚清和赵丽萍总纂和定稿。本书的组织编写，得到了各位作者所在院校的大力支持。中国矿业大学出版社褚建萍主任给予了大力支持和帮助。同时，编写过程中，也参阅了大量相关资料，由于篇幅所限，书后只能列出一部分。在此一并表示深深的谢意！

此外，本书也是山东省"初级会计学"精品课程建设研究成果之一。在此，向课程建设组表示谢意！

在编写过程中，我们始终本着认真、务实、求新的态度，从编写大纲拟定、书稿撰写到最终定稿，虽几经修改、完善，但仍难免疏漏和错误。对此，我们真诚欢迎广大读者提出意见并给予指正。

作　者

2017年10月

第一版前言

基础会计学是高等院校经济管理类专业的一门重要专业基础课程，为其他各门专业会计课程的学习奠定了基础。

2006年2月15日，新企业会计准则的颁布使我国会计准则与国际会计准则达到了实质性趋同。同时，新会计准则体系也适应了我国进一步改革开放的需要。会计准则体系的不断发展与完善，对会计人员及相关人员的会计知识水平、业务技能及素质提出了更高的要求，也为培养学生提出了新的目标。为适应新准则的变化，进行教学内容的更新，我们编写了本教材。

本教材是我们在长期从事会计理论和会计实务教学与研究的基础上，以现代会计理论为指导，积极吸收会计研究的最新成果，同时充分借鉴国内外同类教材的成功经验，以《会计法》和《企业会计准则》(2006年)及其应用指南为依据来完成的。

本书特色主要表现在以下五个方面：

① 创新性。本教材的特色之一在于突出“新”思维。每章均从“引导案例”分析导入，并依据最新财务会计法规和会计准则，逐渐引出和展开相关会计核算方法的介绍说明。同时，也汲取了一些最新的研究成果。在章节和内容安排上，融入了编者多年的教学经验和实践经验。

② 系统性。在教材内容的设置上，完全符合由浅入深、由简入繁、循序渐进、难点分解的教学规律，通俗易懂地阐述教学内容，并保证与中级财务会计课程的衔接，体现出会计学教学的连续性与系统性。

③ 完整性。从专业基础和实务出发，教材内容涵盖了会计核算原理的全部主要内容，体现了会计教学内容体系的完整性。

④ 实用性。本教材体系安排在充分考虑社会需要的同时，也将各知识点进行了合理调整与安排，从而较好地体现了教学上的实用性和可操作性。

⑤ 优化性。本教材是在四所高等院校多年教学积累的基础上，对相关经验及研究成果进行优化整合的结果，具体内容及其阐述方法均进行了充分的优化。

本书由山东科技大学韩沚清教授、太原理工大学赵丽萍教授担任主编，上海电视大学方莹、山东科技大学张振华、太原理工大学王聪担任副主编；山东科技大学郝敏、李芳、付莉，太原理工大学郭淑娟、王亮，太原理工大学轻纺工程与美术学院李浩燕，西安科技大学方华、王媛参加编写。本书编写具体分工是：第一章由韩沚清编写，第二章由王亮编写，第三章由王聪编写，第四章由张振华编写，第五章由付莉和郝敏编写，第六章由李浩燕编写，第七章由郝敏编写，第八章由方莹编写，第九章由方华编写，第十章由郭淑娟编写，第十一章由李芳编写，第十二章由赵丽萍编写，第十三章由王媛编写。全书由韩沚清和赵丽萍总纂和定稿。本书的组织编写，得到了各位作者所在院校的大力支持。中国矿业大学出版社高等教育出版中心褚建萍主任给予了大力支持和帮助。同时，编写过程中，也参阅了大量相关资料，由于篇幅所限，书后只能列出一部分。在此一并表示深深的谢意！

此外，本书编写也吸收了山东科技大学"基础会计学"精品课程部分建设研究成果。在此，向课程建设组表示谢意！

在编写过程中，我们始终本着求新、务实、认真的态度，从编写大纲拟定、书稿撰写到最终定稿，虽几经修改、完善，但仍难免疏漏和错误。对此，我们真诚地欢迎广大读者提出意见并给予指正，愿与广大同仁共同促进基础会计学科的不断完善和发展。

作　者
2012 年 3 月

目　录

第一章 总 论

引导案例

会计真的很重要吗?

水泊梁山的财务总监是谁?掌管钱粮总头领有两员:一位是小旋风柴进,一位是扑天雕李应。此外,梁山上与会计有关的职位除了高层外,还有其他一些职位,如考算钱头领一十六员。其中,定功赏罚军政司一员:铁面孔目裴宣,考算钱粮支出纳入一员:神算子蒋敬。可见,梁山好汉也需要会计。此外,在很多经典小说中,“会计”也都有特定的角色担当。

美国前国务卿基辛格是尼克松时代的第一谋臣,早年毕业于美国哈佛大学会计系;澳门首任特区行政长官何厚铧,曾获取加拿大注册会计师资格,并执业于香港一家注册会计师事务所;中国国际金融有限公司前总裁兼首席执行官朱云来,获得芝加哥 DePaul 大学会计硕士学位。

据统计,世界 500 强企业中的首席执行官中大约有 29%的教育背景是会计专业,有 35%的人是由财务执行官升任的。

古今中外,无论是政府官员还是企业领袖,无论是著名故事人物还是企业家,都不乏会计背景的人物。为什么会计会如此重要呢?

【学习目标】

(1) 掌握会计科目和会计账户的含义与设置；

(2) 掌握会计科目与会计账户按照经济用途的分类；

(3) 掌握会计账户的结构及应用；

(4) 了解会计科目的设置原则及会计科目与会计账户之间的关系。

【学习重点与难点】

(1) 会计的本质；

(2) 会计信息质量要求各自的含义；

(3) 会计计量的基本属性；

(4) 权责发生制和收付实现制的差别；

(5) 会计的职能。

第一节　会计的产生和发展

对于“会计”这个词，大家并不陌生。有人说，会计工作就是记账、算账，也就是记账员，除此之外还有更多的理解吗？学完本节后，又应该如何认识这种说法的正确性呢？会计到底是什么？为此，我们需要首先了解会计究竟是怎么产生的、是如何发展至今的、未来将会如何发展，从而理解“会计”的基本内涵和实质。

一般，国内学者主张人类早期的会计行为起源于旧石器时代的中、晚期（距今约十万至二三万年），而国外学者则认为会计起源于新石器时代（距今约八千至五千年）。

一、会计产生的基础和条件

郭道扬教授认为，人类最初的会计思想与会计行为是社会生产发展到一定阶段的产物。正是由于生产剩余物品的出现，人类才有可能在思维活动方面将生产、分配、储备问题联系起来加以考虑，从而萌生了一种计量、记录思想，进而便产生了人类最古老的、最原始的计量、记录行为。

高治宇认为，在人类社会的历史长河中，会计的产生和发展的历史过程可追溯到原始社会末期。当人们有了剩余生产物，需要对生产活动进行计量、计算和反映时，会计的原始萌芽就产生了。

索科洛夫认为，最初人们还不需要核算，因为凭人的头脑就足以容下所有的经济情况，这倒不是说某人有其特殊的记忆力，而是由于经济的规模太小，有关的信息不多。只有在具备了某些条件后才有可能出现书面核算与账簿登记。首先，经济活动的发展应该达到相当广泛的程度；其次，必须要有文字和学会初等算术。文字的出现与算术的发展为核算的产生创造了条件，而经营活动则有助于它的全面推广。

因此，会计产生的客观基础是物质资料生产，即物质资料生产的相对发达为会计的产生提供了可能性和必要性；会计产生的前提条件是计量与记录行为，它也是文字、数学、统计等研究的前提条件和起源，所以由此角度看，会计也是一种文化。

二、计量记录的发轫

会计的产生离不开人类的生产实践以及人们对生产活动进行管理的需要。比如，人们在进行生产资料和生活资料的生产时，需要将生产活动的过程和内容记录下来并计算生产活动的数量。随着生产力水平的提高，人们需要更多的物资投入生产，这些物资怎么分配，耗用多少数量在产品生产上，需要把这些内容以一定形式记录下来。

人类早期的会计行为——人类最初的计量行为（表现为数学，此时的数学为萌芽状态）、人类最初的记录行为（表现为文字，此时的文字为萌芽状态）到了人类社会有了生产剩余物品时才出现。

高治宇在分析人类早期会计行为的产生条件时，提到了两个条件：一个是“有了剩余生产物”，另一个是“有了计量、计算和反映的方法”。仔细分析第二个条件可以发现，这个条件包含了两层意思：第一层意思是“有了计量、计算的方法”（表现为数学），第二层意思是“有了反映的方法”（表现为文字）。

可见，剩余产品的出现、数学的出现和文字的出现三者共同促使了人类早期会计行为的产生。

三、“会计”的由来

“会计”一词人人皆知，它是监督和管理财务工作的代称。而今，也用“会计”称谓做此类工作的人。

“会计”的历史颇久，古已有之。据记载，我国从周代就有了专设的会计官职，掌管赋税收入、钱银支出等财务工作，进行月计、岁会。亦即，一年总和算之为“会”，每月零星盘算为“计”，两者合在一起即成“会计”。

再追溯根源考查一下，相传“会计”一词是大禹留下来的。今日浙江省的绍兴、嵊州、诸暨、东阳等地之间有座山，古代曾叫作“苗山”。大禹晚年时在苗山，自此改名“会稽山”了，至今仍沿用此名。“会稽”即“会计稽核”之意，故该词是由大禹发明，并且流传下来的。

此外，古书中多处都有使用“会计”一词的记载，如《孟子》中有“会计当而已矣”的记载；《战国策》中有冯谖为“孟尝君市议”的故事，孟尝君想派员去薛邑替他取债款，于是他问其门下，“谁习计会？”古代的“计会”就是如今的“会计”，冯谖立即站出来，自荐为孟尝君做会计。汉代把周朝的会计官职又作发展，设立了管理这些会计事务的官职了，也许这就是最早的“会计师事务所”或财政司呢！

四、会计的发展与完善

1. 中国会计的发展和完善

自会计产生以来，先后经历了漫长的发展过程，并得以逐步完善。

西周王朝时期，出现了“会计”一词；产生了“官厅会计”，并出现“司会”。秦汉时期，出现了“入一出＝余”的基本结算公式，将会计核算推进了一步。西汉时期，出现了“簿”、“簿书”、“计簿”，为会计记录提供了必要的条件。唐宋时期，又出现了“四柱结算法”，这是中式会计方法的精髓，即：旧管＋新收－开除＝实在。明末清初，出现了“龙门账”，这是中国复式记账的起源，也标志着我国部门会计——商业会计的产生。清朝乾隆、嘉庆年间，更出现了“四脚账”，它把账目划分为进、缴、存、该，以反映收入、费用、资产、负债的增减变化以及它们之间的平衡关系，并定期结账，从而把中式会计推向了一个新的发展阶段。

我国会计发展史上先后发生了三次革命：第一次，西式会计的推广运用；第二次，苏联会计模式的引进；第三次，1992 年发布两则两制。

1985 年颁布的《中华人民共和国会计法》，标志着我国会计工作法治化的开端。两则两制的发布实施，标志着我国的会计模式实现了与国际会计惯例的接轨与初步协调。2006 年 2 月 15 日，财政部发布了新的《企业会计准则》，至今又进行了多次修订并增加了新的具体准则。

实践证明“经济越发展，会计越重要”。

2. 西方会计的发展和完善

1494 年，意大利数学家卢卡·巴其阿勒的数学专著《算术、几何、比及比例概要》是世界上第一部系统介绍和阐述借贷复式记账法的文献，因此，卢卡·巴其阿勒被尊称“近代会计之父”。18 世纪中叶，成本会计得以形成、发展，随着两权分离，英国出现第一批以查账为职业的独立会计师，并于 1854 年成立了第一个注册会计师专业团体“爱丁堡会计师协会”，标志着注册会计师职业的诞生。19 世纪末 20 世纪初，“公认会计原则”形成。20 世纪 50 年代以后，传统会计分化为财务会计和管理会计两大分支，以及将电子计算机应用于会计领域。这是现代会计形成的重要标志。

3. 会计电算化与人工智能

1946 年，世界上第一台计算机问世。随着现代科学技术的发展，计算机作为一种能够部分替代人脑工作的现代数据处理设备迅速发展起来。

1954 年，美国通用电气公司首次利用计算机计算职工薪金的举动，开创了利用计算机进行会计数据处理的新纪元，引起了会计数据处理技术的变革，电算化会计也应运而生了。20 世纪 60 年代中期以后，计算机硬件、软件的性能得到了进一步的改进，可操作性不断增强，为计算机在会计领域的普及创造了条件。特别是微型计算机的问世，数据库与计算机网络技术的迅猛发展，使人们充分认识到电算化数据处理的优越性。在新技术新方法不断呈现的同时，专业会计软件不断翻新，电算化会计的理论研究不断完善和成熟，电算化会计系统逐渐成形。

1979 年，第一汽车制造厂大规模信息系统的设计与实施，成为我国电算化会计发展过程中的一个里程碑。1981 年 8 月，在财政部、原第一机械工业部、中国会计学会的支持下，中国人民大学和第一汽车制造厂联合召开了“财务、会计、成本应用电子计算机问题讨论会”，第一次正式提出了“电子计算机在会计工作中的应用”的问题，引入了“会计电算化”的概念。

会计电算化是以电子计算机为主的当代电子技术和信息技术应用到会计实务中的简称，是一个应用电子计算机实现的会计信息系统。它实现了数据处理的自动化，使传统的手工会计信息系统发展演变为电算化会计信息系统。会计电算化是会计发展史上的一次重大革命，它不仅是会计发展的需要，而且是经济和科技对会计工作提出的要求。

2016 年 3 月，谷歌的 AlphaGo 系统在与韩国选手李世石九段的围棋对战中以 4∶1 的战况取得压倒性胜利，人工智能再次走进了公众视野。紧接着，德勤会计师事务所宣布，将在审计、税务和会计等领域引入人工智能的概念，此举给会计行业的发展带来重大变革和影响。

如同上升的冰山一样，随着人工智能的发展与完善，将会有越来越多的功能被引入会计行业。目前，只有财务会计人员所做的部分不需要多少技术含量、简单重复的工作，例如帮助员工阅读乏味的合同和其他文件，甚至日常报账等，将被善于记忆与运算的计算机系统所取代。审计、税务等基础工作的财务人员会逐步减少，取而代之的是智能审计、智能税务等人工智能系统。随着人工智能与会计信息系统的不断结合，互联网、数据挖掘和云计算的进一步发展，以及支持财务分析和会计信息系统的创新，人类将构建出智能财务决策支持系统。但是冰山不会无限上升，因为人工智能是按照事先设定的规则执行程序的，即便是深度学习也是有一定前提条件的。而且它没有感情，不能彻底地实现灵活思考，例如在涉及人的方面——处理组织与人员、组织与组织的问题时，人工智能并不具有完全智能地处理问题的能力，因而人工智能并不能完全取代财务会计人员。

因此，会计作为一种经济管理活动，其产生同社会生产密切相关。其发展过程主要有三个阶段：第一阶段，古代会计。此时专门方法还没有形成，还不是一门独立的学科。第二阶段，近代会计。复式簿记在理论上的总结被认为是近代会计发展史上的第一个里程碑。第三阶段，现代会计。管理会计的形成是近代会计发展为现代会计的重要标志。或许正经历第四个界定，人工智能会计。

第二节　会计的含义、职能与目标

一、会计的含义

1. 会计的基本概念

美国会计学会(AAA)认为："会计是鉴定、衡量和传送经济信息的方法，并使经济信息的使用者能据以做出明智的判断与决策"。

美国注册会计师协会(AICPA)则认为："会计是将有关财务性质的交易及事项，按照通行货币单位加以记录、分类及汇总表达，并将其结果予以分析与解释的一种实用学科"。

还有相当多的人把会计理解为是一种记账、算账、报账与用账的工作。

我们认为会计是以货币为主要计量单位，运用专门的方法，对会计主体单位的经济活动进行全面、系统、连续、综合反映和控制的一种管理活动和以提供财务信息为主的经济信息系统。

在这一概念中，重点是对"管理活动"的理解，即会计是经济管理的重要组成部分。它是通过收集、加工和利用一定的货币单位作为计量标准来表现的经济信息，对经济活动进行组织、控制、调节和指导，促使人们比较得失、权衡利弊、讲求经济效益的一种管理活动。

2. 会计的实质

为了获得最大的经济效益，企业必须借助于会计，对日常发生的经济活动进行记录和计算，为经营管理提供必要的经济信息资料；利用会计信息对过去的经济活动进行考核评价，以便发现问题，改进工作；对当前的经济活动进行控制，使其按预定的目标进行；对未来的经济活动进行预测、决策，以最少的投入争取最大的效益产出。

将会计视为一种经济管理活动，比较准确地反映了会计的实质，有助于推动会计工作的发展。

总之，会计是在社会生产实践中产生，并随着社会生产的发展和经济管理的需要而不断发展的。现代会计是经济管理的重要组成部分，它是以货币为主要计量单位，对企业、行政、事业单位的经济活动进行综合、连续、系统、全面的核算和监督，并在此基础上对经济活动进行预测、决策和控制的一种管理活动。

3. 会计的基本特点

会计作为一种经济管理活动，具有以下五个特点：

(1) 以货币为主要计量单位。会计以货币作为主要计量单位，是作为独立的管理职能，以企业会计为主体，会计核算采用复式记账，形成一套完整的会计核算方法。

(2) 采用专门的方法。即采用确认、计量、记录和报告等会计专门的核算方法，从而将经济信息转换成会计信息。

(3) 其对象是经济活动。即社会再生产过程中能以货币表现的资金及其资金运动。凡是特定主体能够以货币表现的资金运动，都是会计核算和会计监督的内容，也就是会计的对象。以货币表现的经济活动通常又称为价值运动或资金运动。

(4) 能全面、系统、连续地综合反映经济活动的过程和结果。会计对经济活动进行反映的基本程序(即会计循环)以及以货币为主要计量单位，决定了会计能全面、系统、连续地综合反映经济活动的过程和结果。

(5) 对经济活动具有促进、控制、考核和指导作用。核算作为管理工具，通过严格执行财务制度、预算定额和定价指标等，履行实现经营目标的重要责任。企业会计核算通过向各类报表使用者提供相关财务信息满足企业内部管理的需要，为管理者进行各类考核、决策提供信息依据。

二、会计的职能与作用

1. 会计的职能

所谓会计的职能是指在经济管理中具有什么功能，即人们在经济管理中运用会计干什么。这是由会计的本质特征所决定的固有的、直接的功能。马克思撇开不同社会形态的特征，把会计的职能高度地概括为“过程的控制和观念的总结”，后来人们把它总结为“会计核算和会计监督”。

(1) 会计核算

什么是核算？比如一家公司在一定时间内购进了多少商品，花了多少钱，销售了多少商品，卖了多少钱，在购销过程中发生了多少费用，最后到底是赚了还是亏了，必须采用一定的方法，把这些情况都记录下来并计算清楚，最终以一定的形式表达出来，这种记录、计算和报告的过程就是会计核算。可见，会计核算就是对大量的经济业务通过记录、计算、归类、整理和汇总，并通过记账、算账、报账等程序，全面、完整、综合地反映经济活动过程和结果，并为经济管理提供有用的信息。

由会计的含义可知，会计首先是一种经济计算，同时又是一个以提供财务信息为主的经济信息系统，会计工作的过程就是一个核算的过程，可见会计本身就具有核算功能。随着管理对会计要求的提高，会计核算不仅仅包括对经济活动的事后核算，还应包括事前核算和事中核算。事前核算的主要形式是进行经济预测，参与决策；而事中核算的主要形式则是在计划执行过程中，通过核算和监督相结合的方法，对经济活动进行控制，使之按计划和预定的目标进行。

所以，会计核算是会计工作的重要组成部分，它以货币为主要计量单位，对企业、事业等单位一定时期的经济活动进行真实、准确、完整和及时地确认、计量、计算、记录和比较，从而反映资金运动的过程和结果。

会计核算的基本特点是：

① 从数量方面进行核算，着重利用货币作为计量单位。会计核算时可以采用三种量度：劳动量度、实物量度和货币量度。劳动量度具有复杂性，实物量度具有差异性，货币量度具有综合性。

② 会计对实际发生的经济活动进行核算，要有完整性、连续性和系统性。连续性是指会计对发生的经济业务应连续地、不能中断地进行记录；完整性是指凡是会计核算的内容都必须毫无遗漏地进行记录；系统性是指会计对于发生的经济业务必须分门别类、相互联系地进行记录。

③ 会计主要是综合核算各单位已发生或已完成的各项经济活动，以便于了解并考核经济活动的过程和结果。

会计主要是事后核算已发生的经济活动，这是会计最基本的职能。会计之所以成为经济管理的重要组成部分，就在于会计能提供会计信息、反映经济活动的现实和历史情况。随着社会经济的发展，经营规模的扩大，经济活动越复杂，也就要求经济管理越具有预见性。为此，对会计也要求提供预测未来的资料，而现实和历史情况是预测的基础。

（2）会计监督

会计对经济活动进行核算的过程，也是实行监督的过程。会计监督主要是以国家的财经法规、政策、制度、纪律和会计信息为依据，对将要进行和已经进行的经济活动进行合理合法的监督。会计监督按其与经济活动过程的关系，分为事前、事中和事后监督。其监督的内容主要包括：分析会计核算资料、检查遵纪守法情况、评价活动成果、确定经营目标、调整计划等内容。通过会计监督能正确地处理好国家与企业的关系，提高宏观经济效益和促使企业改善经济管理水平，提高企业经济效益。

所以，会计监督就是对经济活动进行事前、事中、事后的控制。

会计监督的基本特点是：

① 会计监督主要是利用价值指标进行的货币监督。如成本、利润指标等。

② 既要对已发生的经济活动进行事中、事后监督，又要对未来的经济活动进行事前监督。

③ 会计监督的基本依据是合法性和合理性。

会计核算和会计监督的关系是十分密切的，两者相辅相成。会计核算是会计监督的基础，而会计监督是会计核算的保证和继续。两者必须结合起来发挥作用，才能正确、及时、完整地反映经济活动，有效地提高经济效益。如果没有可靠的、完整的会计核算资料，会计监督就没有客观依据。反之，只有会计核算没有会计监督，会计核算也就没有意义。

随着社会经济的发展和经济管理的现代化，会计的职能也会随之发生变化，一些新的职能不断出现。除了以上核算与监督两个基本职能外，会计还具有通过对经济前景的预测和分析，参与经济决策的职能。随着社会生产的进一步发展和科学技术的进步，会计参与经济决策的职能也会越来越突出，并将成为会计在经济管理中更直接和更有效的职能。由此可以看出，人工智能在会计领域的应用，实际上就是人工智能与会计职能的结合，或者在会计职能中发挥其作用和优势，使会计职能得以更好地发挥作用，而非取代或消灭会计。

2. 会计的作用

从微观方面看，会计的作用主要表现为：对于生产经营过程中的人力、物力的耗费加以记录，并及时登记各项收入，从而得到经营成果，帮助企业进行盈亏分析，进而合理分配各项资源等。

从宏观方面看，会计的作用主要表现为：政府通过会计信息进行宏观调控，注册会计师的独立审计对宏观经济的影响等方面。

三、会计的目标和服务对象

会计目标通常指会计信息的使用者对会计的总体要求，即会计的目标在于向企业的内外部利害关系人提供与其相关的经济信息，其终极目标是提高经济效益。

第一，能为政府部门制定并实施包括财政政策、税收政策、货币政策、产业政策等在内的各项经济政策提供重要的基础信息，以便国家加强宏观调控，合理配置资源，促进生产与需求的协调。同时，也是国家对企业经济活动的合法性、合规性进行监督的主要手段。

第二，能为企业加强财产、成本、费用、产品质量等内部管理工作提供直接的有关决策方面的信息，有助于企业制定筹资、投资、生产、销售、技术创新等企业的发展战略。

第三，能为投资者、债权人、商业客户的经营决策提供充分的信息，有助于投资者做出投资决策、债权人做出借款决策、商业客户做出商业决策，降低经营决策的风险。

会计信息的内部使用者是指企业内部的管理者，主要包括：首席执行官(CEO)、首席财务官(CFO)、经营部门经理、分厂经理、分部经理、车间主任、生产线主管及企业员工等。

会计信息的外部使用者是指企业外部与企业有利害关系的集团和个人，具体包括：投资者、债权人、政府机关、供应商、顾客及经纪人、律师、证券分析师、政府监管部门等。

第三节　会计核算的基本前提与信息质量要求

一、会计核算的基本前提

会计核算的基本前提，又称会计假设，是指为了保证会计核算工作的正常进行，对会计核算的时间范围、空间范围和计量标准所做的合理判断。会计核算的基本前提是会计人员在长期会计实践中逐步认识和总结形成的，它是会计核算对象的确定、会计方法的选择、会计数据的收集的基础。会计核算的基本前提包括会计主体、持续经营、会计分期和货币计量，它们既各自独立，又相辅相成。

1. 会计主体

会计主体是指从事经济活动、会计工作为其服务的特定单位或组织。会计主体不仅限于企业，任何一个自主经营、自负盈亏的经济单位都可以成为一个会计主体，如独立核算的企业、行政事业单位等。

会计主体对会计对象的空间范围做了限定，即会计核算只反映一个特定单位的经济业务，只对其本身所发生的交易或事项进行会计确认、计量、记录和报告，不能核算其投资人的经济活动，也不能核算其他单位的经济活动。会计主体的设定为会计人员进行会计核算明确立场提供了依据。如东方公司向华夏公司销售 10 台计算机，不同的会计主体进行不同的业务核算：若以“东方公司”为会计主体，则会计人员应做销售计算机的业务核算；若以“华夏公司”为会计主体，则会计人员应作购置计算机的业务核算。

会计主体是持续经营、会计分期和货币计量前提的基础，因为不限定会计核算的空间范围，会计核算工作就无法进行，会计核算也就失去存在的意义。

2. 持续经营

持续经营是指会计主体在可预见的将来，将会按当前的规模和状态经营下去，不会停业，也不会大规模缩减业务。

持续经营假设界定了会计核算的时间范围，即会计核算是在假定会计主体持续、正常的生产经营条件下进行，而不考虑破产清算等。尽管在市场经济的激烈竞争中，企业不可能完全避免停业、破产，但为了给会计核算提供一个稳定的基础，保证会计信息处理的一致性和稳定性，会假定企业持续经营。明确这个基本前提，会计人员就可以在此基础上选择会计政策、会计程序及会计处理方法。例如，企业的固定资产一般要在较长的时间内发挥作用，不可能短期收回成本，假定企业持续经营下去，企业的固定资产才能长期发挥作用，会计人员就可按照历史成本对固定资产进行计价，并采用相应的折旧方法计提折旧，将固定资产的历史成本分摊到各个会计期间或相关产品的成本中。如果企业面临破产，固定资产就不能采用历史成本计价和计提折旧的方法，只能采用可变现净值进行计价。

总之，持续经营假设是资产计价、债权和债务确认、费用分摊、收益确认的前提条件。然而，如果企业财务状况已经恶化到必须清算的程度，判断企业不会持续经营下去，就应当改变会计核算方法，借助一些特殊方法来处理清算过程中的会计业务，不再恪守持续经营的假设。

3. 会计分期

会计分期是指将会计主体持续经营活动过程，人为等距地划分为连续的、长短相等的期间，定期确认收入、费用和利润、资产、负债和所有者权益，以便结算账目、编制财务报告及对会计信息进行比较和分析。会计期间分为年度、半年度、季度和月度，凡是短于一个完整会计年度的报告期间称为会计中期。我国规定以公历每年 1 月 1 日起至 12 月 31 日止为一个会计年度。

根据持续经营假设，企业将要按照当前状态继续经营下去，在时间上具有不间断性，要想确定企业盈亏，只有等企业停业后才能进行准确计算，但这样就无法向会计信息使用者提供有用的会计信息，满足其决策的需要。因此，有必要将企业持续的生产经营活动人为划分为等距期间，分期核算。

会计分期假设是对会计对象时间范围的进一步限定。会计分期假设与持续经营假设是紧密相连、相辅相成的，会计分期是在持续经营的前提下产生的，只有假定一个会计主体无限持续经营下去，才有必要进行会计分期；而会计分期假设是对持续经营假设的进一步补充，分阶段核算企业的财务状况、经营成果及其变动情况，及时向会计信息使用者提供会计信息，发现经营问题，改善经营管理，进而保证会计主体可以持续经营下去。

会计分期前提限定了会计核算的时间范围，并为权责发生制和收付实现制不同的会计核算基础以及权益性支出和资本性支出的划分奠定理论基础。

4. 货币计量

货币计量是指在会计核算过程中应采用货币作为计量单位计算、记录和报告会计主体的经济活动，即会计核算的内容仅限于能够用货币计量的经济业务。

会计是对会计主体的财务状况、经营成果进行全面、连续、系统的反映，客观需要一种统一的计量单位作为计量尺度。会计核算之所以选定货币为统一计量单位，是由货币本身的性质决定的。货币作为一般等价物，可以衡量任何有价物的价值。因而以货币计量为计量单位进行会计核算，可以将会计主体的资产、负债、所有者权益、收入、费用和利润，综合转化为货币量指标，实现对会计主体经济业务的全面核算。我国《会计法》规定，企业会计核算以人民币作为记账本位币，业务收支以人民币以外的货币为主的企业，可以选定其中一种货币作为记账本位币，但编制财务报告需要折算为人民币。

虽然货币本身也有价值并且是变化的，但在确定货币计量假设时，就同时确立币值稳定不变的假设，即假设币值变动幅度很小，对计量结果影响不大，在会计核算中不考虑币值变动因素的影响，一般也不进行币值的调整。事实上，币值每发生一次变动，就对会计记录进行一次调整，在会计实务中是难以做到的。某种意义上说，币值不变假设有利于会计提供一贯的信息，不会导致会计记录的混乱。但在通货膨胀条件下，币值不变的假设遭到挑战，为此有些国家针对恶性通货膨胀的情况，采用通货膨胀会计。

综上所述，会计主体、持续经营、会计分期、货币计量四项基本前提承前启后，相辅相成，缺一不可，它们既有联系又有区别，共同为开展会计核算奠定基础。

二、会计信息质量要求

会计信息质量要求是会计核算的一般原则，它是会计进行确认、计量、记录和报告的规范，也是衡量会计核算工作的评价标准。我国《企业会计准则》针对会计信息质量提出八项原则性要求，即可靠性、相关性、明晰性、可比性、实质重于形式、重要性、谨慎性和及时性。

1. 可靠性

可靠性也称真实性、客观性，是指企业应当以实际发生的交易或事项为依据进行会计确认、计量和报告，如实反映符合确认和计量要求的各项会计要素及其他相关信息，保证会计信息内容真实、数字准确、记录完整、资料可靠。

根据可靠性要求，会计核算应当真实反映企业的财务状况和经营成果，保证会计信息的真实性；会计工作应当正确运用会计原则和方法，准确反映企业的实际情况；会计信息应当能够经受验证，以核实其是否真实。

2. 相关性

相关性也称有用性，是指企业提供的会计信息应当与财务报告使用者的经济决策需要相关，有助于会计信息使用者对企业过去、现在或者未来的情况做出评价或者预测。

会计信息的价值在于是否与会计信息使用者决策相关，有助于决策，如果会计信息提供以后，对经济决策没有什么作用，就不具有相关性。为了保证会计信息的相关性，要求会计工作在收集、加工、处理和提供会计信息过程中，充分考虑会计信息使用者的要求，尽可能满足各方面具有共性的信息需求。对于特定用途的信息，如果不便于通过财务报告来披露，可以采取报告附注或附表等其他形式加以披露。

3. 明晰性

明晰性是指企业提供的会计信息应当清晰、明了，便于使用者理解和使用。

明晰性要求会计信息简明、易懂，能够简单明了地反映企业财务状况、经营成果和现金流量，从而有助于信息使用者正确理解、准确掌握企业的经济情况。

根据明晰性要求，会计记录应当准确、清晰，填制凭证、登记账簿、编制财务报告要数字正确、项目齐全、钩稽关系清楚。对于财务报告中难以用数字明确的问题，应当用文字加以说明。

4. 可比性

可比性是指企业提供的会计信息应当具有可比性。可比性包含两方面含义：

一是纵向可比，指同一企业对于不同时期发生的相同或者类似的交易或者事项，应当采用一致的会计政策，不得随意变更，以便于对不同时期的各项指标进行比较。例如，泰华制造厂 2016 年发出材料采用月末一次加权平均法，为了保持前后各期会计政策的一致性，2017 年发出材料也应采取月末一次加权平均法。如果确有必要变更，应当将变更情况、变更原因及其对企业财务状况、经营成果和现金流量的影响，在财务报告附注中说明。

二是横向可比，指不同企业对发生相同的或相似的交易或事项，应当采用国家统一规定的会计政策进行核算，以确保会计信息口径一致、相互可比，使其提供的数据资料便于比较、分析和汇总。

5. 实质重于形式

实质重于形式是指企业应当按照交易或者事项的经济实质进行会计确认、计量和报告，而不是仅以交易或事项的法律形式为依据。

在实际会计工作中，有时会计事项的法律形式与经济实质内容不一致，为了反映会计事项的真实情况，应当根据其经济实质而不是法律形式进行会计核算。例如，企业以融资租赁方式租入的固定资产，虽然从法律上讲，租赁期内承租企业不拥有其所有权，但是由于租赁合同中规定的租期一般时间较长，接近该固定资产的使用寿命，并且在租赁期内承租企业有权支配租入资产及其产生的受益，租赁期满后，企业具有优先购买权。因此，从经济实质看，承租企业能够控制融资租入资产的未来收益，即企业虽然不拥有该资产所有权，但拥有资产使用权和控制权。所以，在进行会计核算时，企业将融资租入的固定资产视为企业的自有资产核算，并计提折旧，而不是按其法律形式作为租赁资产进行核算，从而保证会计信息与客观经济事实相符。

6. 重要性

重要性是指企业提供的会计信息应当反映与企业财务状况、经营成果和现金流量等有关的所有重要交易或者事项。在会计核算中,按照交易或事项的重要程度不同,采用不同的会计处理方法。对于那些预期可能对企业财务状况、经营成果和现金流量有较大影响的会计事项,或者可能影响会计信息使用者做出合理判断的重要会计事项,必须按照规定的会计方法和程序进行处理,并在财务报告中进行充分、准确的披露;对于次要的会计事项,则在不影响会计信息真实性的情况下,可适当简化处理或合并反映。

某项会计事项是否重要,很大程度上取决于会计人员的职业判断,一般从会计事项的性质和金额去注意。从性质上说,当某一会计事项有可能对决策产生重大影响时,属于重要事项;或者当某一事项的金额达到一定规模,也可能对决策产生重大影响时,该事项也属于重要事项。

7. 谨慎性

谨慎性也称稳健性,是指企业对交易或者事项进行会计确认、计量和报告时应当保持应有的谨慎,不应高估资产或者收益、低估负债或者费用,对可能发生的损失和费用,应当加以合理估计。

随着经济环境日益复杂,企业的经营活动充满不确定性,为了防止意外情况发生时对经营活动产生严重影响,会计人员应采用谨慎性原则,对存在的风险加以合理的估计,在风险实际到来时,提前化解风险,即充分估计可能发生的费用和损失,尽可能地低估资产的价值,但不预计可能发生的收入。谨慎性原则在会计上的应用很多,例如计提各类资产的减值准备,固定资产的加速折旧等。

8. 及时性

及时性是指企业对于已经发生的交易或者事项,应当及时进行会计确认、计量和报告,不得提前或者延后。它要求当期发生的经济业务必须在当期处理,及时记账、结账、编制财务报告,及时传递会计信息,以便使会计信息使用者及时、有效地利用会计信息。在当今激烈的市场竞争中,会计信息及时性要求显得尤为重要。

第四节　会计对象和会计要素

会计对象是指会计核算和监督的内容。在商品经济条件下,为了取得综合性的信息资料,需要核算和监督以货币表现的经济活动,即资金运动。所谓资金是指各单位所拥有的财产物资的货币表现及货币本身。各个企业、行政单位、事业单位,是执行国民经济计划的基层单位。由于他们各自经济活动的方式和内容不尽相同，所以会计对象也就不完全一致。概括地说，企业的资金运动是指经营资金的运动，行政、事业单位的资金运动是指预算资金的运动。

为了对会计对象进行核算，按经济性质对会计对象进行分类。所以，会计要素是对会计对象所做的基本分类，是会计核算对象的具体化，是用于反映会计主体财务状况和经营成果的基本单位。《企业会计准则》将会计要素分为资产、负债、所有者权益(股东权益)、收入、费用(成本)和利润六个。

一、资产与权益

1. 资产

资产是财务会计中争议最大的概念之一。历来的会计学家都试图对资产给出满意的界定，但到目前为止，尚未出现一个权威的、被学术界和实务界所共同认可的定义。

所谓资产是指过去的交易或事项形成的、由企业拥有或者控制的、预期会给企业带来经济利益的资源，包括各种财产、债权和其他权利。

资产是会计的最基本要素，是企业从事生产经营活动的物质基础，具有以下几方面的特征：

① 资产是一项由过去的交易或者事项形成的资源。资产必须是现实的资产，而不能是预期的资产。这里所指的企业过去的交易或者事项包括购买、生产、建造行为或其他交易或者事项。预期在未来发生的交易或者事项不形成资产。例如，企业通过购买、自行建造等方式形成某项设备，会形成企业的资产；但企业预计在未来某一时点将要购买的设备，引起相关的交易或者事项尚未发生，就不能作为企业的资产。

② 资产应为企业拥有或控制的资源。由企业拥有或者控制，是指企业享有某项资产的所有权，或者虽然不享有某项资产的所有权，但该资源能被企业所控制。例如，融资租入的固定资产，按照实质重于形式的要求，也应将其作为企业资产予以确认。

③ 资产预期会给企业带来经济利益。预期会给企业带来经济利益，是指直接或间接导致现金和现金等价物流入企业的潜力。资产必须具有交换价值和使用价值。没有交换价值和使用价值、不能给企业带来未来经济利益的资源不能确认为企业的资产。例如，待处理财产损失或已失效、已毁损的存货，它们已经不能给企业带来未来经济利益，就不应该再作为资产出现在资产负债表中。

按照企业会计准则，符合上述资产定义的资源，还要在同时满足以下条件时，才能确认为资产：① 与该资源有关的经济利益很可能流入企业；② 该资源的成本或者价值能够可靠地计量。

我国企业会计准则还进一步规定：符合资产定义和资产确认条件的项目，应当列入资产负债表;符合资产定义但不符合资产确认条件的项目,不应列入资产负债表。

资产以各种具体形态分布或占用在生产经营过程的不同方面,依流动性(即资产的变现能力和支付能力)划分为:流动资产和非流动资产,非流动资产可进一步分为长期投资、固定资产、在建工程、无形资产和其他资产等。

2. 权益

所谓权益是指对企业资产可以主张的权利,属于所有人的权益叫作所有者权益,属于债权人的权益叫作债权人权益或负债,两者总称为权益。

(1) 负债

所谓负债是指过去的交易或者事项形成的、预期会导致经济利益流出企业的现时义务。负债是会计的基本要素之一。

负债具有如下主要特征:

① 负债是由过去的交易或事项形成的。换句话说,只有过去的交易或者事项才形成负债。企业将在未来发生的承诺、签订的合同等交易或者事项,不形成负债。

② 负债是企业承担的现时义务。它是负债的一个基本特征。其中,现时义务是指企业在现行条件下已承担的义务;未来发生的交易或者事项形成的义务,不属于现时义务,不应当确认为负债。这里所指的义务可以是法定义务,也可以是推定义务。

③ 负债的清偿预期会导致经济利益流出企业。它也是负债的一个本质特征。只有企业在履行义务时会导致经济利益流出企业的,才符合负债的定义;如果不会导致企业经济利益流出的,就不符合负债的定义。在履行现时义务清偿负债时,导致经济利益流出企业的形式多种多样,例如用现金偿还或以实物资产形式偿还;以提供劳务形式偿还;部分转移资产、部分提供劳务形式偿还;将负债转为资本等。

④ 负债以法律、有关制度条例或合同契约的承诺作为依据。负债实质上是企业在一定时期之后必须偿还的经济债务,其偿还期或具体金额在它们发生或成立之时就已由合同、法规所规定与制约,是企业必须履行的一种义务。

将一项现时义务确认为负债,除应符合负债的定义外,还要同时满足两个条件:第一,与该义务有关的经济利益很可能流出企业;第二,未来流出的经济利益金额能够可靠地计量。

负债一般按其偿还速度或偿还时间的长短划分为流动负债和长期负债两类:流动负债是指偿还期在一年或超过一年的一个营业周期内的债务,主要包括短期借款、应付票据、应付账款、预收货款、应付职工薪酬、应交税费、应付利润、其他应付款等；长期负债是指偿还期在一年或超过一年的一个营业周期以上的债务，包括长期借款、应付债券、长期应付款等。

(2) 所有者权益

所有者权益是指所有者在企业资产中享有的经济利益，其金额为资产减去负债后的余额，是由所有者应享有的剩余利益，即一个会计主体在一定时期所拥有或可控制的具有未来经济利益资源的净额。所有者权益表明企业的产权关系，即企业归谁所有，是会计的基本要素之一。

公司的所有者权益又称为股东权益。

任何企业，其资产形成的资金来源不外乎两种：一种是债权人提供（对企业而言，即为负债），一种是所有者提供（对企业而言，即为所有者权益）。

所有者权益按其构成内容不同，可分为投入资本（实收资本）、资本公积、盈余公积和未分配利润。其中盈余公积和未分配利润统称为留存收益。

企业的实收资本是指投资者按照企业章程或合同、协议的约定实际投入企业的资本。所有者向企业投入的资本，在一般情况下无须偿还，可以长期周转使用。

资本公积是指资本本身升值或其他原因而产生的投资者的共同权益，包括资本（或股本）溢价、接受捐赠资产、外币资本折算差额等。资本（或股本）溢价是指企业投资者投入的资金超过其在注册资本中所占份额的部分；接受捐赠资产是指企业因接受现金和非现金资产捐赠而增加的资本公积；外币资本折算差额是指企业接受外币投资因所采用的汇率不同而产生的资本折算差额。

盈余公积是指企业从实现的利润中提取或形成的留存于企业内部的积累。

未分配利润是指企业留于以后年度分配的利润或待分配利润。

所有者权益与债权人权益（负债）相比较，一般具有以下四个基本特征：

① 所有者权益在企业经营期内可供企业长期、持续地使用，企业不必向投资人返还资本金；而负债则须按期返还给债权人，成为企业的负担。

② 企业所有人凭其对企业投入的资本，享受税后分配利润的权利，所有者权益是企业分配税后净利润的主要依据；而债权人除按规定取得利息外，无权分配企业的盈利。

③ 企业所有人有权行使企业的经营管理权，或者授权管理人员行使经营管理权；而债权人并没有经营管理权。

④ 企业的所有者对企业的债务和亏损负有无限的或有限的责任；而债权人对企业的其他债务不发生关系，一般也不承担企业的亏损。

(3) 会计方程式

由上分析可见，企业拥有的所有资产都对应于相应的要求权，即：

资产＝权益

或　　　　　　　　资产＝负债＋所有者权益

实际上，它也代表了企业的产权关系。所以，也称为产权方程式，它反映的是会计主体成立时或在某一时点，会计主体的财务状况——资产(资金的运用)、负债和所有者权益(资金的来源)在当时的经济内容及其数量的平衡关系(式中各项如果深入展开都可以是 n 项；而且在运用时可以是已知数也可以是未知数)。

会计方程式也是复式记账、价值试算平衡和财务报表等设计的基本理论依据。

因此，该方程式应注意把握三点：一是它表明的是时点数；二是等号两边总额相等；三是等号右边两项顺序不能颠倒。

二、收入、费用与利润

1. 收入

收入是会计的基本要素之一，是指企业在日常活动中形成的、会导致所有者权益增加的、与所有者投入资本无关的经济利益的总流入，包括销售商品收入、劳务收入、让渡资产使用权收入、利息收入、租金收入、股利收入等，但不包括为第三方或客户代收的款项。

收入是企业持续经营的基本条件。收入的确认需要区别不同内容进行。

收入的基本特征是：

① 收入从企业的日常活动中产生，而不是从偶发的交易或事项中产生；

② 收入是与所有者投入资本无关的经济利益总流入；

③ 收入必然能导致企业所有者权益的增加；

④ 收入只包括本企业经济利益的流入，不包括为第三方或客户代收的款项。

⑤ 收入可能表现为资产的增加或负债的减少，或者两者兼而有之。

2. 费用

费用是会计的基本要素之一，是指企业在日常活动中发生的、会导致所有者权益减少的、与向所有者分配利润无关的经济利益的流出。

费用包括营业费用与营业外支出(损失)。作为损益表要素的费用，还有一种狭义的理解，即指营业费用。美国财务会计准则委员会便是采用这种狭义的费用概念，将损失作为一项与费用平行的收益表要素。国际会计准则委员会则采用上述广义的费用概念。会计费用包括直接费用、间接费用和期间费用，期间费用又包括销售费用、管理费用和财务费用。

费用的确认除了应当符合定义外，也应当满足严格的条件，即费用只有在经济利益很可能流出从而导致企业资产减少或者负债增加，且经济利益的流出额能够可靠计量时才能予以确认。因此，费用的确认至少应当符合以下条件：一是与费用相关的经济利益应当很可能流出企业；二是经济利益流出企业的结果会导致资产的减少或者负债的增加；三是经济利益的流出额能够可靠计量。

无论费用是否包括损失，都应具有以下特征：

① 费用最终会导致企业资源的减少，这种减少具体表现为企业的资金支出。从这个意义上说，费用本质是一种资源流出企业，它与资源流入企业所形成的收入相反，所以，它也可理解为资产的耗费，其目的是为了取得收入，从而获得更多资产。

② 费用最终会减少企业的所有者权益。一般而言，企业的所有者权益会随着收入的增加而增加；相反，费用的增加会减少所有者权益。但是所有者权益减少也不一定都列入费用，如企业偿债性支出和向投资者分配利润，显然减少了所有者权益，但不能归入费用。

③ 费用可能表现为资产的减少或负债的增加，或二者兼而有之。

3. 利润

利润是会计的基本要素之一，是指企业在一定期间的生产经营成果。利润包括收入减去费用后的净额、直接计入当期利润的利得和损失等。它是根据收入与费用的合理配比而确定的，其基本特征是生产经营成果。

利润按其形成的内容不同，可分为营业利润、投资净收益和营业外收支净额，即：

利润总额＝营业利润＋投资净收益＋营业外收支净额
＝营业收入－营业成本－税金及附加－期间费用－资产减值损失＋公允价值变动损益＋投资收益＋营业外收入－营业外支出

所以，会计方程式的动态表现为：

资产＝负债＋所有者权益＋收入－费用＝负债＋所有者权益＋利润

利润反映的是收入减去费用，利得减去损失后的净额概念。因此，利润的确认主要依赖于收入和费用以及利得和损失的确认，其金额的确定也主要取决于收入、费用、利得、损失金额的计量。

三、会计恒等式

1. 会计恒等式的表现形式

资产＝负债＋所有者权益　　(1.1)

利润＝收入－费用(成本)　　(1.2)

资产＝负债＋所有者权益＋利润＝负债＋所有者权益＋收入－费用(成本) (1.3)

资产＋费用(成本)＝负债＋所有者权益＋收入 (1.4)

式(1.1)是会计恒等式的基本形式，是一种静态平衡；式(1.2)用来揭示会计期间内部分会计要素之间的恒等关系，是经营资金的一种动态反映；式(1.3)则是用来揭示会计期间内任一时日(不必是会计期末或期初)全部会计要素之间的恒等关系；式(1.4)可看作是经营资金静态、动态相结合的反映，是会计恒等式的日常一般形式。

2. 某一时点的资产和权益

即企业资产与权益的静态平衡关系。如表1-1表示山海公司2017年1月1日资产负债及所有者权益的构成。

表1-1 **资产负债表**

2017年1月1日 单位:元

资　　产	金　额	负债及所有者权益	金　额
现　　金	10 000	短期借款	90 000
银行存款	190 000	应付账款	400 000
原材料	200 000	长期借款	200 000
在产品	200 000	实收资本	500 000
库存商品	500 000	盈余公积	110 000
固定资产	200 000		
合　　计	1 300 000	合　　计	1 300 000

3. 会计事项及其变化类型

所谓会计事项，也称经济业务，是指会计主体执行业务过程中引起会计要素增减变化的事项，即使企业资产、负债和所有者权益等发生变化的各种经济活动。为了说明会计事项的发生不影响会计恒等式关系的变化，现以山海公司为例说明如下。

假设山海公司2017年1月份发生以下经济业务(部分)：

(1) 借入短期借款5万元，已存入银行存款户。

资产方的“银行存款”增加5万元，负债及所有者权益方的“短期借款”也增加5万元。

(2) 收到投资者转入的固定资产20万元。

资产方的“固定资产”增加20万元，负债及所有者权益方的“实收资本”也增加 20 万元。

(3) 销售产品收入 70 万元,已存入银行。

资产方的“银行存款”增加 70 万元,负债及所有者权益方的“本年利润”(其相应的销售成本应从中扣减)也增加 70 万元。

(4) 借入长期借款 100 万元,已存入银行存款户。

资产方的“银行存款”增加 100 万元,负债及所有者权益方的“长期借款”也增加 100 万元。

(5) 以银行存款偿还应付账款 20 万元。

资产方的“银行存款”减少 20 万元,负债及所有者权益方的“应付账款”也减少 20 万元。

(6) 以银行存款偿还短期借款 8 万元。

资产方的“银行存款”减少 8 万元,负债及所有者权益方的“短期借款”也减少 8 万元。

(7) 以银行存款还联营单位投资 20 万元。

资产方的“银行存款”减少 20 万元,负债及所有者权益的“实收资本”也减少 20 万元。

(8) 从银行提取现金 2 万元。

资产方的“现金”增加了 2 万元,资产方的另一项目“银行存款”减少了 2 万元。

(9) 产品生产领用原材料一批 3 万元。

资产方的“原材料”减少 3 万元,资产方的另一项目“在产品”增加 3 万元。

(10) 将已完工的一批产成品入库,其实际生产成本为 20 万元。

资产方的“库存商品”项目增加 20 万元,资产方的另一项目“在产品”减少 20 万元。

(11) 从银行借入短期借款 10 万元,直接偿还部分应付账款。

负债及所有者权益方的“短期借款”增加 10 万元,该方的“应付账款”减少 10 万元。

(12) 经供货单位同意,将应付账款 10 万元转作对本企业的投资。

负债及所有者权益方的“实收资本”增加 10 万元,该方的“应付账款”减少 10 万元。

(13) 将盈余公积 3 万元转增资本。

负债及所有者权益方的“实收资本”增加 3 万元,该方的盈余公积减少 3 万元。

以上各项经济业务所产生的影响,都不会改变会计恒等式的成立,包括 4 种类型：第(1)、(2)、(3)、(4)项业务使会计恒等式左右两方以相等的金额同时增加，故不改变会计恒等式；第(5)、(6)、(7)项经济业务使会计恒等式左右两方以相等的金额同时减少，故不改变会计恒等式；第(8)、(9)、(10)项经济业务使会计恒等式左方项目之间，以相等的金额一增一减，故不改变会计恒等式；第(11)、(12)、(13)项经济业务使会计恒等式右方各项之间，以相等的金额一增一减，故也不改变会计恒等式。结果汇总如表 1-2 所示。

表 1-2　　会计事项变化类型汇总表　　单位：万元

资　产	期初余额	本期		期末余额	负债及所有者权益	期初余额	本期		期末余额
		增加	减少				增加	减少	
现　金	1	2		3	短期借款	9	15	8	16
银行存款	19	175	50	144	应付账款	40		40	0
原材料	20		3	17	长期借款	20	100		120
在产品	20	3	20	3	实收资本	50	33	20	63
库存商品	50	20		70	盈余公积	11		3	8
固定资产	20	20		40	本年利润		70		70
合　计	130	220	73	277	合　计	130	218	71	277

表 1-2 说明不论企业发生哪种类型的会计事项，都不会改变会计恒等式左右两方的恒等关系。

尽管会计事项千差万别，数量繁多，但都可归纳为上述 4 大类。若每一类会计事项都不改变会计恒等式，则全部会计事项也不改变会计恒等式。经济业务的 4 种基本类型划分如图 1-1 所示。

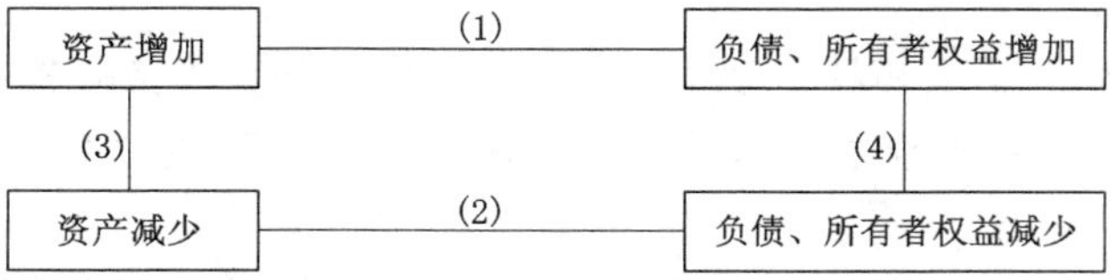

图 1-1　经济业务类型划分

图 1-1 表明，经济业务可以而且只可以划分为 4 种类型(读者不可能举出其他类型的经济业务)，而每一种类型的业务显然都不能改变会计恒等式的成立。

第五节 会计核算基础与方法

一、会计核算基础

由于会计核算是分期进行的，这就使得有些经济业务的发生时间与货币实际收付时间不在同一期间。例如，有时销售业务在本期已经完成，但款项却在以后期间才能收到，或本期销售业务尚未发生已预收了款项；或本期费用已经发生，但尚未实际支付款项，或本期费用尚未发生却预付了款项。对于那些款项收付期与收益、费用实际发生期相分离的业务，如何确认其收益、费用归属的会计期间，即为会计核算基础。只有确定会计核算基础才能正确计算本期盈亏。现行会计核算基础有权责发生制和收付实现制两种。

1. 权责发生制

《企业会计准则——基本准则》规定：企业应当以权责发生制为基础进行会计确认、计量和报告。权责发生制又称应计制，是以应收应付作为标准来处理经济业务，确定本期收入和费用，计算本期盈亏的会计核算基础。在权责发生制下，凡是当期已经实现的收入和已经发生或应当负担的费用，不论款项是否实际收付，都应作为本期的收入和费用处理；反之，凡是不属于本期的收入和费用，即使款项在本期实际收付，也不应作为本期的收入和费用处理。权责发生制应用举例如表 1-3 所示。

表 1-3 权责发生制应用举例

经济业务	业务发生期	款项收付期	收入、费用归属期	8 月份的盈亏计算
8 月份销售商品 100 000 元，款项于 10 月份收到	8 月	10 月	8 月	100 000－80 000＝20 000
8 月份预收货款 60 000 元，商品于 9 月份发出	9 月	8 月	9 月	
8 月份发生费用 80 000 元，款项于 11 月份支付	8 月	11 月	8 月	
8 月份预付 9 月份的费用 15 000 元	9 月	8 月	9 月	

2. 收付实现制

我国行政单位采用收付实现制，事业单位除生产经营业务采用权责发生制，其余大部分业务采用收付实现制。收付实现制是相对于权责发生制的另一种会计核算基础，它是以实际收到或实际支付货币为标准来确认本期收入和费用的。凡是实际收到款项的期间就作为收入的实现期间，凡是支付款项的期间就作为费用的发生期间。一般情况下，非营利组织为了简化核算，就以收付实现制作为会计核算基础。收付实现制应用举例如表1-4所示。

表1-4　　收付实现制应用举例

经济业务	业务发生期	款项收付期	收入、费用归属期	8月份的盈亏计算
8月份销售商品100 000元，款项于10月份收到	8月	10月	10月	60 000－15 000＝45 000
8月份预收货款60 000元，商品于9月份发出	9月	8月	8月	
8月份发生费用80 000元，款项于11月份支付	8月	11月	11月	
8月份预付9月份的费用15 000元	9月	8月	8月	

3. 权责发生制和收付实现制的差别

权责发生制和收付实现制是两个相对的会计处理基础，其主要差别：① 判别收入、费用归属期的判定标准不同。权责发生制是以收入、费用的发生期作为其入账时间；收付实现制是以与收入、费用相关的款项实际收付期作为入账时间。② 服务的会计主体不同。权责发生制服务于从事生产经营活动的企业，属于营利组织；而收付实现制服务于行政、事业单位，属于非营利组织。

明确权责发生制和收付实现制的差别，对于理解和把握企业、行政、事业单位的会计核算有着重要的意义。

二、会计方法

1. 会计确认

会计确认是运用特定的会计方法，确定经济业务是否发生，并以文字和金额同时描述某一交易或事项，使其金额反映在特定会计主体财务报告中的会计程序。

会计确认分为初始确认和后续确认。初始确认是指将某一交易或事项以文字和金额，运用特定的会计方法进行会计记录。既要明确某一经济业务涉及资产、负债、所有者权益、收入、费用、利润等哪个会计要素，又要以文字和金额加以记录。初始确认从原始凭证审核开始，到编制完成记账凭证为止。后续确认是在初始确认的基础上，对数据进行筛选、归类整理，将其列示在财务报告上。

进行会计确认一般有四个基本的衡量标准，分别是：① 可定义性，即所确认的某一事项要符合某一会计要素的定义；② 可计量性，即所确认的事项在符合会计要素定义的基础上，能够采用货币计量；③ 可靠性，即所确认的事项是真实的和可验证的；④ 相关性，即所确认的事项对会计信息使用者进行经济决策是有用的。一般满足这四个衡量标准的交易或事项基本上都属于会计核算和监督的内容，即会计对象。

会计确认贯穿整个会计核算工作的始终。会计核算要反映企业的经济活动，需要从企业收集大量经济活动所产生的数据，但并不是所有的经济业务都属于会计对象的范畴，会计对象是能引起会计要素发生变化的各项经济业务。企业的各项交易或事项是否应当在会计凭证、账簿中加以记录，以及怎样把账簿中的信息转化为财务报告，都必须经过会计确认的辨别和认定。因此，会计确认界定了会计记录的范围并决定了财务报告的内容，在会计核算中占有重要地位。

2. 会计计量

会计计量是指在会计核算中，用金额描述某一交易或事项的会计程序。会计计量是解决经济事项进入会计核算系统时应计金额的问题。如采购人员购买大型设备后，会计人员根据相关凭证确定大型设备的入账金额。会计计量包括计量单位和计量属性。计量单位是指计量尺度的量度单位。会计是以货币作为统一的计量尺度。计量属性是指企业对会计要素进行计量时所采用的计量标准。我国《企业会计准则——基本准则》规定，会计计量属性包括历史成本、重置成本、可变现净值、现值和公允价值。

（1）历史成本

在历史成本计量下，资产按照购置时支付的现金或现金等价物的金额，或者按照购置资产时所付出的对价的公允价值计量；负债按照因承担现时义务而实际收到的款项或者资产的金额，或者承担现时义务的合同金额，或者按照日常活动中为偿还负债预期需要支付的现金或者现金等价物的金额计量。

（2）重置成本

在重置成本计量下，资产按照现在购买相同或者相似资产所需支付的现金或者现金等价物的金额计量；负债按照现在偿付该项债务所需支付的现金或者现金等价物的金额计量。

（3）可变现净值

在可变现净值计量下，资产按照正常对外销售所能收到现金或现金等价物的金额扣减该资产至完工时估计将要发生的成本、估计的销售费用以及相关税费后的金额计量。

（4）现值

在现值计量下，资产按照预计从其持续使用和最终处置中所产生的未来净现金流入量的折现金额计量；负债按照预计期限内需要偿还的未来净现金流出量的折现金额计量。

（5）公允价值

在公允价值计量下，资产和负债按照在公平交易中，熟悉情况的交易双方自愿进行资产交换或者债务清偿的金额计量。

企业在进行会计要素计量时，一般采用历史成本，它具有客观性和可验证性。如果采用重置成本、可变现净值、现值、公允价值计量时，应当保证所确定的会计要素金额能够取得并可靠计量。

第六节　会计学科体系

会计学各分支学科有机结合。早期的会计学，其构成内容比较简单。随着科学领域的扩展和研究的不断深入，特别是电子计算机与数学方法在会计中的应用以及管理科学的发展及其向会计领域的渗透，会计学的内容得到不断充实，并已初步形成了一个独立、完整的现代会计学科体系。

国内外对会计学科的分类有多种，比较有代表性的分类主要是苏联模式与英美模式。苏联模式是按国民经济部门和会计工作程序划分会计学科。我国于20世纪50年代初引进这种分类方法，形成“会计学原理”、“部门会计核算”、“部门财务管理”与“部门经济活动分析”等主干会计课程。

苏联模式的主要优点是：有利于根据各部门会计实践的需要进行教学和研究，人才培养具有针对性。它比较适合我国改革开放前的国情。

实行改革开放之后，苏联模式的缺陷就显露出来了，主要表现在：与会计实践出现脱节，重复与遗漏并存，容纳能力不够强，不利于学科建设与新时期人才的培养。

英美模式的会计学科体系主要是按照学科内容的深浅划分。在管理会计产生之前，会计学的主干学科划分为初级会计、中级会计和高级会计。管理会计产生之后，会计学科分为财务会计与管理会计两大领域，而财务会计仍旧按内容深浅分为初、中、高级会计。

英美模式的会计学科体系不按部门划分与环境有关：实行市场经济，行业划分并不严格，从事会计职业者可以自由流动，这就要求会计专业毕业的学生能够适应不同部门的会计工作，会计教学可以突破行业、部门的界限，在更高层次上阐述会计工作的共性。当然，这一体系也存在着财务会计与管理会计的关系如何处理以及没有很好地界定会计学的范围等问题。

所以,我国目前基本上是按英美模式进行划分和组织教学。各学科的主要侧重点如下:

会计学原理——侧重于“三基”(基本理论、基本知识、基本技能)学习;

中级财务会计——侧重于具体的会计处理方法与技术,同时给予一定的理论说明,是进一步的延伸;

高级财务会计——针对实务中出现的一些高深的、特殊的、新的问题加以专门探讨;

成本会计——以企业成本为对象,集中讨论成本、核算、管理与成本决策的理论和方法;

管理会计——在财务会计和成本会计的基础上,研究如何利用有关信息,为管理当局的最优决策提供有用信息;

会计史——研究会计的产生与发展规律;

会计信息系统——从信息处理的角度出发,研究现代会计信息系统的建立、控制、使用、评价、审计与集成等方面的知识。

本章小结

随着物质生产的发展会计得以产生和发展,会计的实质就是管理,会计本身是一种管理活动。一般而言,一个组织有四种会计信息:生产经营信息、管理会计信息、财务会计信息和税务会计信息,会计的主要目的就是要将这些信息报告给信息使用者。所以,其反映的对象就是资金运动,具体而言就是会计六大要素。

会计核算的基本前提是为了保证会计核算工作的正常进行,对会计核算的时间范围、空间范围和计量标准所做的合理判断。会计的目标是向会计信息使用者提供会计信息,而提供什么样的会计信息就要有一定的质量要求。会计核算的基础包括权责发生制和收付实现制。

会计确认和会计计量都贯穿于会计核算的始终,具有重要作用。会计确认以可定义性、可计量性、可靠性、相关性作为其确认标准。会计计量以货币作为统一计量单位,一般采用历史成本计量。

因此,会计是以货币为主要计量单位,以提高经济效益为主要目标,运用专门方法对企业、机关、事业单位和其他组织的经济活动进行全面、综合、连续、系统地核算和监督,提供会计信息,并随着社会经济的日益发展,逐步开展预测、决策、控制和分析的一种经济管理活动,是经济管理活动的重要组成部分,包括初、中、高级会计三个层次。

思考与练习

一、单项选择题

1. 会计是一种管理活动，是说明会计的(　　)。

A. 本质　　B. 职能

C. 方法　　D. 特点

2. 会计的基本职能是(　　)。

A. 决策、分析　　B. 控制、考核

C. 核算和监督　　D. 分析和管理

3. 流动资产是指其变现或耗用期在(　　)。

A. 一年以内

B. 一个营业周期内

C. 一年内或超出一年的一个营业周期内

D. 超出一年的一个营业周期

4. 预收购买单位预付的购货款，应同时作为企业的资产和(　　)处理。

A. 资产　　B. 负债

C. 收入　　D. 所有者权益

5. 会计的产生与发展是由于(　　)。

A. 社会分工的需要

B. 社会技术进步的需要

C. 社会生产的发展和经济管理的要求

D. 分配剩余产品的需要

6. 会计的最终目标是(　　)。

A. 进行价值管理

B. 提高经济效益

C. 向会计信息使用者提供于决策有用的信息

D. 反映企业管理层受托责任的履行情况

7. 下列各项属于流动资产的有(　　)。

A. 现金　　B. 运输设备

C. 专利权　　D. 厂房

8. 企业本月发生的电话费尚未支付的业务，属于下列(　　)的变化业务。

A. 收入发生引起资产增加　　B. 收入发生引起负债减少

C. 费用发生引起资产减少　　D. 费用发生引起负债增加

9. 企业销售产品取得收入，款项存入银行的业务，属于下列(　　)的变化业务。

A. 收入发生引起资产增加　　B. 收入发生引起负债减少

C. 费用发生引起资产减少　　D. 费用发生引起负债增加

10. 会计主体前提限定了会计核算的(　　)范围。

A. 时间　　B. 空间

C. 货币计量　　D. 会计期间

11. 会计统一的计量单位是(　　)。

A. 实物量　　B. 货币

C. 劳动　　D. 工时

12. 9月份销售商品100 000元，款项于12月份收到，收付实现制确认收入发生的时间是(　　)。

A. 9月　　B. 10月

C. 11月　　D. 12月

13. 将企业融资租赁的固定资产确认为企业的固定资产，符合会计信息质量(　　)要求。

A. 可靠性　　B. 谨慎性

C. 及时性　　D. 重要性

E. 实质重于形式

14. 在会计核算中产生权责发生制和收付实现制两种会计核算基础的会计基本前提是(　　)。

A. 货币计量　　B. 会计分期

C. 会计主体　　D. 持续经营

15. 会计核算过程中，会计处理方法前后各期应当一致，不得随意变更，符合会计信息质量(　　)要求。

A. 可比性　　B. 相关性

C. 可靠性　　D. 谨慎性

E. 重要性

16. 企业对外出售一台旧设备，该设备账面金额80 000元，已提折旧30 000元。双方协议价格20 000元，并取得款项存入银行。这符合(　　)计量属性。

A. 历史成本　　B. 重置成本

C. 可变现净值　　D. 公允价值

二、多项选择题

1. 下列经济活动中，同时涉及“资产＝负债＋所有者权益”会计恒等式两边的经济业务的有(　　)。

A. 从银行提取现金　　B. 支付欠款

C. 收回外单位欠款　　D. 向银行借款

E. 收到投资者投入资本

2. 企业拥有或控制的非流动资产是(　　)。

A. 存货　　B. 长期投资

C. 应收账款　　D. 无形资产

E. 运输设备

3. 以下说法符合负债的特征是(　　)。

A. 过去的交易或事项形成的现时义务,即存在的现在性,发生的过去性

B. 能以货币计量

C. 偿还义务的履行会导致经济利益流出企业

D. 需在约定的日期内偿还

E. 反映企业的产权关系

4. 企业费用的发生可能表现为(　　)。

A. 资产的减少　　B. 资产的增加

C. 负债的减少　　D. 负债的增加

E. 所有者权益的增加

5. 下列经济业务不会使资产和权益总额发生变动的有(　　)。

A. 用银行存款归还短期借款　　B. 从银行提取现金

C. 用银行存款购买原材料　　D. 购买材料时货款未付

E. 用现金发放上月工资

6. 关于权益说法正确的是(　　)。

A. 权益包括所有者权益和债权人的权益

B. 从数量上讲,权益等于所有者权益数量

C. 权益表示资金的来源

D. 债权人权益从数量上等于企业的负债

7. 下列属于会计等式的有(　　)。

A. 资产＝负债

B. 资产＝所有者权益＋负债

C. 资产＝所有者权益＋负债＋收入－费用

D. 资产＝负债＋所有者权益＋利润

8. 资产具有的特征有(　　)。

A. 资产是过去的交易事项形成的

B. 资产必须是投资者投入或向债权人借入的

C. 资产是企业拥有或控制的

D. 资产预期能给企业带来经济利益的流入

9. 收入的特征是(　　)。

A. 必定导致所有者权益的增加

B. 日常经济活动产生的

C. 表现在资产的增加或负债的减少或两者兼而有之

D. 与所有者投入的资本无关

10. 会计核算的基本前提包括(　　)。

A. 会计主体　　B. 持续经营

C. 可靠性　　D. 货币计量

E. 会计分期　　F. 权责发生制

11. 我国《企业会计准则》规定,会计期间分为(　　)。

A. 月度　　B. 半年度

C. 季度　　D. 年度

12. 根据权责发生制原则,应计入本期的收入和费用有(　　)。

A. 属于本期费用,尚未付款　　B. 属于以后期间的费用,已提前付款

C. 本期实现的收入,尚未收款　　D. 本期实现的收入,已经收款

E. 属于以后期间实现的收入,预先收款

13. 会计信息质量要求包括(　　)。

A. 可靠性　　B. 相关性

C. 权益性支出与资本性支出　　D. 及时性

E. 可比性　　F. 历史成本

14. 下列符合可比性要求的是(　　)。

A. 同一企业在不同的会计期间可采用不同的会计政策

B. 同一企业前后期间的会计处理方法和程序应该一致,不得随意变更

C. 不同企业应按照国家同一会计制度的规定进行会计处理

D. 不同行业、同一行业的不同企业形成的会计指标应口径一致,相互可比

15. 会计的计量属性包括(　　)。

A. 历史成本　　B. 重置成本

C. 可变现净值　　D. 现值

E. 公允价值

16. (　　)采用收付实现制进行会计核算。

A. 事业单位　　B. 母公司

C. 子公司　　D. 行政单位

三、判断题

1. 会计的基本职能是核算和监督，而核算职能则是会计的首要职能。（　　）

2. 企业任何一项经济业务的发生，都会引起会计等式两边金额发生增减变化，但不会破坏等式的平衡关系。（　　）

3. 资产与权益的恒等关系，反映了企业同一资金的两个不同方面。（　　）

4. 企业在一定期间发生亏损，则企业在这一会计期间的所有者权益一定减少。（　　）

5. 利润是指企业在一定日期的经营成果。（　　）

6. 某一财产物资要成为企业的资产，其所有权必须属于企业。（　　）

7. 我国《企业会计准则》规定，我国所有企业必须以人民币作为记账本位币。（　　）

8. 会计货币计量前提包含币值稳定不变的假设。（　　）

9. 谨慎性要求企业对可能发生的损失和费用，应当加以合理估计。（　　）

10. 企业在对会计要素进行计量时，一般采用历史成本计量，它具有客观性和可验证性。（　　）

11. 会计期间分为年度、半年度、季度和月度。（　　）

12. 计提各类资产的减值准备、固定资产的加速折旧，是相关性在会计上的应用。（　　）

13. 某项会计事项是否重要，很大程度上取决于会计人员的职业判断，对于同一会计事项，有的会计人员认为其具有重要性，而有的会计人员认为其不具有重要性。（　　）

四、业务题

1. 练习会计要素的识别。

项　目	会计要素
未分配利润	资产
长期股权投资	负债
预收账款	所有者权益
管理费用	收入
主营业务收入	费用

用直线连接上列项目应归属的会计要素。

2. 练习经济业务对会计等式的影响。

(1) 某企业 7 月 1 日所有资产项目合计为 800 000 元，负债项目合计为 210 000 元，所有者权益项目合计为 590 000 元。

(2) 该企业 7 月份发生下列经济业务：

① 购入材料一批已入库，金额 6 000 元，材料款尚未支付。

② 购入材料一批已入库，金额 4 000 元，材料款以银行存款支付。

③ 投资者追加投入设备一台，价值 70 000 元。

④ 从银行借入短期借款 40 000 元，并存入银行账户。

⑤ 收到购货单位归还所欠货款 20 000 元，存入银行。

⑥ 以现金 1 000 元支付采购人员出差预借的差旅费。

⑦ 以银行存款 30 000 元偿还短期借款。

⑧ 接受外单位捐赠设备一套，现有价值 40 000 元。

⑨ 从银行取得借款 6 000 元，直接偿付所欠购料款。

⑩ 以银行存款 30 000 元缴纳应交税金。

⑪ 以银行存款 10 000 元偿付前欠料款。

⑫ 从银行提取现金 4 000 元。

⑬ 把盈余公积 10 000 元用于转增资本。

要求：① 根据上述经济业务，逐项分析其对资产、负债及所有者权益三类会计要素增减变动的影响。

② 计算 7 月末资产、负债及所有者权益三类会计要素的总额，并列出会计等式。

3. 练习权责发生制和收付实现制下本月收入和费用的计算。

某单位 2016 年 6 月发生以下经济业务：

(1) 用银行存款支付上月电话费 6 000 元。

(2) 用银行存款预付下月采购材料款 117 000 元。

(3) 销售一批商品，货款 760 000 元尚未收到。

(4) 收到春兰公司上月所欠货款 620 000 元，存入银行。

(5) 用银行存款预付下季度报纸杂志费 3 000 元。

(6) 提供劳务，收到劳务费 60 000 元，存入银行。

(7) 摊销应由本月负担的机器设备折旧费 110 000 元。

(8) 用银行存款支付本月广告费 170 000 元。

(9) 预收中华公司货款 200 000 元，存入银行。

(10) 用银行存款支付本月工人工资 260 000 元。

根据上述资料，分别计算权责发生制和收付实现制下本月的收入和费用。

第二章 会计科目与账户

引导案例

王伟是一名会计专业大四的学生，2016 年 3 月到汇丰科技有限责任公司进行财务工作的实习。他对上月会计凭证认真核对之后，发现有一笔经济业务是公司购买一台计算机 8 700 元，货款尚未支付，会计编制记账凭证时把会计科目用错。记账凭证正确的应是“借：固定资产 8 700 元，贷：应付账款 8 700 元”，却错误地编制成“借：固定资产 8 700 元，贷：预付账款 8 700 元”。虽然“预付账款”与“应付账款”仅一字之差，但却导致一系列的错误：① 表达的内容大相径庭，将“增加固定资产 8 700 元，增加应付账款 8 700 元”，错误地表达成“增加固定资产 8 700 元，减少预付账款 8 700 元”。② 导致账户期末余额出错，使预付账款期末借方余额少计 8 700 元，而应付账款期末贷方余额少计 8 700 元。③ 导致 2 月份的资产负债表出错，资产总额少了 8 700 元，负债总额也少了 8 700 元。由于该记账凭证是用错会计科目，会计在进行试算平衡时并没有发现问题。幸亏王伟及时发现错误，并予以纠正。

你知道什么是会计科目和会计账户吗？会计科目和会计账户又是如何设置与分类的呢？你知道会计账户的基本结构是什么吗？不同种类的会计账户结构有什么差别吗？会计账户又是如何正确反映经济活动中财产物资运动，归类整理经济事项的数据，系统地进行会计核算的呢？

【学习目标】

(1) 掌握会计科目和会计账户的含义与设置;

(2) 掌握会计科目与会计账户按照经济用途的分类;

(3) 掌握会计账户的结构及应用;

(4) 了解会计科目的设置原则及会计科目与会计账户之间的关系。

【学习重点与难点】

(1) 会计科目与会计账户的设置;

(2) 会计账户的结构及其分类。

第一节 会计科目

企业的经济业务活动是复杂多样的,为了对其进行全面系统的反映,必须对企业的经济业务内容进行分类。首先是对会计对象进行基本分类,形成了会计要素,包括资产、负债、所有者权益、收入、费用和利润。而这六项会计要素显得过于笼统和粗略,难以满足各方面对会计信息的需要。因此,为满足企业经营管理者、财务报告使用者等利益相关者了解企业会计信息的需求,更加详细地反映企业的生产经营状况,应将会计要素指标进一步细分,划分成更具体的会计科目。

一、会计科目的含义和设置原则

1. 会计科目的含义

会计科目是对会计要素进一步分类形成的项目。开设会计科目是全面、系统、分类地核算和监督各项经济业务活动的前提和依据。

由于企业的经济业务错综复杂,同一会计要素包含着若干具体的内容,且各项内容又具有不同的特点,因而会计要素不能满足分类核算的需要。例如,固定资产和原材料虽都属于资产,但其经济内容及其在经济活动中的周转方式和所起的作用各不相同;应付账款和长期借款虽然都是负债,但形成的原因和偿付期限也各不相同。因此,有必要将会计要素按不同经济内容和会计核算的需要进行分类,从而形成会计科目。如资产应分为库存现金、银行存款、固定资产、原材料等;负债应分为短期借款、长期借款、其他应付款等。会计科目的设置可以把各项会计要素的增减变化分门别类地归集起来,使之一目了然。

2. 会计科目设置的原则

会计科目的设置是会计核算和管理的基础。企业通过设置会计科目组织会计核算、编制会计报表。会计科目设置的合理与否,直接影响会计核算的质量和会计管理水平的高低,对企业会计核算和会计报表编制有着重要意义。因此,在

会计科目设置过程中应努力做到科学、合理和适用,并遵循下列原则:

(1) 合法性原则

为了保证会计信息的可比性,所设置的会计科目应当符合国家统一的会计制度规定。对于国家统一会计制度规定的会计科目,企业可以根据自身的生产经营特点,在不影响会计核算要求和财务报表指标汇总,以及对外提供统一会计信息的前提下,自行增设、减少和合并某些会计科目和明细科目。

(2) 相关性原则

会计科目的设置,应为提供有关各方所需要的会计信息服务,保持会计指标体系的完整和统一,全面而概括地反映企业生产经营活动情况,便于清晰地提供会计信息,以满足企业对外报告与对内管理的需求,以及有关信息使用者了解企业财务状况、经营成果和现金流量的需求。

(3) 实用性原则

经济单位的组织形式、所处行业、经营内容及业务种类等不同,在会计科目和设置上亦应有所区别。各单位应根据自身特点,设置符合单位特点的会计科目。会计科目名称力求清晰准确,简明扼要,讲求实用,既要符合国家制度的规定、满足企业管理的需要,又要避免过于繁杂和无用劳动。

二、会计科目的分类

我国财政部制定的《企业会计准则》将六大类会计要素进行了详细划分,确定了每一项目所反映的具体内容,形成了统一的适应于全国各行业的会计科目体系。在会计实务中,为了更准确地反映经济业务的内容,正确地使用会计科目,还需要根据一定的标准对会计科目进行分类。

1. 会计科目按经济内容分类

根据我国财政部《企业会计准则——应用指南》〔财会(2006)18号〕附录及财会(2016)22号文,我国目前的会计科目按所反映的经济内容不同划分为六大类:资产类、负债类、所有者权益类、共同类、成本类、损益类,涉及会计科目156个。因本教材的会计实例大多为制造业的经济业务,同时也便于初学会计者理解,我们将制造业常用的五大类会计科目整理如表2-1所示,供学生学习参考,其余会计科目在后续的财务会计等课程中再进行讲述。

2. 会计科目按提供指标的详细程度分类

会计科目按其提供核算指标详细程度的不同,可以分为总分类科目和明细分类科目。总分类科目,也称一级科目,是对会计要素具体内容进行总括分类,提供总括会计信息的科目。会计科目表中所列科目均为总分类科目。明细分类科目,是对总分类科目的进一步分类,提供更详细和更具体的会计信息核算的科目。

表 2-1　　　　常用会计科目表

序号	会计科目编号	会计科目名称	序号	会计科目编号	会计科目名称
1		一、资产类	33	2211	应付职工薪酬
2	1001	库存现金	34	2221	应交税费
3	1002	银行存款	35	2231	应付利息
4	1012	其他货币资金	36	2232	应付股利
5	1101	交易性金融资产	37	2241	其他应付款
6	1121	应收票据	38	2501	长期借款
7	1122	应收账款	39	2502	应付债券
8	1123	预付账款	40	2701	长期应付款
9	1131	应收股利	41		三、所有者权益类
10	1132	应收利息	42	4001	实收资本
11	1221	其他应收款	43	4002	资本公积
12	1231	坏账准备	44	4101	盈余公积
13	1401	材料采购	45	4103	本年利润
14	1402	在途物资	46	4104	利润分配
15	1403	原材料	47		四、成本类
16	1405	库存商品	48	5001	生产成本
17	1511	长期股权投资	49	5101	制造费用
18	1531	长期应收款	50	5201	劳务成本
19	1601	固定资产	51		五、损益类
20	1602	累计折旧	52	6001	主营业务收入
21	1604	在建工程	53	6051	其他业务收入
22	1605	工程物资	54	6111	投资收益
23	1606	固定资产清理	55	6301	营业外收入
24	1701	无形资产	56	6401	主营业务成本
25	1702	累计摊销	57	6402	其他业务成本
26	1801	长期待摊费用	58	6403	税金及附加
27	1901	待处理财产损溢	59	6601	销售费用
28		二、负债类	60	6602	管理费用
29	2001	短期借款	61	6603	财务费用
30	2201	应付票据	62	6711	营业外支出
31	2202	应付账款	63	6801	所得税费用
32	2203	预收账款	64	6901	以前年度损益调整

总分类科目与明细分类科目之间的关系是：总分类科目控制和驾驭明细分类科目，明细分类科目从属于总分类科目，对总分类科目起补充说明作用。明细分类科目可以根据企业核算需要设置二级科目、三级科目、四级科目、五级科目等。有时也称最末一级会计科目为明细分类科目，而将二级科目以下的其他会计科目称为子目。如通过设置“应收账款”总分类科目，可以提供企业全部应收款项的形成、应收取结算资金的总括资料。而为了了解各具体债务单位欠款的清偿情况，还应通过设置“应收账款”的明细分类科目，以提供更为详细的会计核算资料；又如“原材料”总分类科目，可以提供企业全部材料的总括资料，而要了解企业不同种类和型号材料的具体情况，还可以设置“原材料”二级科目和明细分类科目，以便明确“原材料”更详细的层次和内容。具体关系如图 2-1 所示。

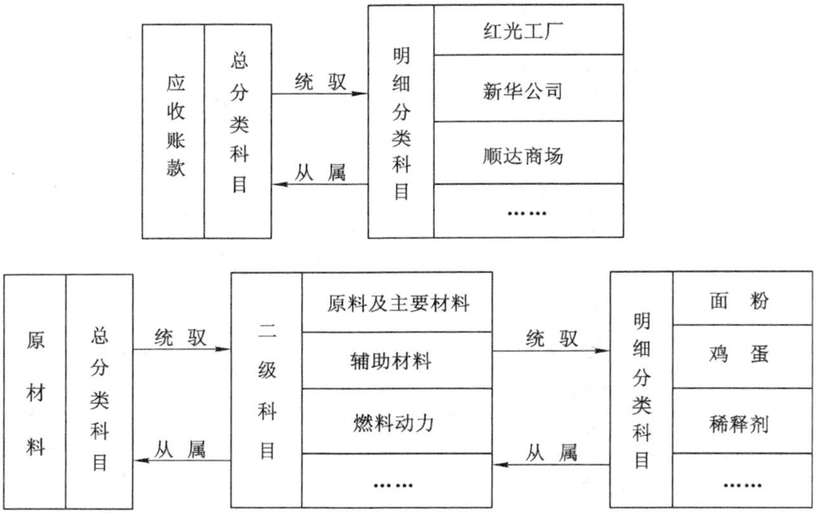

图 2-1　总分类科目与二级科目、明细分类科目关系图

需要说明的是：企业总分类科目的设置，是按照《企业会计准则》中统一规定的会计科目，并结合企业自身经济业务的内容进行选定的，经济业务内容涉及不到的会计科目，企业可以不设置相应会计科目；明细分类科目是在某个总分类科目下，由企业根据自身管理的需要，按总分类科目所包含的具体内容详细程度不同而自行设定的。但并不是每个总分类科目都必须设置明细分类科目，不涉及详细分类的会计科目，可以不设置明细分类科目。

第二节 会计账户

任何一笔经济业务的发生，都会引起会计要素有关项目发生增减变动。为了全面、系统地记录和反映会计要素的增减变动，需要对会计要素进行进一步分类，设置会计科目。但会计科目只是对会计要素进行分类的项目或名称，其本身没有结构，还不能进行具体的会计核算，因此还必须设置账户。

一、会计账户的概念及作用

1. 会计账户的概念

会计账户是根据会计科目设置的，具有一定格式和结构的记账实体，能够分类反映会计要素增减变动的情况和结果。通过设置账户，可以对大量复杂的经济业务进行分类核算，以便提供各种有用的会计信息。

会计账户概念包括两方面的含义：

(1) 会计账户是根据会计科目开设的，有什么内容的会计科目，就必有与之对应的核算什么内容的会计账户。

(2) 会计账户是一个载体，具有一定的格式和结构，因而可以记录各项经济内容的增减变动情况。

2. 会计账户的作用

设置和运用会计账户，是会计核算的重要环节，也是运用复式记账的前提条件。会计账户是各单位分类、记录、整理和汇总原始数据的重要工具，在会计工作中有着重要的意义，主要表现在下述几个方面。

(1) 进行数据转换，形成会计信息

对会计信息系统而言，一切未经确认并按账户分类和正式记录的都可以认为是数据。而把数据区分为会计信息和非会计信息的最初界限就是会计账户。通过会计账户，可以记录每笔或每类经济业务所引起的资金数量的增减变化及其结果，按会计准则的规定计算资金的取得及使用情况，形成便于储存并及时向利益相关者提供的会计信息。

(2) 压缩信息数量、确保会计信息质量

企业每天都会发生数以千计的必须通过会计进行记录的数据。而通过设置会计账户，可以将单个的、大量重复的数据进行分类、汇总、加工和整理，使会计信息根据类别形成在本质上既有联系又有区别的信息群。这种有序的会计信息能够反映企业价值运动的内在联系，在一定程度上提高了会计信息的质量。

二、会计账户的基本结构和内容

从本质上讲，会计账户是一个人工语言符号。这种语言符号所反映的客观对象是连续不断、循环往复的企业资金运动过程。因此，为了使用会计账户全面、连续、系统地记载企业经济事项的具体内容，会计账户必须设置一定的格式，以反映企业经济事项发生所引起的会计科目增减变动及结余情况。

1. 会计账户的基本结构

会计账户的基本结构就是指账户的格式。为了全面、清晰地记录各项经济业务，每一个会计账户既要有明确的经济内容，又要有一定的结构。各项经济业务引起的资金变动尽管错综复杂，但从数量上看，不外乎增加和减少这两种情况，因此账户的结构也应相应地划分为左方、右方两个基本部分：一方反映数额的增加，另一方反映数额的减少，增减相抵后的差额称为账户的余额。对于每一个账户而言，到底左方记录增加还是右方记录增加，取决于企业所采用的记账方法与账户性质。其具体内容应包括以下几个方面：

(1) 会计账户的名称(即会计科目)；

(2) 日期和凭证号数(用以说明账户记录的日期及来源)；

(3) 摘要(概括说明经济业务的内容)；

(4) 增加和减少的金额；

(5) 余额(包括期初余额和期末余额)。

我国会计准则规定使用借贷复式记账法，规定会计账户的左方称为“借方”，右方称为“贷方”。因而借贷复式记账法下会计账户的基本结构如图 2-2 所示。

会计科目名称(账户名称)

年		凭证号数	摘　要	借　方	贷　方	借(或贷)	余额
月	日						

图 2-2　会计账户基本结构(一)

为了在会计实务和会计教学中方便使用，上述会计账户的基本结构通常简化为 T 形账户(或叫丁字账户)，其格式如图 2-3 所示。

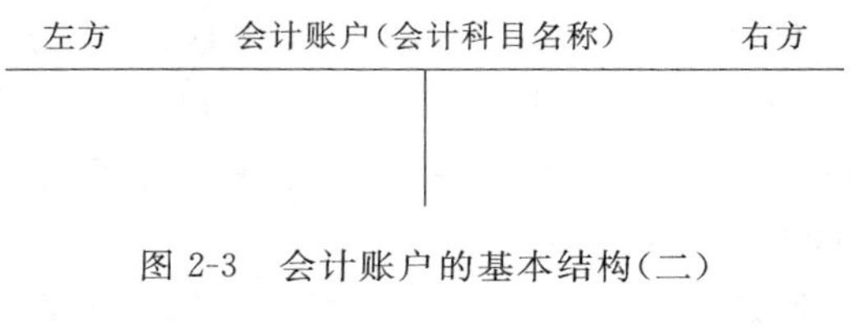

图 2-3　会计账户的基本结构(二)

2. 会计账户的基本内容

会计账户的核算内容分为四个要素:期初余额、本期增加发生额、本期减少发生额、期末余额。会计账户的左右两方分别用来登记增加数或减少数,本期增加的金额称为本期增加发生额,本期减少的金额称为本期减少发生额,增减相抵后的差额称为期末余额。一个会计期间开始时记录的余额称为期初余额,结束时记录的余额称为期末余额,本期的期末余额即为下期的期初余额。会计账户中记录的四个要素之间的关系可以表达如下:

期末余额=期初余额+本期增加发生额−本期减少发生额

下面通过具体实例说明账户结构及其核算要素的内容。

【例 2-1】 假设甲企业 2016 年 3 月"原材料"和"短期借款"账户的记录如图 2-4 所示。

左方(借方)	原材料		右方(贷方)
期初余额	59 000		
本期发生额(本期增加额)	4 000	本期发生额(本期减少额)	20 000
期末余额	43 000		

左方(借方)	短期借款		右方(贷方)
		期初余额	62 000
本期发生额(本期减少额)	2 000	本期发生额(本期增加额)	8 000
		期末余额	68 000

图 2-4　会计账户的记录

根据图 2-4 的"原材料"账户记录可知:甲公司 2016 年 3 月期初的原材料库存为 59 000 元,本月由于材料入库导致原材料增加了 4 000 元,本月发出原材料 20 000 元。因此,到 3 月末原材料账户结余 43 000 元,这就意味着 4 月初"原材料"账户的期初余额为 43 000 元;而"短期借款"账户的记录则显示:甲公司 2016 年 3 月期初短期借款余额为 62 000 元,本期增加短期借款 8 000 元,本期减少短期借款 2 000 元,期末"短期借款"账户的余额为 68 000 元,即本单位 4 月初"短期借款"账户的期初余额为 68 000 元。

需要说明的是:在借贷复式记账法下,会计账户因反映的经济内容不同而具有不同的结构,"借"、"贷"两方所反映的经济业务增减取决于会计账户的类型。如资产类账户的"借"方反映资产的增加,"贷"方反映资产的减少,其余额一般在"借方"(如上述原材料账户);负债及所有者权益类账户的"贷"方反映负债及所有者权益的增加,"借"方反映负债及所有者权益的减少,其余额一般在"贷方"

（如上述短期借款账户）；而损益类账户可分为收入类账户和成本费用类账户两大类型，收入类账户的结构类似于负债及所有者权益类账户的结构，成本费用类账户的结构类似于资产类账户的结构，其不同之处在于损益类账户期末要结转计算本期经营成果，因此一般没有期末余额。

三、会计账户和会计科目的联系和区别

会计科目是会计账户的名称，会计账户是会计科目的具体运用，二者既相互联系又相互区别。

会计科目与会计账户的相互联系主要表现在：会计科目与会计账户都是分门别类地反映会计要素的具体内容，即两者反映的经济内容是一致的；会计账户是根据会计科目开设的，会计科目的名称、内容、分类和性质决定了会计账户的名称、内容、分类和性质；会计账户是会计科目的具体运用。如“库存现金”科目和“库存现金”账户核算内容、范围完全相同。

会计科目与会计账户的区别主要表现在：会计科目本身没有既定的结构，它只表明某项会计要素的具体内容，无法提供核算数据，而会计账户具有一定的结构、格式，可以对会计要素进行连续、系统地记录，以反映某项经济业务内容的增减变化及其结果；会计科目的作用主要是为了开设账户、填制记账凭证，而会计账户的作用主要是进行数据转换，形成会计信息，并提供某一具体会计要素的核算资料，为编制会计报表所运用。

可见，没有会计科目，会计账户便失去设置依据，没有会计账户，会计科目就无法发挥作用。因为两者核算内容是一致的，所以在实际工作中通常将会计科目与会计账户作同义语，不加严格区分。

四、会计账户的分类

会计账户一方面各自独立地反映特定的经济内容，另一方面所有账户又相互联系、相互补充，组成一个完整的会计账户体系。每一个账户只能对特定经济业务进行核算，也只能从某一个侧面来反映会计要素的变化过程及其结果。但会计要素的具体内容很多，为了能全面、连续、系统地对会计要素的增减变化情况进行反映，企业对经济业务的核算就必须设置很多不同的会计账户。为掌握各类账户在提供会计信息方面的规律性，并探讨账户之间的内在联系，更好地了解和运用账户，应按不同的标准对账户进行科学的分类。

1. 会计账户按经济内容分类

会计账户按经济内容分类，也叫会计账户按会计要素分类，是账户的基本分类。账户的经济内容是账户所反映和监督的会计要素的具体内容，各账户之间的根本差别就在于其所反映的经济业务内容不同。由于账户是根据会计科目开设的，会计科目的内容就是会计账户的内容，会计账户按经济内容分类的结果应

该与会计科目按经济内容分类的结果相同，都是五种类型，即资产类账户、负债类账户、所有者权益类账户、成本类账户和损益类账户。具体到本教材所涉及的会计账户名称可参照表 2-1，每一个会计科目的名称即为一个会计账户的名称，其所反映的经济内容也是一致的。

2. 会计账户按提供指标的详细程度分类

会计科目按其提供指标的详细程度可分为总分类科目和明细分类科目，同样会计账户按其提供指标的详细程度也可分为总分类账户和明细分类账户。

（1）总分类账户

总分类账户也称一级账户，是按照总分类科目设置，只以货币作为计量单位，提供总括核算指标的账户。如根据“库存商品”科目开设“库存商品”总分类账户对企业库存商品的增减变化情况进行总括反映。但当企业的库存商品品种较多时，仅仅进行总分类核算就不能够满足经济管理的要求，而需要进行明细核算，设置明细分类账户。

（2）明细分类账户

明细分类账户是对企业经济业务的具体内容进行明细核算，提供详细核算资料的账户。明细分类账户是在明细分类账簿中按照二级或三级科目等开设的账户，它所提供的是企业某一经济业务具体内容的明细核算指标。除可以用货币计量外，还可以用实物量度(件、吨、千克等)进行辅助计量。明细分类账户提供的明细核算指标主要是满足企业内部经营管理的需要。因此，明细分类账户由企业根据经营管理的需要和经济业务的内容自行设置。

总分类账户与明细分类账户之间是一种统驭与从属的关系，二者既有联系又有区别。总分类账户与明细分类账户的相互联系表现在：第一，从账户所反映的经济内容来看，都是对企业发生的能以货币计量的同一经济业务的内容进行记录，因此反映的内容是相同的；第二，从会计处理过程而言，二者的登记时间一致，会计实务中，应同时登记总分类账和明细分类账，即在总分类账中登记一笔业务，必然同时在其所属各明细分类账中登记相应的经济业务；第三，二者反映的金额一致，即记入总分类账中的金额必然等于记入其所属明细分类账的金额之和。但是，二者的作用不同，总分类账户提供的是总括信息，明细分类账户提供的是详细信息；二者的计量单位也不同，总分类账户采用的均是货币指标，明细分类账户既可采用货币指标也可采用实物量或劳动量指标。

下面通过具体实例说明总分类账户和明细分类账户核算内容之间的关系。

【例 2-2】 假设甲企业 2016 年 3 月“库存商品”及其明细账户的记录如图 2-5 所示。

左方(借方)		库存商品	右方(贷方)
期初余额	56 000		
本期发生额(本期增加额)	4 000	本期发生额(本期减少额)	10 000
期末余额	50 000		

左方(借方)	库存商品——A商品	右方(贷方)	
期初余额	32 000		
本期增加额	1 500	本期减少额	6 000
期末余额	27 500		

左方(借方)	库存商品——B商品	右方(贷方)	
期初余额	24 000		
本期增加额	2 500	本期减少额	4 000
期末余额	22 500		

图 2-5 总分类账与明细分类账关系图

根据图 2-5 的“库存商品”总分类账户及其明细分类账户的记录可知：甲公司 2016 年 3 月期初的“库存商品”总分类账户库存为 56 000 元，其中有 A 商品 32 000 元，B 商品 24 000 元；本月由于商品入库导致库存商品增加了 4 000 元，其中增加 A 商品 1 500 元，增加 B 商品 2 500 元；本月共发出商品 10 000 元，其中发出 A 商品 6 000 元，发出 B 商品 4 000 元。因此，到 3 月末，“库存商品”总分类账账户结余 50 000 元，其中有 A 商品 27 500 元，B 商品 22 500 元。

3. 会计账户按用途和结构分类

会计账户的用途是指通过账户的记录，能够提供哪些核算指标，即设置和运用账户的目的。会计账户的结构是指在账户中如何记录经济业务，从而获得各种必要的核算指标，即账户的左右两方各核算什么内容，期末余额的方向及其说明的问题等。在讲复式记账法之前，讨论会计账户的这种分类比较困难，所以，会计账户按用途和结构的分类将在后续章节中介绍。

4. 会计账户按反映会计报表的内容分类

会计报表的各项指标一般是根据账户数额来填列的，账户与会计报表之间有着密切的联系。因此，会计账户按反映会计报表的内容不同可分为资产负债表账户、利润表账户两大类。资产负债表账户期末一般都有余额，又称实账户，是据以编制资产负债表、反映企业某一时点财务状况的账户。收入类和费用类账户是反映企业经营成果的账户，期末经过结转，一般没有余额，因此也称虚账户，它们的发生额是编制利润表的主要依据，称为利润表账户。研究会计账户按期末余额分类的目的在于把握账户期末余额代表的内容及期末结转的规律性，以便正确地组织会计核算。

本章小结

会计科目是对会计要素进一步分类形成的项目。设置会计科目需遵循合法性、相关性、实用性的原则。会计科目按其所反映的经济内容不同,分为资产类、负债类、所有者权益类、成本类、损益类。会计科目按其提供指标的详细程度不同,可分总分类科目和明细分类科目。

会计账户是依据会计科目开设的,具有一定格式和结构,用来分类、连续地记录和汇总经济业务增减变化情况及其结果的一种记账实体或记账载体。相对于每一个会计科目,都要在账簿中设置对应的会计账户。会计账户具体内容包括:① 会计账户的名称(即会计科目);② 日期和凭证号数(用以说明账户记录的日期及来源);③ 摘要(概括说明经济业务的内容);④ 增加和减少的金额;⑤ 余额(包括期初余额和期末余额)。

会计科目与会计账户既有区别又有联系。联系在于会计科目与会计账户都是分门别类地反映会计要素的具体内容,即两者反映的经济内容是一致的,会计账户是根据会计科目开设的,会计账户是会计科目的具体运用。区别在于会计科目只是对会计要素分类的名称,不存在结构,而会计账户则具有一定的结构和格式,可以对会计要素进行连续、系统的记录,以反映某项经济业务内容的增减变化及其结果。

会计账户可以按经济内容分为资产类账户、负债类账户、所有者权益类账户、成本类账户和损益类账户;按提供指标的详细程度分为总分类账户和明细分类账户;按反映会计报表的内容分为资产负债表类账户和利润表类账户。

思考与练习

一、单项选择题

1. 会计科目是(　　)的名称。

A. 会计要素　　B. 会计账户

C. 会计账簿　　D. 会计对象

2. 会计科目是对(　　)。

A. 经济业务分类形成的项目　　B. 会计要素分类形成的项目

C. 会计方法分类形成的项目　　D. 会计账户分类形成的项目

3. 与总分类账户反映的经济内容相同,金额相等的账户是(　　)。

A. 一级账户　　B. 对应账户

C. 明细分类账户　　D. 要素账户

4. 下列会计科目中属于资产类会计科目的是(　　)。

A. 应付账款　　B. 生产成本

C. 预收账款　　D. 应收账款

5. 下列会计科目中属于成本类会计科目的是(　　)。

A. 制造费用　　B. 销售费用

C. 财务费用　　D. 管理费用

6. 表示会计账户金额关系的等式是(　　)。

A. 期末余额＝期初余额＋本期增加发生额－本期减少发生额

B. 资产＝负债＋所有者权益

C. 资产＝负债＋所有者权益＋(收入－费用)

D. 全部账户本期借方发生额合计＝全部账户本期贷方发生额合计

7. 一般有贷方余额的账户是(　　)。

A. 资产类账户　　B. 负债类账户

C. 成本类账户　　D. 收入类账户

8. “其他业务成本”会计科目属于(　　)。

A. 资产类科目　　B. 负债类科目

C. 损益类科目　　D. 成本类科目

9. 会计科目与会计账户的本质区别在于(　　)。

A. 反映的经济业务不同

B. 记录资产和权益的内容不同

C. 记录资产和权益的方法不同

D. 会计账户有结构，而会计科目无结构

10. 下列账户中属于资产负债表类账户的是(　　)。

A. 固定资产　　B. 主营业务收入

C. 其他业务收入　　D. 销售费用

二、多项选择题

1. 关于总分类会计科目与明细分类会计科目关系表述正确的是(　　)。

A. 总分类会计科目对明细分类科目具有控制作用

B. 明细分类科目驾驭总分类会计科目

C. 总分类会计科目对明细分类科目具有补充作用

D. 明细分类会计科目是对总分类会计科目的补充和说明

2. 下列属于所有者权益类科目的有(　　)。

A. 实收资本　　B. 盈余公积

C. 主营业务成本　　D. 资本公积

3. 会计账户核算的金额有(　　)。

A. 期初余额　　B. 本期增加发生额

C. 本期减少发生额　　D. 期末余额

4. 下列项目中,属于损益类科目的是(　　)。

A. 生产成本　　B. 制造费用

C. 投资收益　　D. 销售费用

5. 对会计账户进行分类的不同标准有(　　)。

A. 按经济内容分类　　B. 按提供指标的详细程度分类

C. 按用途和结构分类　　D. 按反映会计报表的内容分类

6. 反映非流动负债的会计科目有(　　)。

A. 应付票据　　B. 长期借款

C. 应付债券　　D. 长期应付款

7. 会计账户基本结构包括的内容有(　　)。

A. 账户名称　　B. 会计凭证种类和号数

C. 增加、减少的金额及余额　　D. 日期和摘要

8. 会计账户按经济内容不同分为(　　)。

A. 资产类账户　　B. 负债类账户

C. 总分类账户　　D. 明细分类账户

9. 会计科目与会计账户关系表述正确的是(　　)。

A. 会计科目和会计账户反映的经济内容是一致的

B. 会计账户是根据会计科目开设的

C. 会计账户是会计科目的具体运用

D. 会计科目没有结构,会计账户有一定的结构和格式

10. 设置会计科目遵循的原则有(　　)。

A. 合法性　　B. 相关性

C. 实用性　　D. 可比性

三、判断题

1. 会计科目与会计账户的经济内容和分类是完全一致的。　(　　)

2. 会计账户都是根据会计科目设置的。　(　　)

3. 所有会计账户的左方用来登记增加数,右方用来登记减少数。　(　　)

4. 明细会计科目可以根据企业内部管理的需要自行制定。　(　　)

5. 所有总分类账户都应设置明细分类账户。　(　　)

6. 设置会计账户只有总分类账户和明细分类账户两个级次。　(　　)

7. 营业外收入属于损益类会计科目。（ ）

8. “库存商品——书架”是明细分类账户。（ ）

9. 会计账户则具有一定的结构和格式，可以对会计要素进行连续、系统的记录，以反映某项经济业务内容的增减变化及其结果。（ ）

10. 明细分类科目有二级科目、三级科目，必要时还可以设置四级科目、五级科目等更多层次的科目。（ ）

四、业务题

1. 某企业 12 月 31 日有关资金的内容及金额如下：

(1) 存放在银行的活期存款　126 000 元

(2) 存放在出纳处的现金　600 元

(3) 仓库存放的材料　45 000 元

(4) 完工入库的产成品　85 000 元

(5) 拖欠供应商材料款　46 000 元

(6) 机器设备　560 000 元

(7) 投资者投入资本　2 372 600 元

(8) 从银行借入长期借款　700 000 元

(9) 购货方拖欠货款　42 000 元

(10) 公司提取的盈余公积　340 000 元

(11) 房屋及建筑物　2 600 000 元

要求：根据所给资料说明每项资金内容具体应归属于哪一个会计科目，并计算资产、负债及所有者权益各类会计科目金额之间的关系。

2. 根据已知数据计算下表账户中的有关数据。

会计账户名称	期初余额	本期借方发生额	本期贷方发生额	期末余额
库存现金	?	6 500	7 800	1 900
无形资产	870 000	?	15 000	890 000
应付票据	26 000	4 000	?	28 000
长期借款	160 000	30 000	20 000	?

第三章　复式记账与借贷记账法

引导案例

小张利用自己的积蓄 4 万元加上从朋友处借得的资金 1 万元共计 5 万元，2017 年 5 月 8 日开始经营一家台湾特产店，开业以来的经营活动基本情况如下：

5 月 8 日，预付一年的店面租金 30 000 元；

5 月 10 日，购进一批货物，支付价款 5 000 元；

5 月 20 日，第一批进货全部销售，共得货款 8 000 元；

5 月 22 日，又进货一批成本 10 000 元，支付了 6 000 元，另外 4 000 元货款暂欠，下月支付；

5 月 28 日，将 5 月 22 日购进的货物销售了四分之一，收到 1 000 元，另外 4 000 元下月收回；

月末，支付促销店员工资 3 000 元、自己的工资 5 000 元、水电费等杂费 800 元。

到了月底，小张手里还剩多少现金？还剩多少货物？本月的经营成果如何？小张应该怎样对该特产店开业以来发生的业务进行记账？

【学习目标】

（1）了解记账方法的种类；

（2）了解单式记账法的含义、做法和特点；

（3）掌握复式记账的理论依据和基本原理；

（4）了解借贷记账法的产生和发展；

（5）熟练掌握利用复式记账法编制简单经济业务的会计分录，进行试算平衡。

【学习重点与难点】

（1）借贷记账法的基本原理；

（2）借贷记账法的特点、账户结构；

（3）运用借贷记账法编制会计分录并试算平衡。

第一节　记账法概述

财务会计的目标是提供对外部会计信息使用者决策有用的会计信息，外部会计信息使用者决策时需要了解企业的财务状况、经营成果、现金流量、所有者权益变动等会计信息。上述信息集中体现于企业财务报表中，而财务报表的数据来自于账户。账户只是用来记录会计要素增减变化的工具，没有解决如何记录的问题。在账户中记录会计要素增减变化及结果的方法称为记账方法。按照记录会计要素的全面程度或记录方式划分，记账方法可以分为单式记账法和复式记账法。

一、单式记账法

单式记账法是指对经济业务发生所引起的会计要素的增减变动一般只在一个账户中进行登记的记账方法。例如，企业销售商品取得900元收入的业务，在单式记账法下，就只记录现金增加900元，而对于收入增加900元则不做记录；再如，对于企业支付700元管理人员工资的业务，在单式记账法下，就只记录现金减少700元，而对于管理费用增加则不做记录。

单式记账法的主要优点是简单、便于操作。但是，从现代会计环境看，单式记账对会计要素的记录是不全面的，没有单独反映收入和费用要素，对于资产和负债要素记录的也不全面，因而也无法反映经济业务的来龙去脉及所涉及的各个会计要素之间的内在联系，更不便于检查账户记录的正确性。

单式记账法是古代会计阶段使用的记账方法，当时的社会生产力水平不高，商品经济不发达，管理上对于会计信息的需求仅限于银钱、物品和债权债务关系等有限的几个方面。因此，单式记账法只设置相应账户进行反映和监督即可满足会计信息使用者的需求(即使不记录收入和费用要素,通过资产、负债和资本的变化也能间接计算出当期盈余)。在会计发展史中,单式记账法起源很早,历史漫长,在反映和监督奴隶制经济和封建制经济中发挥过重要作用,并且经历了由简单到复杂、由低级到高级的发展过程,为复式记账法的产生与发展奠定了坚实的基础。

13～15 世纪,意大利商业和金融业的发展乃至发达促进了商业往来业务。随着银行贷款业务以及合伙投资的发展,人们在经济交往中出现了大量的债权债务。合伙人的资本投入使得经济活动复杂化。只做单方面记录、不能进行平衡结算的单式记账法无法清楚地表现债权人和债务人之间的往来,从而难以向财产所有人清楚地交代围绕这笔资金所发生的经管责任。而复式簿记思想就可以清晰地表达资金的来龙去脉,从而较全面地反映经济管理责任的落实情况,复式簿记思想便逐渐产生和发展起来了。

二、复式记账法

复式记账法是对每一笔经济业务都要在两个或两个以上相互联系的账户中以相等的金额进行记录,借以反映会计对象具体内容增减变化情况的一种记账方法。

以前例说明,企业以销售商品取得现金 900 元的业务,在复式记账法下,这项经济业务除了要在“库存现金”账户中登记增加 900 元外,还要在“主营业务收入”账户中登记增加 900 元。这种记录方法表明了企业现金的增加与取得销售收入两者之间的相互关联性。再如,对于企业支付 700 元管理人员工资的业务,在复式记账法下,除了记录现金减少 700 元,还要记录管理费用增加 700 元。这样的记录方法揭示了现金减少的原因是形成了企业经营管理的费用。显然,复式记账法对于经济业务引起的所有会计要素(至少两个项目)的变化都应进行记录,而且是以相等的金额进行记录的,因而这种记账方法具有天然的自我检验机制。德国著名诗人歌德曾经称颂复式记账法“是人类社会的绝妙创造,从而使每一个精明的商人在他的经营事业中都应用它”。

凡符合复式记账原理的记账方法都可以称为复式记账法。在我国会计发展史上使用过三种复式记账方法,分别是增减记账法、收付记账法和借贷记账法。增减记账法是以“增”、“减”为记账符号来反映经济活动的一种复式记账方法,它是我国会计工作者自行设计的一种复式记账方法。20 世纪 60 年代在我国商业企业会计中采用,后又推广至其他部门的企业。收付记账法是以“收”、“付”为记账符号来反映经济活动的一种复式记账方法,它是在我国传统单式收付记账法基础上发展起来的,又分为资金收付记账法、现金收付记账法和财产收付记账法。但随着改革和发展的需要,会计国际协调步伐的加快,从 1993 年起,我国的企业和行政、事业单位统一采用借贷记账法。如今，借贷记账法因其在世界范围内的普遍运用而成为复式记账法的代名词。

第二节　复式记账原理

一、复式记账的理论依据

复式记账法的理论依据是“资产＝权益”和“资产＋费用＝负债＋所有者权益＋收入”的会计恒等式。企业、行政、事业单位日常发生的经济业务是千变万化、多种多样的。但无论怎样增减变化，都客观上引起两个或两个以上会计要素项目的增减变化，且不会破坏资产总额与负债及所有者权益总额的平衡相等关系，这源于资金运动的内在规律，客观上要求采用复式记账法记录经济业务。

二、复式记账的特点和优点

复式记账法是从单式记账法发展演变而来的。在复式记账法下，由于对每项经济业务都以相等的金额在相互对应的账户中作双重记录。因此，账户之间存在相互钩稽关系，可据以了解每项经济业务的来龙去脉，还可以用试算平衡的方法检验账簿记录的正确性。

1. 复式记账法的特点

(1) 它对发生的每项经济业务至少要在两个相互联系的账户上以相等的金额作双重记录，反映了经济业务的来龙去脉和经济业务的客观实际。

(2) 所有账户之间的数字存在平稳关系，可以进行试算平衡。

复式记账法的特点决定了它是一种科学的、能全面反映经济活动的记账方法。

2. 复式记账法的优点

按照复式记账原理处理经济业务，能够把所有经济业务相互联系地、全面地记入有关账户中，这不仅可以了解每一项经济业务的来龙去脉，而且通过账户记录还可以完整地、系统地反映各项经济活动的过程和结果。同时，由于对每项经济业务都以相等的金额在两个或两个以上相互联系的账户中进行记录，因而所有账户的有关发生额必然保持一种平衡关系。根据这种必然相等的关系，可以检查账户记录是否正确。

应用复式记账法记录各项经济业务，还可以通过账户对应关系了解经济业务的内容，检查经济业务是否合理、合法。复式记账法在会计核算方法体系中占有重要地位，在日常会计核算工作中从编制会计凭证到登记账簿，都要运用复式记账原理。

第三节 借贷记账法

借贷记账法是当今世界各国普遍采用的记账方法，会计也因此被称作国际通用的商业语言。我国从1993年开始，企业和政府及事业单位都采用借贷记账法进行记账。

一、借贷记账法的起源与发展

借贷记账法也是世界上最早产生的一种复式记账方法。据史料记载，借贷记账法大约起源于12、13世纪封建社会开始瓦解、资本主义开始萌芽的意大利，经历了佛罗伦萨式簿记、热那亚式簿记和威尼斯式簿记三个发展阶段，到14、15世纪已经逐步形成比较完备的复式记账法。中世纪末，十字军东征带动了东西方的交通和贸易，意大利的佛罗伦萨、热那亚和威尼斯等城邦国家成为地中海商业中心。海上贸易的发展推动了银行业的发展，银行除了吸收商人的存款、贷款给商人等传统的业务外还负责银钱兑换和商人之间的转账业务，正是转账业务催生了借贷记账法。在佛罗伦萨的银行簿记中，为每一位顾客设置了一个人名账户，账户的一方为借方(Debtor)，另一方为贷方(Creditor①)。也就是说站在银行这个会计主体的角度，如果该顾客在银行存款，则意味着该客户是银行的债权人，则该笔存款就记在该人名账户的贷方；如果顾客从银行借款，则意味着该顾客是银行的债务人，该笔借款就记在该人名账户的借方。如果顾客A通过银行给顾客B转账100元，则银行在顾客A的借方记录100元，同时在顾客B的贷方记录100元。正是这样“在一个账户的借方记录一笔金额，必定会在另一个相对应账户贷方记录一笔相等金额”的神奇内在平衡机制形成了沿用至今的借贷记账法。五百多年来，借贷记账法也由人名账扩展到物品账、损益账和资本账等方面，“借”和“贷”也早就失去了原有的意义而成为纯粹的记账符号。但是其“有借必有贷，借贷必相等”的记账规律使得借贷记账法下的账户体系能够自动检验账簿记录的完整性和正确性，由此展现出来的科学性却是其旺盛的生命力所在。意大利数学家卢卡·帕乔利因为在其撰写的《算术、几何、比及比例概要》一书中系统地阐释了威尼斯复式簿记的理论与方法，从而有力地推动了复式簿记的发展，因此，该书的出版被认为开创了世界会计发展史上的新纪元，他也因此被称作“现代会计之父”。

二、借贷记账法的记账符号

记账符号是用来表明记账方向的符号标记。在会计核算中，运用一对相互

---

① 由于我国的借贷记账法是从日本引入的，这里的“借方”和“贷方”，系采用日本对英语的译法。

对立的符号标记，指明应记入的有关账户的方向，用来表示会计要素价值量的增减变动情况。记账符号是记账方法的重要标志，用来表示记账方法的特点。

借贷记账法以“借”、“贷”二字作为记账符号，以此表明经济业务应记入有关账户的记账方向，反映会计要素的增减变化。“借”和“贷”原本表示“借主”(债务人)和“贷主”(债权人)，后来随着借贷记账法记录的内容扩展到财产物资、经营损益和资本，并广泛运用于金融业之外的其他行业，“借”和“贷”渐渐失去原本的含义，变成了纯粹的记账符号。

三、借贷记账法下的账户结构

如前所述，账户是用来反映会计要素增减变动及其结果的场所，会计要素的变动无非“增”和“减”两个方面。因此，账户的基本结构是每一个账户都分为“左方”和“右方”，分别用来记录“增”和“减”两个方面的变化。在借贷记账法下，账户的基本结构是：左方为“借方”，右方为“贷方”。分别记录该账户发生的“增”或“减”的变化。即对于每一个账户来说，如果借方用来登记增加额，则贷方必须用来登记减少额；如果规定借方用来登记减少额，则贷方必须用来登记增加额。究竟账户的哪一方用来登记增加额，哪一方用来登记减少额，取决于账户的性质和账户反映的经济内容。

1. 资产类账户的结构

资产类账户的借方记录该资产的增加额，贷方记录该资产的减少额。在一个会计期间(年、季、月)内，借方记录的增加额合计数称为本期借方发生额，贷方记录的减少额合计数称为本期贷方发生额，借贷方之间的差额称为余额。由于资产的贷方发生额(减少额的合计)一般不会大于它的期初余额与本期借方发生额(增加额合计)之和，所以资产类账户期末余额(如果有)一般在借方。该类账户期末余额的计算公式如下：

$$\begin{matrix}\text{资产类账户}\\\text{期末借方余额}\end{matrix}=\begin{matrix}\text{期初借}\\\text{方余额}\end{matrix}+\begin{matrix}\text{本期借}\\\text{方发生额}\end{matrix}-\begin{matrix}\text{本期贷}\\\text{方发生额}\end{matrix}$$

用 T 形账户表示资产类账户的结构，如图 3-1 所示。

借方	资产类账户		贷方
期初余额	×××		
增加额	×××	减少额	×××
本期发生额	×××	本期发生额	×××
期末余额	×××		

图 3-1　资产类账户结构图

2. 负债及所有者权益类账户

据“资产＝负债＋所有者权益”的会计恒等式，负债和所有者权益反映资产的来源和归属，与资产是对立统一的两个方面。所以，负债及所有者权益类账户的结构与资产类账户正好相反，其贷方记录负债及所有者权益的增加额，借方记录负债及所有者权益的减少额。由于负债及所有者权益账户的贷方本期发生额（增加额合计）与期初余额之和，通常要大于其本期借方发生额（减少额合计），所以这类账户期末如有余额，一般在贷方。该类账户期末余额的计算公式如下：

$$\begin{array}{c}\text{负债及所有制权益}\\\text{类账户期末贷方余额}\end{array}=\begin{array}{c}\text{期初贷}\\\text{方余额}\end{array}+\begin{array}{c}\text{本期贷}\\\text{方发生额}\end{array}-\begin{array}{c}\text{本期借}\\\text{方发生额}\end{array}$$

用 T 形账户表示负债及所有者权益类账户的结构，如图 3-2 所示。

借方	负债及所有者权益类账户		贷方
		期初余额	×××
减少额	×××	增加额	×××
本期发生额	×××	本期发生额	×××
		期末余额	×××

图 3-2　负债及所有者权益类账户结构图

3. 成本类、费用类损益账户的结构

成本和费用本质上都是经济资源的耗费，大多由资产转化而来，所以成本尚未结转为新的资产、费用尚未与收入抵销之前，可将其视为一种特殊资产。因此，成本类、费用类损益账户的结构与资产类账户基本相同，即：账户的借方登记成本、费用的增加额，贷方登记成本、费用的减少（或转销）额。关于余额，成本与费用账户略有不同。尽管成本与费用皆由资产转化而来，但是成本结转后会形成新的资产，而费用结转后会形成损益，这就决定了两类账户的余额特征不同。对于成本类账户，其借方反映为形成某资产而归集的各项耗费，贷方反映该资产成本计算过程结束后结转的各项耗费。由于到会计期末，该资产成本计算过程可能尚未完成，此时成本类账户的借方发生额大于贷方发生额，因而余额在借方。而对于费用类损益账户，会计期末会将其借方发生额通过贷方全数转出，所以该类账户通常没有期末余额。也就是说，两者来龙相同，但去脉不同，因此成本类账户期末可能有余额，余额在借方，而费用类损益账户期末无余额。

为了更清晰地说明成本类、费用类损益账户的结构特征，本书分别用图3-3、图 3-4 来示例其 T 形账户的结构。

借方	成本类账户		贷方
期初余额	×××		
增加额	×××	减少额(或转销额)	×××
本期发生额	×××	本期发生额	×××
期末余额	×××		

图 3-3　成本类账户结构图

借方	费用类损益账户		贷方
增加额	×××	减少额(或转销额)	×××
本期发生额	×××	本期发生额	×××

图 3-4　费用类损益账户结构图

4. 收入类损益账户的结构

收入类损益账户的结构与负债及所有权益类账户的结构类似,账户的贷方登记收入的增加额,借方登记收入的减少(或转销)额;由于会计期末为了计算当期损益,会将其贷方登记的收入增加额全数通过借方转出,所以这类账户通常也没有期末余额。用 T 形账户表示收入类损益账户的结构如图 3-5 所示。

借方	收入类损益账户		贷方
减少额(或转销额)	×××	增加额	×××
本期发生额	×××	本期发生额	×××

图 3-5　收入类损益账户结构图

根据上述内容,可将借贷记账法下各类账户的结构归纳如表 3-1 所示。

表 3-1　借贷记账法下各类账户结构

账户类别	借方	贷方	余额方向
资产类	增加	减少	余额在借方
负债类	减少	增加	余额在贷方
所有者权益类	减少	增加	余额在贷方
收入类	减少(或转销)	增加	无余额
成本、费用类	增加	减少(或转销)	费用类无余额,成本类在借方

由表3-1可见，借贷记账法下各类账户的期末余额一般都在记录增加额的一方，即资产类账户的期末余额在借方，负债及所有者权益类账户的期末余额在贷方。因此，可以得出一个结论：根据账户余额所在的方向，也可判断账户的性质，即账户若期末出现借方余额，则为资产类账户（包括成本类账户）；账户若期末出现贷方余额，则为负债或所有者权益类账户。

另外，为了简化账户设置，在借贷记账法下，允许根据管理的需要设置双重性质账户。所谓双重性质账户，是指既可以用来核算资产、费用，又可以用来核算负债、所有者权益和收入的账户，如"待处理财产损溢"、"投资收益"、"公允价值变动损益"等，即现行会计科目体系中，具有双重性质的账户。任何一个双重性质账户都是把原来的两个有关账户合并在一起，并具有合并前两个账户的功能。因此，设置双重性质账户，可以简化会计核算手续。

四、借贷记账法的理论基础

如前所述，复式记账方法的理论基础是会计恒等式，借贷记账法作为复式记账法的一种，其理论依据也是"资产＝权益"的会计恒等式，或者更具体地表现为"资产＋费用＝负债＋所有者权益＋收入"这一综合了静态要素和动态要素的会计恒等式。例如，某企业借入一笔3年期贷款10万元，这笔经济业务的发生导致企业的资产——银行存款增加10万元，同时负债——长期借款增加10万元。从综合等式的角度来看，左边的资产要素和右边的负债要素同时增加10万元，等式依旧平衡。而从借贷记账法的账户结构可知，资产账户的增加计入借方，负债账户的增加计入贷方。因此，借贷记账法下这笔经济业务就应该记录为：在"银行存款"账户的借方记录10万元，在"长期借款"账户的贷方记录10万元。显然，这笔经济业务的记录形式呈现出了"有借必有贷，借贷必相等"的记账规律。其实，不仅借款业务如此，任何一笔经济业务的发生都不会破坏等式的平衡关系，采用借贷记账法记账后的结果都是"有借必有贷，借贷必相等"。从另一个视角看，借贷记账法的账户结构也决定于综合等式。综合等式左边（可以类比成账户的借方）的会计要素（资产、费用）的增加都记在这些账户的借方，综合等式右边（可以类比成账户的贷方）的会计要素（负债、所有者权益、收入）的增加都记在这些账户的贷方。

五、借贷记账法的记账规则

所谓记账规则，就是运用某种记账方法处理业务时，确定其计入账户方向的一种规律。在运用借贷记账法处理经济业务时，首先，要根据经济业务的内容，确定它所引起变动的项目；其次，确定变动的方向是增加还是减少；最后，根据该项目所属的账户类别确定应计入该账户借方还是贷方。综合等式左边的要素所属账户的增加计入借方、减少计入贷方，综合等式右边的要素所属账户的增加计入贷方、减少计入借方。

借贷记账法的记账规则可用图 3-6 表示。

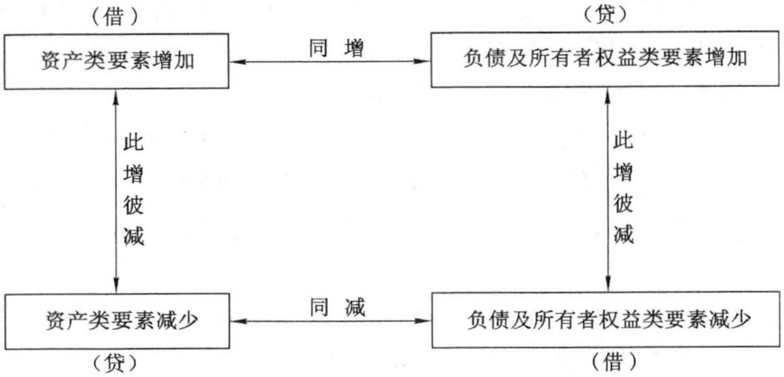

图 3-6 记账规则示意图

需要说明的是,很多教材将借贷记账法的记账规则表述为"有借必有贷,借贷必相等"。意思是:如果在一个账户中记借方,必须同时在另一个或几个账户中记贷方;反之,如果在一个账户中记贷方,必须同时在另一个或几个账户中记借方;记入借方的总金额与记入贷方的总金额必然相等,即要做到"有借必有贷,借贷必相等"。其实这两句话只能说明按照本书所述记账规则记账后,在相互联系的账户中形成的记录的表现规律,而并不能用其指导如何确定计入账户的方向。因此,本书将其称作借贷记账法的"记账规律"。

六、借贷记账法的试算平衡

试算平衡,就是根据"资产=负债+所有者权益"的平衡关系,按照记账规则的要求,通过汇总计算和比较来检查账户记录正确性的一种方法。

对企业发生的每一笔经济业务,按照借贷记账法记账后,都会"有借必有贷,借贷必相等",因此本期所有经济业务涉及的所有账户的借方发生额与贷方发生额的合计数也必然是相等的。若用公式表述,则发生额试算平衡公式如下:

$$\frac{\text{全部总账账户借方}}{\text{本期发生额合计}} = \frac{\text{全部总账账户贷方}}{\text{本期发生额合计}}$$

为了推导期末余额试算平衡公式,我们先假定从企业开始经营的时点作为会计期间的期初,则各个账户期初余额为零。再假设该企业本期共涉及 n 个账户,若记为 A_i, $i=1,2,3,\cdots,n$,每一个账户的借方发生额合计记作 A_{id},$i=1,2,3,\cdots,n$,贷方发生额合计记作 A_{ic},$i=1,2,3,\cdots,n$,则经过一个会计期间的经营后,由发生额试算平衡公式可得:

$$A_{1d}+A_{2d}+A_{3d}+\cdots+A_{nd}=A_{1c}+A_{2c}+A_{3c}+\cdots+A_{nc} \quad (3.1)$$

再假设前 x 个账户有期末借方余额，即 $A_{id}-A_{ic}>0, i=1,2,3,\cdots,x$，后 $n-x$ 个账户有期末贷方余额，即 $A_{jd}-A_{jc}>0, j=x+1,x+2,x+3,\cdots,n$。则有：

$$\underbrace{(A_{1d}-A_{1c})+(A_{2d}-A_{2c})+(A_{3d}-A_{3c})+\cdots\cdots+(A_{xd}-A_{xc})}_{x个}$$

$$=\underbrace{[A_{(1+x)c}-A_{(1+x)d}]+[A_{(2+x)c}-A_{(2+x)d}]+[A_{(3+x)c}-A_{(3+x)d}]+\cdots\cdots+(A_{nc}-A_{nd})}_{n-x个} \quad (3.2)$$

由于这些账户都没有期初余额，因此上述账户的借方发生额和贷方发生额的差就为其期末余额。所以，式(3.2)即为：

全部总账账户期末借方余额合计＝全部总账账户期末贷方余额合计

上式即“期末余额试算平衡公式”，而账户的本期期末余额即为下一期的期初余额。因此，由“期末余额试算平衡公式”可得下面的“期初余额试算平衡公式”：

全部总账账户期初借方余额合计＝全部总账账户期初贷方余额合计

实际工作中，试算平衡一般是在月末结出各账户的本月发生额和月末余额后，通过编制“总分类账户发生额和余额试算平衡表”来进行的。

第四节　借贷记账法的运用程序与步骤

借贷记账法运用的基本程序与步骤可以分为初次确认、入账、过账、结账、对账和编制财务报表等六个步骤。每个会计主体在其持续经营的经营活动期内，经济业务都是不断地、周而复始地开展和发生的。与其相适应，各单位会计工作在不同会计期间对发生的经济业务，重复进行填制和审核会计凭证、登记账簿、结账、对账到编制财务报告等对会计信息的确认、计量、记录和报告活动，这种周而复始、定期重复进行的会计工作称作会计循环。

一、初次确认

初次确认就是对单位发生的经济业务，分析判断其涉及哪些账户（至少两个）的增加或减少的变动，即确认经济业务发生引起哪几类会计要素中的哪些会计科目的增减变化。

例如，企业从银行借入 10 万元短期借款业务，一方面导致企业的银行存款（资产要素）增加，一方面引起短期借款（负债要素）增加。

二、入账

入账就是在初次确认的基础上，利用借贷记账法的账户结构和记账规则进行分析判断，明确应计入账户的借方或贷方，并在记账凭证（或在分录日记账）中编制会计分录。需要说明的是，入账并非直接在账簿中进行登记，而是为了保证账户记录的准确性并便于日后查考，先在记账凭证或分录日记账中通过编制会计分录以明确这笔经济业务发生后所涉及的应借应贷账户。

会计分录简称分录。它是对每项经济业务(会计事项)指出其应登记的账户名称、记账方向和金额的一种记录。会计分录包括三个要素：账户名称、记账方向、登记金额。

例如，上面借入短期借款10万元的例子，利用借贷记账法应编制如下会计分录：

借：银行存款　　　　100 000

　贷：短期借款　　　　100 000

经过会计分录的记录后，会在所登记的有关账户之间形成应借、应贷的相互依存关系。我们把账户之间形成的应借、应贷的相互依存关系称作账户的对应关系，把形成对应关系的账户称为对应账户。例如，本例中在"银行存款"和"短期借款"两个账户中形成了应借、应贷的对应关系，这两个账户也就互为对应账户。通过账户的对应关系可以了解经济业务内容，检查对经济业务的处理是否合理、合法、正确。账户的对应关系反映了经济业务发生后，按设置账户理论和借贷记账法原理进行会计处理的要求和结果，账户对应关系的表现形式就是会计分录。因此，掌握账户的对应关系很重要

会计分录按其所反映经济业务的复杂程度，可分为简单会计分录和复合会计分录。

简单会计分录是指一项经济业务发生以后，只需要在两个账户中进行登记的会计分录，即"一借一贷"的会计分录。

复合会计分录是指一项经济业务发生以后，需要在三个或三个以上相互联系的账户中进行登记的会计分录，即"一借多贷"、"多借一贷"或"多借多贷"的会计分录。

一个复合会计分录有时可以分解为几个简单的会计分录。复合会计分录有利于集中反映整个经济业务的全貌，简化记账工作，提高会计工作效率。但不允许将几项经济业务合并编制复杂分录，那样会破坏账户的对应关系。

三、过账

过账就是把会计分录的借方和贷方金额登记到日记账、明细账和总账等账簿中的相应账户，以分类反映经济业务的发生情况和结果的过程。无论是在记账凭证还是在分录日记账中编制会计分录，其对经济业务的记录仅按时间顺序进行反映，而无法直接提供某一账户某一期间的全部发生额和期末余额信息。因此，为了直观反映上述信息，就需要将会计分录确定的记账方向、金额记到相应的账户中去，这个过程就是过账。随着会计电算化的推广和应用，实施会计电

算化的企业，过账工作由计算机完成，变得简单而快速。

四、结账

结账就是在一定时期经济业务全部登记入账的基础上，按结账的要求，结算各账户的本期发生额和月末余额的过程，是对本期各账户的增减变动情况和结果进行总结，同时为编制报表提供资料。

五、对账

将总账各账户登记和结算的期初余额、期末余额和本期发生额，通过编制“试算平衡表”进行对账，将总账、明细账、日记账分别进行核对，以检查各账户登记的正确性。广义的对账还包括原始凭证和记账凭证的核对、记账凭证和日记账、明细账、总账的核对以及账实核对。

六、编制财务报表，再次确认

在试算平衡相符的基础上，根据登记完整、核对无误的总账和明细账的账面记录，编制财务报表。再次确认就是解决哪些会计信息能够进入财务报表中反映。

下面举例说明借贷记账法的应用程序和步骤。

蓝天公司 12 月份各账户期初余额如表 3-2 所示。

表 3-2　　蓝天公司 12 月份各账户期初余额　　单位：元

账户名称	期初余额	
	借　方	贷　方
银行存款	800 000	
库存商品	100 000	
固定资产	1 000 000	
应付账款		260 000
长期借款		400 000
实收资本		1 000 000
资本公积		240 000
合　　计	1 900 000	1 900 000

第一，根据期初余额表登记各账户的期初余额，见举例中各账户的期初余额。

第二，对蓝天公司本月发生的经济业务进行初次确认。

蓝天公司 12 月份发生的主要经济业务如下：

【例 3-1】 蓝天公司收到所有者追加投资 100 000 元，存入银行。

这项经济业务一方面使企业的资产——银行存款增加 100 000 元，应记入

“银行存款”账户的借方；另一方面使所有者权益——实收资本增加100 000元，应记入“实收资本”账户的贷方。

【例3-2】 蓝天公司用银行存款200 000元偿还上月购货款。

这项经济业务一方面使企业的资产——银行存款减少200 000元，应记入“银行存款”账户的贷方；另一方面使企业的负债——应付账款减少200 000元，应记入“应付账款”账户的借方。

【例3-3】 蓝天公司用银行存款30 000元购入一台全新机器设备（假设不考虑增值税）。

这项经济业务一方面使企业的资产——固定资产增加30 000元，应记入“固定资产”账户的借方；另一方面使企业的资产——银行存款减少30 000元，应记入“银行存款”账户的贷方。

【例3-4】 蓝天公司销售一批商品取得价款180 000元，该批商品成本为100 000元（暂不考虑增值税）。

这项经济业务需要做“虚、实”两方面记录。“实”的方面，一是钱多了180 000元，二是商品少了100 000元；“虚”的方面，一是销售收入增加了180 000元，二是为取得销售收入而发生的销售成本增加100 000元。因此，一方面收入——主营业务收入增加180 000元，应记入“主营业务收入”账户的贷方；同时资产——银行存款增加180 000元，应计入“银行存款”账户的借方。另一方面资产——库存商品减少100 000元，应记入“库存商品”账户的贷方；同时，费用——主营业务成本增加100 000元，应计入“主营业务成本”账户的借方。

【例3-5】 蓝天公司支付本月行政管理部门电话费800元。

这项经济业务一方面使企业的资产——银行存款减少800元，应记入“银行存款”账户的贷方；另一方面使企业的费用——管理费用增加800元，应记入“管理费用”账户的借方。

【例3-6】 蓝天公司购进商品80 000元，其中50 000元货款已用银行存款支付，其余30 000元货款尚未支付（暂不考虑增值税）。

这项经济业务一方面使企业的资产——库存商品增加80 000元，应记入“库存商品”账户的借方；另一方面使企业的资产——银行存款减少50 000元，以及企业的负债——应付账款增加30 000元，应记入“银行存款”和“应付账款”账户的贷方。

【例3-7】 蓝天公司月末计算应付管理人员工资70 000元，下月上旬支付。

这项经济业务的发生一方面使企业的费用——管理费用增加70 000元，应记入“管理费用”账户的借方；另一方面使企业的负债——应付职工薪酬增加70 000元，应记入“应付职工薪酬”账户的贷方。

第三，根据以上分析和借贷记账法编制会计分录，并入账。

现将前面例 3-1 至例 3-7 经济业务的会计分录列示如下：

		借方	贷方
例 3-1	借：银行存款	100 000	
	贷：实收资本		100 000
例 3-2	借：应付账款	200 000	
	贷：银行存款		200 000
例 3-3	借：固定资产	30 000	
	贷：银行存款		30 000
例 3-4	借：银行存款	180 000	
	贷：主营业务收入		180 000
	借：主营业务成本	100 000	
	贷：库存商品		100 000
例 3-5	借：管理费用	800	
	贷：银行存款		800
例 3-6	借：库存商品	80 000	
	贷：银行存款		50 000
	应付账款		30 000
例 3-7	借：管理费用	70 000	
	贷：应付职工薪酬		70 000

第四，过账并结出各账户的本期发生额和期末余额。

根据以上所列举的蓝天公司 12 月份发生的 7 笔经济业务的会计分录，逐笔登记有关总分类账户（日记账和明细账的登记略），并结出各账户本期发生额和期末余额，见图 3-7 至图 3-17 所示。

借	银行存款		贷
期初余额	800 000	(2)	200 000
(1)	100 000	(3)	30 000
(4)	180 000	(5)	800
		(6)	50 000
本期发生额	280 000	本期发生额	280 800
期末余额	799 200		

图 3-7 银行存款账户

借	库存商品		贷
期初余额	100 000		
(6)	80 000		
		(4)	100 000
本期发生额	80 000	本期发生额	100 000
期末余额	80 000		

图 3-8 库存商品账户

借	固定资产		贷
期初余额	1 000 000		
(3)	30 000		
本期发生额	30 000	本期发生额	0
期末余额	1 030 000		

图 3-9　固定资产账户

借	长期借款		贷
		期初余额	400 000
本期发生额	0	本期发生额	0
		期末余额	400 000

图 3-10　长期借款账户

借	应付账款		贷
		期初余额	260 000
(2)	200 000	(6)	30 000
本期发生额	200 000	本期发生额	30 000
		期末余额	90 000

图 3-11　应付账款账户

借	应付职工薪酬		贷
		(7)	70 000
本期发生额	0	本期发生额	70 000
		期末余额	70 000

图 3-12　应付职工薪酬账户

借	实收资本		贷
		期初余额	1 000 000
		(1)	100 000
本期发生额	0	本期发生额	100 000
		期末余额	1 100 000

图 3-13　实收资本账户

借	资本公积		贷
		期初余额	240 000
本期发生额	0	本期发生额	0
		期末余额	240 000

图 3-14　资本公积账户

借	主营业务收入		贷
		(4)	180 000
本期发生额	0	本期发生额	180 000
		期末余额	180 000

图 3-15　主营业务收入账户

借	主营业务成本		贷
(4)	100 000		
本期发生额	100 000	本期发生额	0
期末余额	100 000		

图 3-16　主营业务成本账户

借	管理费用		贷
(5)	800		
(7)	70 000		
本期发生额	70 800	本期发生额	0
期末余额	70 800		

图 3-17　管理费用账户

第五，试算平衡。

在实际工作中，为了方便起见，通常通过编制总分类账户发生额及余额试算平衡表进行试算平衡，以检查账户记录的正确性。试算平衡表见表3-3。这样，在一张表上既能进行总分类账户借贷发生额平衡的试算，又能进行总分类账户借贷余额平衡的试算。

表3-3　　总分类账户发生额及余额试算平衡表

20××年12月31日　　单位：元

账户名称	期初余额		本期发生额		期末余额	
	借　方	贷　方	借　方	贷　方	借　方	贷　方
银行存款	800 000		280 000	280 800	799 200	
库存商品	100 000		80 000	100 000	80 000	
固定资产	1 000 000		30 000		1 030 000	
主营业务成本			100 000		100 000	
管理费用			70 800		70 800	
长期借款		400 000				400 000
应付账款		260 000	200 000	30 000		90 000
应付职工薪酬				70 000		70 000
实收资本		1 000 000		100 000		1 100 000
资本公积		240 000				240 000
主营业务收入				180 000		180 000
合　　计	1 900 000	1 900 000	760 800	760 800	2 080 000	2 080 000

如果试算平衡表试算不平衡，说明账户记录肯定有误。当期初余额试算不平衡时，通常说明根据上月月末余额过入本期月初余额时出现差错；当本期发生额试算不平衡时，表明本期账面登记错误；在期初余额和本期发生额平衡相等的基础上，当期末余额试算不平衡时，表明根据期初余额和本期发生额计算期末余额时出现计算差错。

应当指出，即使试算平衡表试算平衡，也不能肯定账户记录完全正确。因为有些错误并不影响借贷双方的平衡，通过试算平衡无法发现，如漏记或重记某项经济业务、借贷记账方向颠倒或方向正确但记错了账户等。因此，根据试算平衡的结果，只能确认账户记录是否基本正确。

本章小结

会计账户只是为会计要素的核算与监督确定了登记的项目和位置，在经济业务发生之后，如何将其记录在规定账户中需要相应的记账方法，以将会计要素的增减变动情况和结果登记到账户中去。

所谓记账方法，是指根据单位所发生的经济业务（或会计事项），采用特定的记账符号并运用一定的记账原理（程序和方法），在账簿中进行登记的专门方法。记账方法按记录经济业务的方式不同，可分为单式记账法和复式记账法两大类。单式记账法是将每项经济业务只在一个账户中进行登记的方法。复式记账法是对发生的各项经济业务都要按规定的会计科目，至少在两个账户中相互联系地进行分类记录。

会计等式是复式记账的理论依据。复式记账如实地反映资金增减变化的客观情况，记录资金的来路和去向及其相互关系。复式记账法一般包括账户设置与结构、记账符号、记账规则和平衡公式等四项基本内容。借贷记账法的特点是以"借"、"贷"为记账符号。习惯上，把一切账户的左方称为借方，右方称为贷方，即"左借右贷"。它们是一对纯粹的记账符号，在会计分录中，在账户结构中，总是以一对矛盾的形式同时出现。

会计分录是在复式记账法的要求下，在记账凭证中明确应借应贷账户的名称和金额所做的记录，简称分录。会计分录包括三大要素：记账符号（借、贷）、会计科目（账户的名称）和数量（金额）。会计分录种类包括简单会计分录和复合会计分录两类。

在借贷记账法下，无论是每项经济业务的发生额，还是全部经济业务在一定时间的累计发生额、账户的期末余额，借贷双方都能保持平衡。根据资产与负债及所有者权益之间的平衡关系检查各类账户记录是否正确的方式叫作试算平衡。

思考与练习

一、单项选择题

1. 复式记账法对每项经济业务都以相等的金额在（　　）。

A. 一个账户中进行登记　　B. 两个账户中进行登记

C. 全部账户中进行登记　　D. 两个或两个以上账户中进行登记

2. 借贷记账法下，账户分借方和贷方，来登记增加和减少，哪一方记增加，哪一方记减少，是根据（　　）。

A. 采用什么核算方法决定的

B. 账户所反映的经济内容和账户的种类决定的

C. 采用什么记账形式决定的

D. 增加数记借方，减少数记贷方的规则所决定的

3. 资产类账户的期末余额一般在(　　)。

A. 借方　　B. 借方或贷方

C. 贷方　　D. 借方和贷方

4. 预收购货单位预付的购买产品款,应作为(　　)。

A. 资产加以确认　　B. 负债加以确认

C. 所有者权益加以确认　　D. 收入加以确认

5. 存在对应关系的账户称为(　　)。

A. 对应账户　　B. 平衡账户

C. 总分账户　　D. 联系账户

6. 在借贷记账法下,所有者权益账户的期末余额等于(　　)。

A. 期初贷方余额+本期贷方发生额-本期借方发生额

B. 期初借方余额+本期贷方发生额-本期借方发生额

C. 期初借方余额+本期借方发生额-本期贷方发生额

D. 期初贷方余额+本期借方发生额-本期贷方发生额

7. 借贷记账法发生额试算平衡法试算平衡的理论依据是(　　)。

A. 会计等式　　B. 资金变化业务类型

C. 借贷记账规则　　D. 平行登记

8. 下列分录形式中属于复合会计分录的有(　　)。

A. 一借一贷的分录　　B. 一贷一借的分录

C. 一借多贷的分录　　D. 按复式记账要求编制的分录

9. 对于双重性质账户的期末余额,下列说法中正确的是(　　)。

A. 一定有借方余额　　B. 一定有贷方余额

C. 一定没有余额　　D. 可能为借方余额,也可能为贷方余额

10. 在编制"总分类账户发生额及余额试算平衡表"中,若出现三对平衡数字,则(　　)。

A. 全部总账账户记录肯定正确

B. 全部总账账户记录也不能肯定无错

C. 全部明细分类账户记录一定正确

D. 全部明细分类账户记录也不能认为肯定无错

二、多项选择题

1. 在借贷记账法下,下列以借方登记增加,贷方登记减少的账户有(　　)。

A. 银行存款　　B. 实收资本

C. 累计折旧　　D. 管理费用

2. 在借贷记账法下,期末结账后,下列一般有余额的账户有(　　)。

A. 资产类账户　　B. 收入类账户
C. 负债类账户　　D. 费用类账户
3. 借贷记账法下账户借方登记(　　)。
A. 资产增加　　B. 费用减少
C. 负债所有者权益减少　　D. 收入、利润增加
4. 会计分录必须具备的要素包括(　　)。
A. 记账方向　　B. 记账手段
C. 记账科目　　D. 记账金额
5. 在借贷记账法下,下列说法正确的是(　　)。
A. 以“借”和“贷”作为记账符号
B. “借”和“贷”等于“增”和“减”
C. 在账户结构上,“借”和“贷”表示两个对立的部位
D. “借”和“贷”,表示债权和债务
6. 对于费用类账户来讲(　　)。
A. 其增加额记入账户的借方　　B. 其减少额记入账户的贷方
C. 期末一般没有余额　　D. 如有期末余额,必定为借方余额
7. 借贷记账法下账户贷方登记(　　)。
A. 资产的增加　　B. 负债、所有者权益的减少
C. 费用的减少　　D. 收入、利润的增加
8. 下列记账差错,通过试算平衡能够发现的是(　　)。
A. 记账时借贷双方均漏记　　B. 记账时漏记贷方
C. 借贷方登记金额不等　　D. 记账时重复登记一笔业务
9. 在借贷记账法下,下列以贷方登记增加,借方登记减少的账户有(　　)。
A. 应收账款　　B. 预收账款
C. 应付账款　　D. 预付账款
10. 在借贷记账法下,关于收入类账户,下列说法正确的是(　　)。
A. 以借方登记增加,贷方登记减少
B. 以贷方登记增加,借方登记减少
C. 期末有贷方余额
D. 期末没有余额

三、判断题

1. 在借贷记账法下,“借”只能表示债权的增加,“贷”只能表示债务的增加。(　　)
2. 对于不同性质的账户,借贷的含义有所不同。(　　)

3. 借贷记账法下账户的结构是：每一个账户的左边均为借方，右边均为贷方。（　　）

4. 负债及所有者权益账户的结构应与资产类账户的结构一致。（　　）

5. 借贷记账法要求：如果在一个账户中记借方，在另一个或几个账户中则一定记贷方。（　　）

6. 账户发生额试算平衡是根据借贷记账法的记账规则来确定的。（　　）

7. 借贷方向记反可以通过试算平衡查找出来。（　　）

8. 账户余额试算平衡是根据“资产＝负债＋所有者权益”确定的。（　　）

9. 如果试算平衡结果，发现借贷是平衡的，可以肯定记账没有错误。（　　）

10. 双重性质的账户有时作为资产、费用账使用，借记增加，贷记减少；有时又作为负债、所有者权益和收入账使用，贷记增加，借记减少。（　　）

四、业务题

目的　练习借贷记账法的应用及试算平衡表的编制。

资料：

(1) 长红公司20××年10月初有关账户余额如下表所示。

单位：元

资　　产	金　　额	负债及所有者权益	金　　额
库存现金	1 500	短期借款	195 000
银行存款	45 000	应付账款	142 500
原 材 料	90 000	应交税费	9 000
应收账款	47 700	长期借款	186 000
库存商品	60 000	实收资本	304 200
生产成本	22 500	资本公积	140 000
长期股权投资	180 000	盈余公积	70 000
固定资产	600 000		
合　　计	1 046 700	合　　计	1 046 700

(2) 该公司本月发生下列经济业务：

① 购进机器设备一台，价值10 000元，以银行存款支付。

② 从银行提取现金1 000元。

③ 投资者投入企业原材料一批，作价20 000元。

④ 生产车间向仓库领用材料一批价值40 000元，投入生产。

⑤ 以银行存款22 500元，偿还应付供货单位货款。

⑥ 向银行取得长期借款150 000元，存入银行。

⑦ 以银行存款上交所得税9 000元。

⑧ 收到购货单位前欠货款18 000元，其中16 000元存入银行，其余部分收到现金。

⑨ 以银行存款48 000元，归还银行短期借款20 000元和应付购货单位账款28 000元。

要求：

(1) 根据资料(1)中10月初有关账户余额开设账户。

(2) 根据资料(2)编制会计分录，并记入有关账户。

(3) 编制发生额及余额试算平衡表。

第四章 借贷记账法在制造企业中的应用

引导案例

张先生开办的服装厂主要生产各种T恤。5月1日，张先生以工厂名义在银行开立账户，存入100 000元作为资本，由于张先生不懂会计，除了将所有的发票等单据都收集保存起来以外，没有作任何其他记录。本月所有单据汇总如下：

(1) 银行存款100 000元。

(2) 购入机器设备花费20 000元，均已用支票支付。

(3) 购入材料两批，每批价值35 200元，其中第一批为现金购入，第二批赊欠价款30%，其余货款以银行存款支付。

(4) 本月零售服装收入共计38 800元，全部收现，存入银行。

(5) 本月批发服装收入共计25 870元，其中赊销13 300元，其余货款收入均存入银行。

(6) 以支票支付厂房租金2 000元。

(7) 本月份从存款账户提取现金五次共计10 000元，其中9 000元支付雇佣的工人工资，其余备日常零星开支。

(8) 本月水电费1 543元，以银行存款支付。

(9) 电话费及其他各种杂费357元，用现金支付。

到了月底，张先生发现公司的存款反而减少，只剩下 57 987 元，外加 643 元现金。另外，尽管客户赊欠的 13 300 元尚未收现，但公司也有 10 560 元货款尚未支付。除此之外，实地盘点库存服装，价值 25 800 元。张先生开始怀疑自己的经营。

该公司的财务状况和经营业绩到底如何？

【学习目标】

(1) 熟悉制造企业主要经济业务流程；

(2) 掌握资金筹集、采购、生产、销售、利润计算及分配等业务账务处理的基本方法；

(3) 掌握成本计算的基本方法。

【学习重点与难点】

资金筹集、采购、生产、销售、利润形成及分配业务的核算。

第一节　制造企业主要经济业务概述

制造企业是产品的生产单位，其主要价值运动是供应—生产—销售循环。企业进行正常的生产经营活动首先需要有货币资金；企业利用所有者的投资和债权人的借款购建生产经营所需要的资产，如固定资产、原材料等；将资产投入生产过程，资产耗费转化为成本或费用，同时生产出产品，通过销售形成营业收入；收入抵补各项耗费后形成财务成果，企业对经营实现的利润进行分配，或对出现的亏损进行弥补，这些就构成了企业的主要经济业务。按其与生产经营过程及资金运动的关系可分为以下几部分：资金筹集业务、采购业务、生产业务、销售业务、利润形成及分配业务、成本计算。

资金是企业生产经营的必要条件。资金筹集是企业经营活动全过程的起点。筹集资金的两个主要方式：一是吸收投资者资金，二是向债权人借款。两种方式分别形成企业的所有者权益和负债，同时负债产生的利息成为企业的一项费用。企业将筹集的资金投入生产经营，进入供应—生产—销售循环。

采购业务也称供应过程，是企业的生产准备阶段。企业进行生产经营离不开各种材料、房屋、建筑物和机器设备等。由于房屋、建筑物和机器设备属于固定资产，购买后可以长期使用，所以采购业务的日常经济活动主要是采购生产产品所需的材料。在这一过程中，货币资金转化为材料存货资产。企业在支付材料的价款、采购费用和相关税款时，还会与供货方发生货款的结算关系。采购业务的核算主要是与供货方的货款结算业务、支付采购费用和相关税款、材料验收入库、计算采购成本。

生产业务是制造企业经营的中心环节。它既是产品的制造过程，也是各种资源的消耗过程，即各种成本费用的发生过程。在这一过程中，企业要投入各种材料、支付职工薪酬，使用厂房、机器设备等固定资产，计提折旧费用。这些费用都需要分配、归集到各种产品之上，以计算产品的生产成本。因此，归集发生的生产成本，再将生产成本在完工产品和在产品之间进行分配，计算完工产品的生产成本，就构成了产品生产过程的主要经济业务。

销售业务是企业产品价值的实现过程。企业通过销售所生产的产品并按售价与客户结算，实现销售收入。在这一过程中，企业的商品存货转化为货币资金，完成一个经营周期。因此，支付销售费用、缴纳相关税金、销售商品并结算货款、计算商品的销售成本就成为商品销售过程的主要经济业务。

利润形成及分配业务就是为了及时总结企业在一定时期内的经营成果，将收入与费用进行比较，计算出企业最终的盈利或亏损，并根据实现的利润计算向国家缴纳的所得税。利润总额扣除所得税费用后的净利润，一部分以盈余公积的形式留存企业，供企业扩大生产经营之用，另一部分在投资者之间进行分配，其余部分作为未分配利润留存企业。

成本计算是会计核算的一种专门方法。企业在生产经营活动中经常要发生各种人力、物力和财力的耗费，这些耗费的货币表现是企业经济利益的流出，即费用。费用要按照一定对象（产品、材料）进行归集和分配，构成该对象的成本。在采购过程中所支付的材料买价、采购费用，按各种材料进行归集，构成各种材料的采购成本；在生产过程中所发生的生产费用，按各种产品进行归集，构成各种产品的制造成本；销售过程中需要根据发出商品的数量计算商品的销售成本。发出存库时还要考虑不同的存货流向假设，确定发生存货的成本。成本计算就是将企业在生产经营过程中所发生的各种费用，按各种不同对象进行归集和分配，从而确定各个对象的总成本和单位成本。

制造企业的主要经营活动就是通过采购、生产、销售三个过程，连续不断、周而复始地进行着。在这个过程中，货币资金依次不断地改变其形态，称为资金循环或资金周转。采购过程资金形态由货币资金形态转变为储备资金形态；生产过程资金形态由储备资金和部分货币资金先转化为生产资金，再转化为成品资金形态；销售过程资金形态由成品资金转化为货币资金。销售过程的完成，标志着一个经营周期的结束，随之而来的是新一轮经营周期。随着生产经营活动不间断地进行，其经营资金依次从货币资金转化为储备资金、生产资金、成品资金，直至回复到货币资金，资金周而复始地循环和周转。

第二节　资金筹集业务的核算

资金筹集业务是企业生产经营活动的起点。企业筹集资金的主要渠道有：吸收所有者的资本性投资；向银行等金融机构贷款；发行企业债券形成应付债券；因结算关系占用其他单位的部分资金等。从而形成权益性和负债性两种性质的资金。

一、所有者投入资本的核算

投入资本是投资者实际投入企业从事生产经营活动的各种经济资源。按有关法律规定，企业所有者必须向企业注入一定的资本金，达到法定注册资本的最低限额。注册资本也叫法定资本，是公司制企业章程规定的全体股东或发起人认缴的出资额或认购的股本总额，并在公司登记机关依法登记。就其形态而言，可以是货币资金、存货、固定资产、无形资产等。投入的方式可以有直接投资、发行股票等。本书仅介绍所有者直接投入资本的核算。主要涉及账户为“实收资本”。

“实收资本”是所有者权益类账户，反映投资人按照企业章程或合同、协议的约定，实际投入企业的各种资产的价值。股份有限公司使用“股本”科目。投资者足额缴入资本后，实收资本应与注册资本相等。“实收资本”贷方登记所有者按注册资本投入的资本额，借方登记所有者投资额的减少，期末贷方余额表示所有者投资的实际数。企业如无特殊情况，一般不能随意抽减资本，所以借方很少发生登记事项。取得投资时，根据投资形式，借记有关资产类账户，贷记“实收资本”账户。

【例 4-1】　10 月 4 日，公司接受乙企业投入的 2 000 000 元投资，款项已存入公司的银行账户。

该笔业务的发生，导致会计等式两侧同时增加。一方是所有者权益项目“实收资本”增加，所以记在贷方，一方是资产类项目“银行存款”增加。应编制会计分录如下：

借：银行存款　　　　2 000 000

　贷：实收资本　　　　2 000 000

二、借入资金的核算

企业借入资金主要是通过向债权人借入各种款项，或向外发行债券形成的。此处的债权人，主要指金融机构，不包括在生产经营活动中由于结算关系形成借贷关系的债权人。债权人无权参与经营管理，只有权要求企业按期还本付息。借款时间在一年以上或超过一年的一个营业周期以上的称为长期借款，多为扩大经营规模，购入固定资产时发生。借款时间在一年以内（含一年）的称为短期借款，属于流动负债，该类借款是为了保证企业生产经营的正常进行，由于季节性、临时性经营周转出现资金暂时短缺而向银行或其他金融机构申请借入的。本书仅介绍短期借款的核算，核算内容主要包括款项的借入与归还，以及利息的核算。

1. 借款本金的核算

贷款本金在"短期借款"中核算。该账户属于负债类账户，核算企业从银行等金融机构借款的本金。贷方登记借款的实际数，借方登记偿还借款数，期末贷方余额反映尚未偿还的借款额。由于银行贷款要先存入指定的银行存款账户，所以企业取得借款时，借记"银行存款"账户，贷记"短期借款"账户。归还借款时，银行存款减少，同时由于债务的归还，"短期借款"账户减少记为借方。

【例 4-2】 10 月 5 日，公司从银行取得流动贷款 100 000 元，款项已打入有关存款账户。

该笔业务的发生，使公司负债项目"短期借款"增加，所以记在贷方；同时由于款项存入银行，资产类项目"银行存款"也相应增加。编制会计分录如下：

借：银行存款　　100 000

　贷：短期借款　　100 000

假设该存款为到期一次还本，则归还本金时做相反分录如下：

借：短期借款　　100 000

　贷：银行存款　　100 000

2. 借款利息的核算

银行短期借款的利息一般是按季度结算的，每季末月结算借款利息。但整个季度内企业都从贷款中受益，按权责发生制原则，季度中的每个月都要按负担的借款利息估算入账。需设置"应付利息"和"财务费用"账户。

"应付利息"是负债类账户，核算企业按照合同约定，对银行应付未付的借款利息。贷方表示实际发生的利息应付数，借方表示减少的应付利息，登记企业已支付的利息数，余额在贷方。

"财务费用"账户属于损益类账户，核算企业在生产经营过程中为筹集资金而发生的各项费用。借方登记利息等财务费用项目的增加，期末将本期发生额从贷方转入"本年利润"账户，结转后该账户无余额。估算银行借款利息支出时，应借记"财务费用"账户，贷记"应付利息"账户。每季末月结算利息时，根据银行实际扣息结果借记"应付利息"账户，贷记"银行存款"账户。如果出现各月估计入账的利息支出与实际的利息支出不一致时，其差额作为增减第三个月余额的财务费用处理。当利息的总额较少，对各月损益影响不大时，为简化处理，也可不进行估算和预提，在第三个月支付时直接进入当期财务费用。

【例 4-3】 公司向银行借入的上述贷款，月息为 0.6%，期限为 3 个月。

10 月和 11 月虽没有实际支付利息，但按照权责发生制，确实有利息费用发生，作为“财务费用”的增加；由于没有支付，产生一项负债，即“应付利息”，记入该账户贷方。10 月、11 月应编制会计分录如下：

借：财务费用　　600

　贷：应付利息　　600

12 月份，根据银行实际通知的数额支付 10 至 12 月的利息。该笔业务会导致银行存款的减少、第三个月财务费用的增加。同时，前两月累计发生的 1 200 元应付利息也由于实际结算而冲销，所以记入“应付利息”借方。应编制会计分录如下：

借：财务费用　　600

　　应付利息　　1 200

　贷：银行存款　　1 800

如果银行通知的数额与估计的不一致，如银行通知实际利息为 2 000 元，则第三个月的财务费用增加为 800 元。

第三节　生产准备业务的核算

生产准备阶段的主要业务就是采购业务，也称购进业务或供应业务。采购阶段包括材料采购，验收入库，直至投入生产为止的全过程。通过材料采购，形成生产储备，以保证企业生产经营的正常进行。

一、采购业务的核算内容

购进材料时，企业要与供应单位或其他有关单位办理款项的结算，支付采购材料的货款和运输费、装卸费等各种采购费用。材料运达企业后应由仓库验收并保管，以备生产车间或管理部门领用。采购材料业务核算的主要内容是材料实际采购成本的形成、材料验收入库以及采购过程中与供货单位之间的货款结算。

1. 采购成本

采购业务主要涉及入库材料的计价，领用材料的计价在生产过程进行。入库材料的价值即材料的采购成本。采购成本包括材料的买价(不含税)和采购费用两部分。在材料采购过程中发生的运杂费(包括运输费、装卸费、保险费、包装费、仓储费等)、运输途中发生的合理损耗以及入库前的挑选整理等费用统称为采购费用。采购费用中，直接费用可以直接计入有关材料的采购成本，几种材料共同负担的间接费用(如运杂费等),应按一定的标准在有关材料之间进行分配,分别计入各种物资的采购成本。具体的分配方法将在本章第七节中讨论。

2. 材料验收入库

购进材料验收入库后,所归集的采购成本作为原材料的入账价值登记入账。期末全部库存材料余额确认在资产负债表中的存货项目中。

3. 货款结算

在购进过程中,一般以材料所有权的转移作为购买确认的时间点,但此时由于结算方式和采购地点的不同,货款的结算时间跟材料所有权转移时间有可能不同。第一,购进材料时直接支付货款和采购费用。第二,购进时未付款,在将来规定的时间进行结算,这样企业会形成一项流动负债——应付账款。第三,购进之前预付货款,后取得材料。付款时未取得材料,并不能作为材料增加处理。其实质是款项的转移,银行存款转化为了另一项资产——预付账款。而收到材料时,形成一项资产——材料增加、一项资产——预付账款减少的情况。

二、增值税的核算

1. 增值税及其纳税人

增值税是以商品(含应税劳务)在流转过程中产生的增值额作为计税依据而征收的一种流转税。销售货物或者提供加工、修理修配劳务以及进口货物的单位和个人就其实现的增值额进行征收。增值额可以简单地理解为销售收入与外购商品支出之差。

在中华人民共和国境内销售货物或者提供加工、修理修配劳务以及进口货物的单位和个人,为增值税的纳税义务人。此外,自 2016 年 5 月 1 日起,建筑业、房地产业、金融业、生活服务业等全部营业税纳税人,纳入营业税改征增值税(以下称营改增)试点范围,由缴纳营业税改为缴纳增值税。按照年销售额的大小,分为小规模纳税人和一般纳税人。一般纳税人的计税依据为增值税专用发票,适用的税率为 11%和 17%两档。

2. 增值税的计算

为达到对增值额征税的目的,增值税一般纳税人应在“应交税费”下的二级科目“应交增值税”明细账内设置“进项税额”、“销项税额”等专栏。进项税额,记录一般纳税人购进货物或接受应税劳务而支付或负担的、准予从当期销项税额中抵扣的增值税额。销项税额,即销售货物或提供应税劳务收取价款中所含的增值税额。计算公式为:

进项税额=不含税购进价×税率

销项税额=不含税销售额×税率

应纳税额=销项税额-进项税额

含税销售额÷(1+税率)=不含税销售额

由于销项税额为售价的17%,而进项税额为进价的17%,两项抵消后,所交增值税为(售价一进价)的17%,即本环节增值额的17%。例如,某企业采购了价值2 000元的原材料,则在买价之外,还需向供货商支付340元的进项税额。假设该材料经加工后以3 000元的价格售出,则企业共需收取3 510元。在510元的销项税额中抵扣掉企业已经支付的340元进项税额,企业还需向税务部门缴纳170元的增值税。

需要注意的是,增值税是一种价外税,实行的是价税分离的办法。进项税额不能进入采购成本,销项税额也不能作为销售收入。所以,增值税的核算并不涉及成本费用科目,仅在"应交税费"科目中核算。

三、采购业务账户设置

1. 反映材料收、发、存情况的账户

(1)"在途物资"账户

"在途物资"为资产类账户,用以归集材料的采购成本,包括材料的买价、负担的运杂费、运输途中的合理损耗等采购费用。借方登记材料的买价及采购费用;待采购成本归集完毕、材料验收入库后将材料的实际采购成本从贷方转入"原材料"账户;余额在借方,表示在途材料的实际采购成本。根据材料的具体品种、规格等分别设置明细分类账户,进行明细核算。一般购入材料较多时,可以在月末一次结转采购材料成本。

需要说明的是,"在途物资"是材料按实际成本核算时使用的账户,在计划成本法下,使用"材料采购"账户。

(2)"原材料"账户

"原材料"为资产类账户,总括地核算和监督库存材料的取得、发出和结存情况及其增减变动情况。原材料验收入库时,按入库材料的实际采购成本借记"原材料"账户;贷方登记领用或发出材料的实际成本;余额在借方,反映库存材料的实际成本。根据材料的品种、规格设置明细分类账户。

2. 反映结算材料款及采购费用的账户

由于结算时间与材料所有权转移时间的不一致,会出现三种情况:现款购买引起银行存款减少,购进时未付款时产生应付账款,提前支付货款时产生预付账款。

(1)"库存现金"账户和"银行存款"账户

两者均为资产类账户,核算企业货币资金的收、付和结存情况,登记方法类似。企业收到现金时登记"库存现金"账户借方,支出现金时记为贷方,期末余额在借方,表示库存现金的实际数额。企业收到款项存入银行时借记"银行存款"

账户，提取和支出存款时贷记该项目，借方余额表示存放在银行的实际款项。

（2）“应付账款”账户

“应付账款”是负债类账户，核算赊购时企业因购买材料而与供货单位发生的结算债务的增减变化和结果。贷方登记企业因采购材料应向供货单位支付的款项，借方登记企业已偿还的款项；余额在贷方，反映尚未偿还的货款。一般按供货单位设置明细账。

（3）“预付账款”账户

“预付账款”是资产类账户，核算企业因购买材料预付货款而与供货单位发生的结算债权的增减变化和结果。借方登记因采购材料实际预付给供货单位的款项；贷方登记收到供货单位提供的产品或劳务时，冲销的预付款项；余额在借方，反映尚未收到材料的预付货款。按供货单位设置明细账。

（4）“应交税费”账户

“应交税费”是负债类账户，用来核算企业按照税法规定计算应缴纳的各种税费，包括增值税、消费税、所得税、资源税、土地增值税、城市维护建设税、房产税、土地使用税、车船使用税、教育费附加、矿产资源补偿费等。使用该账户时，需按所涉税种开设二级科目。其中“应交税费——应交增值税”账户用来核算企业应交的增值税，借方登记企业采购材料时向供货单位支付的增值税进项税等，贷方登记企业销售商品时向购买单位收取的增值税销项税等，贷方余额为企业应交的增值税。

采购业务的主要经济业务核算如图 4-1 所示（未显示增值税）。

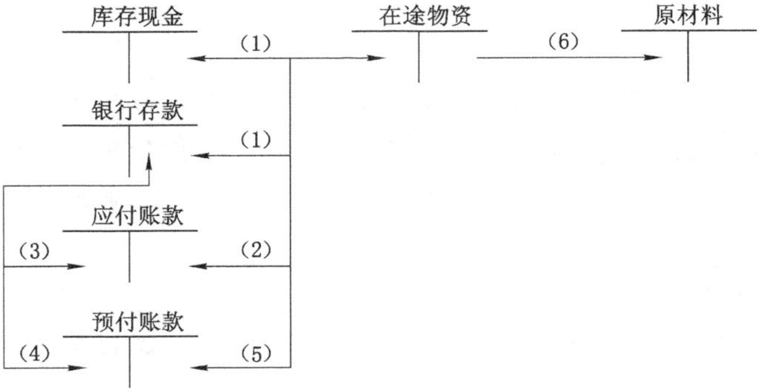

图 4-1　采购业务核算示意图

业务说明：

（1）购入材料，支付材料货款和采购费用；

（2）购入材料，货款尚未支付；

(3) 支付应付货款；

(4) 预付购进材料货款；

(5) 收到预付货款的材料；

(6) 材料验收入库，结转材料采购成本。

四、采购业务的账务处理

以下举例说明采购业务的主要账务处理。

【例 4-4】 10 月 6 日，公司从外地购入 A 材料 500 千克，每千克 200 元，增值税率为 17%，货款尚欠。

由于买价只是采购成本的一部分，其他费用还未发生，所形成的采购成本还不全面，因而将其记入"在途物资"账户，待归集全面后再结转到"原材料"账户。同时，要根据不含税买价总额 100 000 元的 17%计算应支付的增值税进项税额，记入"应交税费——应交增值税"的借方。由于货款尚未支付，形成负债项目"应付账款"的增加，记在贷方，其金额为价税合计数 117 000。应编制会计分录如下：

借：在途物资——A 材料　　100 000

　　应交税费——应交增值税（进项税额）　　17 000

　贷：应付账款　　117 000

【例 4-5】 10 月 7 日，公司支付所购 A 材料的运杂费 2 000 元。

这项经济业务的发生，使企业采购费用增加，银行存款减少。采购费用增加借记"在途物资"账户借方。编制会计分录如下：

借：在途物资——A 材料　　2 000

　贷：银行存款　　2 000

【例 4-6】 10 月 7 日，公司开出支票支付上笔采购业务货款。

这项经济业务的发生，使例 4-4 中形成的负债——应付账款得到了偿还，应记入借方表示减少。同时，"银行存款"减少，记入贷方。编制会计分录如下：

借：应付账款　　117 000

　贷：银行存款　　117 000

【例 4-7】 10 月 8 日，公司为采购 B 材料，用支票预付给该材料供应商 100 000 元。

这项经济业务的发生，使企业的预付账款增加，而银行存款减少，属于资产内部变动。"预付账款"增加应记入账户借方。编制会计分录如下：

借：预付账款　　100 000

　贷：银行存款　　100 000

【例 4-8】 1 月 10 日，B 材料供应商发货，公司购进 300 千克，每千克单价 200

元，增值税率为17%。另外，供应商代垫运费1 000元，余款由银行转账退回。

这项经济业务的发生，一方面材料采购成本增加，另一方面公司之前的预付账款项目相应减少。供应商虽支付了1 000元运费，但其性质为代垫，还是进入材料的采购成本，并从公司预付账款中扣除。除此之外，还要考虑发生的增值税。所以，“在途物资”应记入借方 200×300＋1 000＝61 000元，并按买价60 000元的17%计算进项税额，两项合计为71 200元，而贷方应冲减的预付账款为100 000元，所以返还客户的银行存款为两者的差额28 800元。应编制会计分录如下：

借：在途物资——B材料　　61 000
　　应交税费——应交增值税（进项税额）　　10 200
　　银行存款　　28 800
　贷：预付账款　　100 000

【例4-9】 月底结转A材料和B材料的入库材料成本。

待材料的采购成本归集完毕后，就可以将其从“在途物资”账户的贷方转入“原材料”账户的借方，成为库存材料的入账价值。应编制会计分录如下：

借：原材料——A材料　　102 000
　　　　——B材料　　61 000
　贷：在途物资——A材料　　102 000
　　　　　　——B材料　　61 000

第四节　生产业务的核算

企业从材料被领用投入生产起，到产品完工入库为止的过程称为生产过程。生产过程是产品的形成阶段，通过对材料进行生产加工制造出产品。生产过程是制造企业经营过程的中心环节。它既是产品的制造过程，也是劳动对象、劳动力和劳动资料的消耗过程。对制造企业来说，构成产品成本的费用可以概括为以下几个基本要素：劳动对象的耗费，如原材料、燃料等；劳动资料的耗费，如厂房、机器设备等固定资产的折旧费；活劳动的耗费，如支付给工人的工资；其他费用，如办公费、差旅费等为组织和管理生产而发生的货币性支出。因此，生产过程的主要经济业务是各种费用的归集和分配。生产过程的终点是产品验收入库，计算出产品成本，为企业销售环节打好基础。

一、生产业务核算的主要内容

生产业务核算的主要内容有两项：一是生产耗费的发生、归集与分配，二是产品制造成本的计算。

1. 生产成本(或制造成本)

生产成本是指企业进行工业性生产时，生产产品所发生的各种生产费用，包括直接材料费、直接人工费和制造费用。直接材料费是指直接用于产品生产，构成产品实体的原材料、主要材料、外购半成品等其他直接材料费用。直接人工费是指直接从事产品生产的工人薪酬费用，可以记入各种产品的生产成本明细账中。制造费用是指企业各生产车间等生产单位为组织和管理生产而发生的各项间接费用，如车间管理人员的工资和福利费、办公费、保险费、水电费等。制造费用应按照一定的标准，在共同负担这项费用的产品种类之间进行分配，最终进入产品生产成本。

2. 期间费用

期间费用是指不能直接归属于某个特定产品成本的费用。这些费用容易确定其发生的期间，但难以判断其所归属的产品，按期间配比的原则，直接抵减当期损益。期间费用包括管理费用、销售费用和财务费用。管理费用是企业行政管理部门为组织和管理生产经营活动而发生的各种费用，主要包括工资和福利费、折旧费、工会经费、劳动保险费、业务招待费、诉讼费等费用。销售费用的核算在本章第五节销售业务的核算中讲授。

对于企业发生的各项支出，应首先辨别是否属于成本费用(会计要素“费用”)的范畴。如自然灾害造成的损失就与日常生产活动无关，不能将其作为成本费用确认。其次，对属于成本费用开支范围的各种耗费须再按用途予以确认。计算时应严格区分成本和期间费用。成本是应当计入所生产产品价值的耗费，而期间费用是应当直接进入当期损益的耗费。生产过程费用主要包括生产成本和管理费用。

二、生产业务核算账户设置

为了正确计算产品成本，应设置“生产成本”和“制造费用”账户。同时，为了反映产品完工入库以及核算期间费用，还应设置“库存商品”、“管理费用”等账户。

1. “生产成本”账户

“生产成本”是成本类账户，核算企业在进行产品生产过程中所发生的制造成本。借方登记产品费用的发生数，即直接材料费、直接人工费、制造费用；已完工并验收入库的产品，按其实际成本从“生产成本”账户贷方转入“库存商品”账户借方；余额在借方，表示尚未完工的各项产品成本。定期将借方归集的全部制造成本在完工产品和在产品之间进行分配，完工产品制造成本从贷方转出，剩余部分便是在产品制造成本。企业应根据核算工作需要，在该账户下按品种设置明细分类账户，用来核算各种产品生产成本。

2.“制造费用”账户

“制造费用”是成本类账户，核算企业各生产车间等生产单位为管理和组织本部门生产而发生的各项不能直接计入产品成本的间接费用，包括生产车间耗用的材料、管理人员薪酬、固定资产折旧以及各种办公费、水电费等。借方核算生产过程中发生的各项费用；贷方核算分配转入“生产成本”账户的借方；月末无余额。按不同车间设置明细账，明细账内按费用项目设置专栏进行明细核算。“制造费用”发生在基本生产部门或生产单位，在核算中应注意与企业行政管理部门为组织和管理生产经营活动而发生的管理费用区别开来。

产品生产过程中发生的直接材料费用和直接人工费用，直接记入“生产成本”账户借方；发生的各项间接费用，先在“制造费用”账户的借方进行归集，月末再分配计入“生产成本”账户的借方。这样，在“生产成本”账户的借方就归集了产品生产所发生的全部产品制造成本。

3.“库存商品”账户

“库存商品”是资产类账户，核算生产完工并已验收入库可供销售的产品，即产成品的收、发、存情况。借方登记完工入库的产成品生产成本；贷方登记已销售产品转出的生产成本；期末余额在借方，表示库存产品的生产成本。按品种设置明细分类账户，进行明细分类核算。

4.“管理费用”账户

“管理费用”是损益类账户，核算企业行政管理部门为组织和管理生产经营活动而发生的各项费用。由于是期间配比，与产品无直接关系，不计入产品成本，直接冲减企业当期损益。借方登记企业发生的各项管理费用；期末，将本账户借方归集的管理费用自贷方转入“本年利润”账户；结转后期末无余额。根据费用类别设置明细账。

5.“应付职工薪酬”账户

“应付职工薪酬”是负债类账户，核算企业应付给职工的各种劳动报酬，反映和监督企业与职工的薪酬结算。借方登记实际发给职工的工资等报酬；贷方登记企业应付给职工的工资等报酬(无论是否支付)。如果每期实际工资额与应付工资额一致，该账户没有余额。该账户如果月末有余额，表示应付数与实际发放数的差额。余额在贷方，表示应付未付，即尚未发给职工的待领工资等报酬。由于工资的发放时间与人工费用的发生时间不一致，或者由于考勤方法的不同，所以余额也有可能在借方。

6.“累计折旧”账户

固定资产在使用过程中并不改变实物形态，其价值随着使用的磨损逐渐地、部分地转移到所生产产品中去。固定资产在使用期内磨损或转移的价值称为折旧。

“累计折旧”是(资产类)备抵账户，核算企业固定资产折旧总额。记账方向与一般资产类账户相反。借方登记因固定资产减少而相应减少的磨损或转移的价值；贷方登记固定资产磨损或转移的价值；期末，贷方余额表示固定资产累计磨损或转移的价值。“固定资产”账户的借方余额(现有固定资产的原始价值)减去“累计折旧”账户贷方余额即为现有固定资产净值。

7. “长期待摊费用”账户

在连续经营中，各种耗费应分期计算，分期考核经营成果，但往往会出现费用支付期与归属期不一致的情况。已经支付，但在当期或以后各期受益，并按受益情况由各期费用负担的支出称为待摊费用，如预付报刊订阅费、预付保险费、预付租入固定资产租金等。预先计入当期，但尚未支付的项目称为预提费用。为严格划清费用的受益期限，以便正确计算各期的成本费用和经营成果，需要设置“长期待摊费用”和“其他应付款”账户。对于先支付后受益的项目，在“长期待摊费用”账户中核算；而先受益后支付的预提费用，一般在“其他应付款”账户中核算。

“长期待摊费用”是资产类账户，核算企业已经预付(跨年度)但应由本期和以后各期负担的分摊期限在一年以上的各项费用，如以经营租赁方式租入的固定资产发生的改良支出等。其实质是一种预付款项，借方登记预付的各种待摊费用；贷方登记分期转入成本费用的摊销额；期末，借方余额表示已预付但尚未摊销的待摊费用额。

8. “其他应付款”账户

“其他应付款”是负债类账户，用于核算已经计入成本费用但尚未支付费用情况。贷方登记已经计入成本费用的各种预提费用；借方登记实际支付的费用；期末一般为贷方余额，表示已经预提但尚未支付的预提费用。如果实际支付额大于已预提费用，也可能出现借方余额，表示应摊销的费用。

生产业务的主要经济业务核算如图 4-2 所示。

业务说明：

(1) 领用材料；

(2) 结算应付工资(人工费用)；

(3) 计提固定资产折旧；

(4) 支付其他费用；

(5) 分期摊销待摊费用；

(6) 计提预提费用；

(7) 支付职工工资；

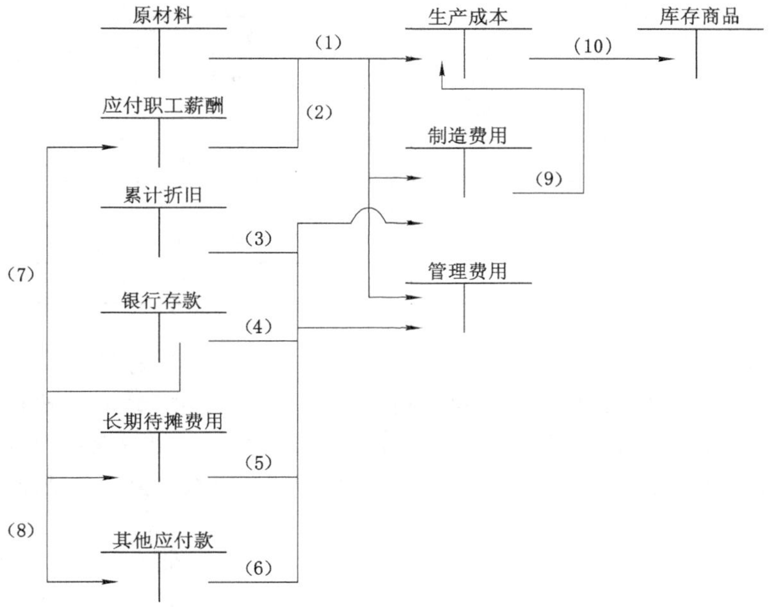

图 4-2　生产业务核算示意图

(8) 支付长期待摊费用或其他应付款；

(9) 结转制造费用至生产成本；

(10) 结转完工入库产品的制造成本。

三、生产业务的账务处理

1. 材料费用的归集与分配

生产或各部门领用材料时，由领料部门在领料单中填明用途和数量后向仓库领料。仓库发料后将领料凭证转交会计部门。月末，会计部门对领料凭证进行计价，并编制发料凭证汇总表，进行材料发出的成本核算，计算出耗用成本。领用材料会导致原材料项目减少，同时有关成本费用项目增加。具体成本费用项目要根据材料的受益对象来确定，直接用于产品生产的记入生产成本，车间里几种产品共同耗用的记入制造费用，管理部门耗用的记入管理费用。

【例 4-10】　公司据 10 月份有关领料单编制的发料凭证汇总表如表 4-1 所示。据该表编制有关会计分录。

表 4-1　　发料凭证汇总表

领用部门＼材料类别	A 材料		B 材料		金额合计(元)
	数量(千克)	金额(元)	数量(千克)	金额(元)	
制造甲产品	100	20 000	200	40 000	60 000
制造乙产品	200	40 000	50	10 000	50 000
生产车间	20	4 000			4 000
行政管理部门			10	2 000	2 000
合计	320	64 000	260	52 000	116 000

这项经济业务的发生，使 A 材料减少了 64 000 元，B 材料减少了 52 000 元，应记入“原材料”账户贷方。同时，相应的成本费用有所增加，应按材料用途进行归集：直接用于制造产品的材料，借记“生产成本”；车间一般耗用，借记“制造费用”；行政管理部门一般耗用，借记“管理费用”。应编制会计分录如下：

借：生产成本——甲产品　　60 000
　　　　　　——乙产品　　50 000
　　制造费用　　4 000
　　管理费用　　2 000
　贷：原材料——A 材料　　64 000
　　　　　　——B 材料　　52 000

2. 人工费用的归集与分配

人工费用即企业发生的职工薪酬，包括工资、奖金、津贴、补贴、各项福利及企业按国家规定应缴纳的社会保险费和住房公积金等。人工费用的核算涉及职工薪酬的计算和工资的发放两项业务。一般月末，企业根据职工当月的工作情况结算出应付给每个职工的薪酬，确定应付职工薪酬总额，并按受益对象即用途，分配进入有关成本费用账户。直接参与产品生产的生产工人薪酬，直接按产品种类进行归集，记入生产成本。几种产品共同发生的职工薪酬，如车间管理人员工资等，记入制造费用。不参与产品制造的其他人员，如行政管理部门的职工薪酬，属于期间费用，记入管理费用。需要注意的是，计算人工费用（职工薪酬）和发放工资是两项独立的业务。发放工资仅是企业与职工就应付职工薪酬项目进行结算，不涉及成本费用项目。

【例 4-11】 结算本月应付职工工资 30 000 元，其中，制造甲产品工人工资 18 000 元，制造乙产品工人工资 8 000 元，车间管理人员工资 1 600 元，厂部管理人员工资 2 400 元。

该项业务的发生，导致成本费用项目增加，同时负债类项目应付职工薪酬也增加。直接从事产品生产的工人工资记入"生产成本"借方，车间和厂部管理人员工资属于间接费用和期间费用，分别记入"制造费用"和"管理费用"借方。其会计分录如下：

借：生产成本——甲产品　　18 000
　　　　　　——乙产品　　8 000
　　制造费用　　1 600
　　管理费用　　2 400
　贷：应付职工薪酬　　30 000

【例 4-12】　公司以银行存款 30 000 支付本月职工工资。

本业务为发放工资，公司银行存款减少，同时一项负债——应付职工薪酬也减少，应记在借方，编制分录如下：

借：应付职工薪酬　　30 000
　贷：银行存款　　30 000

3. 制造费用的核算

制造费用是企业为生产产品而发生的各种间接生产费用，包括车间材料的耗用、人工费用、固定资产折旧和其他费用。其与生产成本的区别在于能否直接对象化，计入某项产品的成本。制造费用月底归集完毕后，需要在共同负担的几种产品之间进行分配，最终进入生产成本项目。

【例 4-13】　以银行存款支付本月车间水电费 8 000 元。

由于收益对象为车间，车间里一般生产的产品不止一种，属于间接费用，所以制造费用增加，记在借方，编制会计分录为：

借：制造费用　　8 000
　贷：银行存款　　8 000

【例 4-14】　以现金购买车间办公用品 300 元。

办公用品属于日常消耗物品，一般价值较低，所以一般简化处理，在购入时直接作当期费用处理。由于该办公用品为车间所使用，所以计入制造费用，编制分录如下：

借：制造费用　　300
　贷：库存现金　　300

【例 4-15】　经计算，计提本月车间固定资产折旧 8 000 元，管理部门固定资产折旧 1 000 元。

折旧是使用固定资产而产生的费用，根据固定资产的受益对象，将分别使制造费用和管理费用增加，同时企业的累计折旧也增加。由于"累计折旧"的记账方向与一般资产类账户相反，应记在贷方，该业务编制会计分录如下：

借:制造费用　　　　8 000
　管理费用　　　　1 000
　贷:累计折旧　　　　9 000

【例 4-16】 以银行存款 1 000 元预付下年度报纸杂志订阅费。

这项经济业务的发生,使银行存款减少,同时由于是下年度订阅费,属下年度费用,摊销期超过一年,应记入"长期待摊费用"账户。由于是资产类账户,所以增加应记在借方。该业务编制的会计分录如下:

借:长期待摊费用　　　　1 000
　贷:银行存款　　　　1 000

【例 4-17】 摊销本月生产车间租用的厂房租金 2 000 元。

由于该租金已在前期支付过,该项业务的发生只是把相应部分计入本期制造费用,同时企业的长期待摊费用相应减少,应记在贷方。本业务编制会计分录如下:

借:制造费用　　　　2 000
　贷:长期待摊费用　　　　2 000

【例 4-18】 假设企业本月份共发生制造费用 24 000 元,根据甲、乙产品的生产工时比例,编制制造费用分配表如表 4-2 所示。

表 4-2　　　　**制造费用分配表**　　　　单位:元

分配对象		生产工时	分配率	分配金额
生产成本	甲产品	24 000		14 400
	乙产品	16 000		9 600
合计		40 000	0.6	24 000

其中,分配率是用分配对象制造费用总额 24 000 除以分配标准即工时总额 40 000 得到的。然后分别用甲产品和乙产品的生产工时与分配率相乘得到分配后的金额。经过分配后,共同负担的制造费用,分别进入甲、乙两种产品的生产成本。编制会计分录如下:

借:生产成本——甲产品　　　　14 400
　　　　——乙产品　　　　9 600
　贷:制造费用　　　　24 000

4. 完工产品的结转

生产成本在归集了无须分配的直接材料和人工费用后,又转入分配进入的制造费用。最后将产品归集的全部直接和间接费用,采用一定的方法在完工产品和在产品之间分配。完工产品验收入库后，完工产品的生产成本转出作为库存商品的入账价值，生产成本的借方余额则表示尚未完工的，即在产品的生产成本。

【例 4-19】 经计算，本月完工产品甲产品 30 000 元，乙产品 20 000 元验收入库。

完工产品验收入库后，将其实际生产成本从“生产成本”贷方转入“库存商品”借方。编制会计分录如下：

借：库存商品——甲产品　　30 000
　　　　　　——乙产品　　20 000
　贷：生产成本——甲产品　　30 000
　　　　　　　——乙产品　　20 000

第五节　销售业务的核算

一、销售业务核算的主要内容

从产成品完工验收入库起到销售给购买方为止，是企业的销售过程。商品销售过程是制造企业产品价值的实现过程。销售过程中，企业一方面按合同规定向购货单位提供产品；另一方面要与购货单位办理结算，收取货款，计算商品销售收入，计算商品的销售成本，支付各种销售费用，如运输费、包装费、广告费等，使企业的成本和费用从销售收入中得到补偿。此外，企业还需按照国家税法规定计算缴纳相关税金。所以，销售过程的主要经济业务是：确认销售收入并结算货款，按配比原则确定产品的销售成本、销售费用和营业税金。

二、销售业务核算账户设置

为了全面核算销售业务，需设置反映销售情况和反映款项结算的账户。

1. 反映销售情况的账户

(1)“主营业务收入”账户

“主营业务收入”是损益类账户，用以核算企业销售产品和提供工业性劳务等收入。贷方登记已实现的商品销售收入额，借方登记商品销售退回金额。期末应将本账户贷方发生额自借方转入“本年利润”账户，结转后本账户期末无余额。该账户可按主营业务种类进行明细分类核算。

(2)“主营业务成本”账户

“主营业务成本”是损益类账户，用来核算企业销售产品和提供工业性劳务等的成本。该账户借方登记已销产品的实际成本，贷方登记商品销售退回冲减的成本。期末应将本账户借方发生额自贷方转入“本年利润”账户，结转后本账户无余额。该账户可按主营业务种类进行明细分类核算。

(3)“销售费用”账户

“销售费用”是损益类账户，用来核算企业销售商品和材料、提供劳务过程中发生的各种费用，包括保险费、包装费、展览费和广告费、商品维修费、运输费、装卸费等，以及为销售本企业商品而专设的销售机构的职工薪酬、业务费、折旧费等经营费用。该账户借方登记发生的各种销售费用，期末将本期发生额自贷方转入“本年利润”账户的借方，结转后该账户无余额。

(4)“税金及附加”账户

“税金及附加”是损益类账户，用来核算企业日常经营应负担的税金及附加，包括消费税、城市维护建设税、资源税、土地增值税和教育费附加等。该账户的借方登记按规定计算的已销商品应负担的税金额，期末将借方归集的发生额自贷方转入“本年利润”账户的借方，结转后本账户无余额。

需要注意的是，该账户的核算范围并不包括价外税增值税、所得税(“所得税费用”)及房产税、印花税等小税种(“管理费用”)。

2. 反映款项结算的账户

由于结算方式不同，销售收入确认的时间与货款的结算时间可能不一致。如果款项的收取在销售之后(赊销)，则需设置“应收账款”账户；如果款项的收取在销售之前，则需设置“预收账款”账户。同时，为了核算应缴纳的各种税金(包括增值税)，还需要设置“应交税费”账户。

(1)“应收账款”账户

“应收账款”为资产类账户，核算企业因销售产品或提供劳务与购货单位或接受劳务单位发生的债权。其借方表示增加，登记应向购货单位收取的销货款；贷方表示减少，登记收回的销货款；借方余额表示购货单位暂欠的货款。该账户应按购货单位设置明细账。

(2)“预收账款”账户

与“应收账款”账户相反，“预收账款”表示预先收取客户的货款，日后需要提供商品或劳务，属于负债类账户，因而贷方表示增加，登记预收购买单位的款项；借方表示减少，登记企业销售产品或者提供劳务抵偿的预收货款。期末贷方余额表示已预收但尚未提供产品或劳务偿付的款项。该账户应按销货单位设置明细账。

销售业务的主要经济业务核算如图 4-3 所示(未显示增值税)。

业务说明：

(1) 预收货款存入银行；

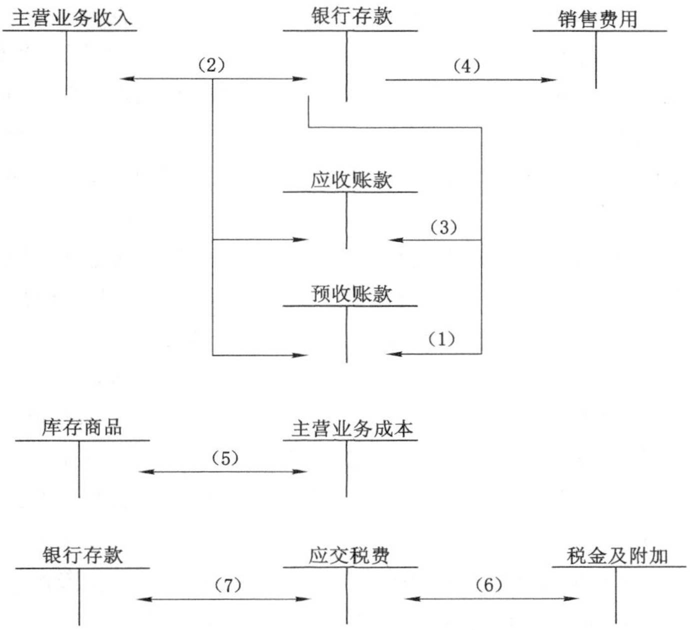

图 4-3　销售业务核算示意图

(2) 销售商品货款存入银行、货款未收回或发出预收货款的商品；

(3) 收回应收账款；

(4) 以银行存款支付销售费用；

(5) 结转已销商品的销售成本；

(6) 结算应缴的营业税金；

(7) 以银行存款缴纳税金。

三、销售业务的账务处理

1. 销售收入的确认

按现行会计准则规定，企业应当在履行了合同中的履约义务，即在客户取得相关商品控制权时确认收入。取得相关商品控制权是指能够主导该商品的使用并从中获得几乎全部的经济利益。当企业与客户之间的合同同时满足下列条件时，企业应当在客户取得相关商品控制权时确认收入：① 合同各方已批准该合同并承诺将履行各自义务；② 该合同明确了合同各方与所转让商品或提供劳务相关的权利和义务；③ 该合同有明确的与所转让商品相关的支付条款；④ 该合同具有商业实质，即履行该合同将改变企业未来现金流量的风险、时间分布或金额；⑤ 企业因向客户转让商品而有权取得的对价很可能收回。

销售收入实现时直接记入“主营业务收入”的贷方。同时，由于结算时间与收入结算时间的不同，借方可能登记的账户有银行存款、应收账款或预收账款。此外，还要根据不含税售价的17%计算应收取的增值税销项税额，记入“应交税费——应交增值税”的贷方。

【例4-20】 公司对外销售甲产品100件，每件400元，增值税率为17%，货款尚未收到。

不论货款是否收到，只要符合收入确认的条件，就可以记入“主营业务收入”的贷方。同时，计算售价17%的增值税。由于货款尚欠，所以形成一项结算债权“应收账款”，其金额为价税合计数。编制会计分录如下：

借：应收账款　　46 800
　贷：主营业务收入　　40 000
　　应交税费——应交增值税（销项税额）　　6 800

【例4-21】 公司收到上笔业务的货款，存入银行。同时收到B公司预付的货款40 000元支票。

收回货款导致应收账款的减少，记在贷方。同时，另一项资产“预收账款”增加，记在贷方。编制的会计分录如下：

借：银行存款　　46 800
　贷：应收账款　　46 800
借：银行存款　　40 000
　贷：预收账款　　40 000

【例4-22】 公司向B公司发出乙产品200件，每件150元，增值税率为17%，同时公司以现金形式代垫运费2 000元，结算后将余款退回B公司。

发出产品符合收入确认的条件，记入“主营业务收入”的贷方，同时计算销项税额记入“应交税费——应交增值税”贷方。价税合计并发生的运费都是从先前B公司的预付账款40 000中扣除的，该项资产项目减少，记在借方。最后差额以银行存款的形式返回B公司。编制会计分录如下：

借：预收账款　　40 000
　贷：主营业务收入　　30 000
　　应交税费——应交增值税（销项税额）　　5 100
　　库存现金　　2 000
　　银行存款　　2 900

2. 销售成本的结转

销售成本的确认和计量依据收入与费用的配比原则，即依据直接配比方式，将销售一定数量产品的制造成本与该产品的销售收入配比；销售费用和营业税金依据期间配比方式，将一定期间发生的费用与该期间的收入相配比。

【例 4-23】 本月所销售的甲产品成本为每件 350 元，乙产品为每件 120 元。

据前文，本月共销售甲产品 100 件，乙产品 200 件。由于发出商品，企业的库存商品减少，这部分减少的价值就成为主营业务成本。编制会计分录如下：

借：主营业务成本	59 000	
贷：库存商品——甲产品		35 000
——乙产品		24 000

3．销售费用的核算

销售费用属于期间费用，应在发生时直接记入“销售费用”账户。

【例 4-24】 公司为销售商品发生广告费 3 000 元，运输费 2 000 元，均以银行存款支付。

广告费和运输费都属于商品的销售费用。该项业务发生导致销售费用增加，银行存款减少。编制的会计分录如下：

借：销售费用	5 000	
贷：银行存款		5 000

【例 4-25】 本月公司专设的商品经营部发生人员工资 4 000 元，固定资产折旧 1 500 元。

专设销售机构经费也属于销售费用，该项业务导致销售费用增加的同时，负债类项目“应付职工薪酬”和固定资产的备抵账户“累计折旧”也相应增加，两者均记在贷方。编制的会计分录如下：

借：销售费用	5 500	
贷：应付职工薪酬		4 000
累计折旧		1 500

4．营业税金的计算及缴纳

此处的营业税金是指属于价内税核算范围的各种税金，不包括增值税。营业税金一般是月末计算出当月应交数，至下月初缴纳。也有一些纳税大户是月内分期预交，月末结算的。由于计算时间和缴纳时间不一致，当计算税金时，当月费用项目“税金及附加”增加，同时负债项目“应交税费”也增加。而缴纳税金时，仅是结算“应交税费”债务，并不涉及当期损益。

【例 4-26】 经计算，公司本月应缴纳消费税 3 000 元。

这项经济业务的发生，一方面表示企业费用项目“税金及附加”项目增加，另一方面，计算出的税金未交，使企业负债项目“应交税费”增加。应编制会计分录如下：

借：税金及附加	3 000	

贷:应交税费　　3 000

【例 4-27】 以银行存款 3 000 元缴纳上项税款。

这项经济业务的发生,并不涉及费用的变化,只是企业与税务部门之间债权债务的结算。银行存款减少,同时税款的缴纳也使"应交税费"项目减少,应记入借方。该业务编制的会计分录如下:

借:应交税费　　3 000

贷:银行存款　　3 000

第六节　财务成果的形成及分配业务的核算

一、财务成果的形成及分配业务的核算内容

利润是企业在一定会计期间内所取得的经营成果,它是将一定期间的各项收入与各项费用支出相抵后形成的最终经营成果。当收入大于费用时,两者相减为正数,表明企业获得盈利;当收入小于费用时,两者相减为负数,表明企业形成亏损。利润包括营业利润、投资净收益和营业外收支净额(资产减值损失、公允价值变动损益等暂不涉及)。营业利润是由企业经营活动所形成的,是企业利润的主要来源,在企业利润总额中所占比重最大,是营业收入(主营业务收入、其他业务收入)减去营业成本(主营业务成本、其他业务成本)、税金及附加、销售费用、财务费用、管理费用后的余额。投资净收益是企业对外投资取得的收益扣除损失后的余额,由于投资活动在本章涉及较少,因此投资净收益的核算详见《中级财务会计》。营业外收支净额是由企业无法控制的收支项目所形成的结果,如处置固定资产净损失或净收益,这部分收支具有偶发性,在企业利润总额中所占比重较小。利润(盈利)形成后,必须按税法规定的税率缴纳所得税。对于企业而言,所得税是取得利润的一种必然开支,可将其视为一种费用。利润形成的关系式可以分步表示如下:

$$\text{营业利润}=\text{营业收入}-\text{营业成本}-\text{税金及附加}-\text{销售费用}-\text{管理费用}-\text{财务费用}$$

$$\text{利润总额}=\text{营业利润}+\text{营业外收入}-\text{营业外支出}$$

$$\text{净利润}=\text{利润总额}-\text{所得税费用}$$

利润形成以后,要按规定进行分配。一部分以公积金的形式留归企业,作为扩大生产经营、提高集体福利的资金;一部分以利润形式分配给投资者,作为投资者的收益;一部分以未分配利润形式保留在账面上,作为增强企业抵御风险能力的资金。

二、财务成果的形成及分配业务的账户设置

为了核算利润形成及分配业务,应设置"本年利润"和"利润分配"账户。此

外，与利润形成和分配核算相联系的账户还有“营业外收入”、“营业外支出”、“盈余公积”、“应付利润”、“所得税费用”等账户。

1．“本年利润”账户

“本年利润”账户核算企业当年实现的净利润（或发生的净亏损）。期末结转利润时，应将“主营业务收入”、“其他业务收入”、“营业外收入”等科目的期末余额分别转入本账户的贷方，贷记“本年利润”账户；将“主营业务成本”、“税金及附加”、“其他业务成本”、“销售费用”、“管理费用”、“财务费用”、“营业外支出”、“所得税费用”等账户的期末余额分别转入本账户的借方，借记“本年利润”账户。年度终了，应将该账户的借方发生额和贷方发生额相抵后，结出本年实现的净利润，转入“利润分配”账户。如为盈利，借记“本年利润”账户，贷记“利润分配”账户；如为亏损，则做相反的会计分录。结转后本账户应无余额。

2．“利润分配”账户

“利润分配”账户核算企业利润的分配（或亏损的弥补）和历年分配（或弥补亏损）后的积存余额。企业分配利润时，借记“利润分配”账户。其期末余额，反映企业历年积存的未分配利润（或未弥补亏损）。年度终了，将“本年利润”账户的余额结转至“利润分配”账户后，如果“利润分配”账户为贷方余额，表示未分配利润；反之，则表示未弥补亏损。

3．“营业外收入”账户

“营业外收入”账户核算企业发生的与其经营活动无直接关系的各项收入，主要包括固定资产盘盈、没收的款项、确实无法支付而按规定程序经批准后转作营业外收入的应付款项等。该账户应当按照营业外收入项目进行明细核算。当企业发生营业外收入时，应贷记“营业外收入”账户。期末，将“营业外收入”账户余额转入“本年利润”账户。结转后本账户应无余额。

4．“营业外支出”账户

“营业外支出”账户核算企业发生的与其经营活动无直接关系的各项支出，主要包括固定资产盘亏、罚款支出、非常损失等。该账户应当按照营业外支出项目进行明细核算。当企业发生营业外支出时，应借记“营业外支出”账户。期末，将“营业外支出”账户余额转入“本年利润”账户。结转后本账户应无余额。

5．“盈余公积”账户

“盈余公积”账户核算企业从净利润中提取的公积金。该账户应当分别按“法定盈余公积”、“任意盈余公积”进行明细核算（具体内容详见《中级财务会计》）。企业按规定提取公积金时，应贷记“盈余公积”账户；使用公积金时，应借记“盈余公积”账户，该账户的期末贷方余额反映企业尚未动用的公积金余额。

6.“应付利润”账户

“应付利润”账户核算企业应付给投资者的利润。企业计算出应付利润时，应贷记“应付利润”账户；实际支付利润时，应借记“应付利润”账户；其期末贷方余额表示应付而未付的利润。

7.“所得税费用”账户

“所得税费用”账户核算企业确认的应从当期利润总额中扣除的所得税费用。计算出应纳所得税时，借记“所得税费用”账户；期末将其借方发生额转入“本年利润”账户。结转后本账户无余额。

利润形成及分配的主要业务核算，可用账户关系图 4-4 表示。

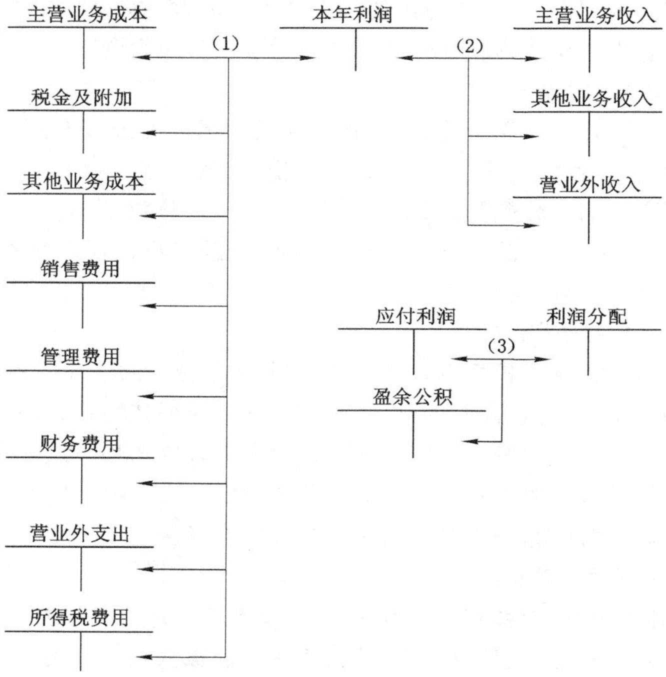

图 4-4 财务成果的形成及分配业务核算示意图

业务说明：

(1) 期末结转本期各项成本费用；

(2) 期末结转本期各项收入；

(3) 分配应付利润和提取公积金。

三、财务成果形成及分配业务的账务处理

以下举例说明利润形成及分配的主要账务处理。

海天华泰工厂 12 月份发生的部分业务如下：

【例 4-28】 31 日，经批准，将没收出租包装物的押金 2 300 元转作营业外收入。

这项经济业务的发生，一方面使其他应付款减少了 2 300 元，另一方面使营业外收入增加了 2 300 元，因此，涉及“其他应付款”、“营业外收入”两个账户。其他应付款减少，借记“其他应付款”账户；营业外收入增加，贷记“营业外收入”账户。此项经济业务的会计分录如下：

借：其他应付款　　2 300

　贷：营业外收入　　2 300

【例 4-29】 31 日，企业以现金支付税收滞纳金 300 元。

这项经济业务的发生，一方面使现金减少了 300 元，另一方面使营业外支出增加了 300 元，因此，涉及“库存现金”、“营业外支出”两个账户。库存现金减少，贷记“库存现金”账户；营业外支出增加，借记“营业外支出”账户。此项经济业务的会计分录如下：

借：营业外支出　　300

　贷：库存现金　　300

【例 4-30】 31 日，将各项成本费用以及收入类账户结转至“本年利润”账户。

假设结账前，该工厂“主营业务收入”账户、“其他业务收入”账户、“营业外收入”账户贷方余额分别为 174 000 元、59 000 元、16 230 元。各项收入账户的贷方余额应从其借方转入“本年利润”账户的贷方，借记“主营业务收入”、“其他业务收入”、“营业外收入”账户，贷记“本年利润”账户。“主营业务成本”账户、“其他业务成本”账户、“营业外支出”账户、“税金及附加”账户、“管理费用”账户、“财务费用”账户、“销售费用”账户借方余额分别为 78 000 元、35 000 元、6 700 元、4 100 元、12 000 元、3 400 元、8 900 元。各成本费用账户的借方余额应从其贷方转入“本年利润”账户的借方，借记“本年利润”账户，贷记“主营业务成本”、“其他业务成本”、“营业外支出”、“税金及附加”、“管理费用”、“财务费用”、“销售费用”账户。因此，此项经济业务的会计分录如下：

借：主营业务收入　　174 000

　　其他业务收入　　59 000

　　营业外收入　　16 230

　贷：本年利润　　249 230

借：本年利润　　148 100

　贷：主营业务成本　　78 000

　　　税金及附加　　4 100

其他业务成本　　35 000

管理费用　　12 000

财务费用　　3 400

销售费用　　8 900

营业外支出　　6 700

本期实现的税前利润为 101 130 元(249 230－148 100)。

【例 4-31】 31 日，计算并结转本期应交所得税，所得税税率为 25%。

本期应交所得税为 25 282.50 元(101 130×25%＝25 282.50)。

所得税的计算，一方面使应交而未交的所得税款增加了 25 282.50 元，另一方面使作为费用的所得税增加了 25 282.50 元。因此，涉及"应交税费"、"所得税费用"两个账户。计算出应纳所得税时，作为费用的所得税增加，借记"所得税费用"账户；应交而未交的所得税款增加，贷记"应交税费"账户。同时，所得税作为费用，期末也应转入"本年利润"账户。此项经济业务的会计分录如下：

借：所得税费用　　25 282.50

　贷：应交税费　　25 282.50

借：本年利润　　25 282.50

　贷：所得税费用　　25 282.50

此时，税后利润为 75 847.50 元(101 130－25 282.50)。

【例 4-32】 31 日，将税后净利润转入"利润分配"账户。

这项经济业务的发生，涉及"本年利润"、"利润分配"两个账户。税后净利润是计算并结转所得税后"本年利润"账户的贷方余额。税后净利润的转出，是从"本年利润"账户的借方转入"利润分配"账户的贷方，所以应借记"本年利润"账户，贷记"利润分配"账户。结转完毕，"本年利润"账户没有余额。此项经济业务的会计分录如下：

借：本年利润　　75 847.50

　贷：利润分配　　75 847.50

【例 4-33】 31 日，按净利润的 10%提取公积金 7 584.75 元。

这项经济业务的发生，一方面使公积金增加了 7 584.75 元，另一方面使利润分配增加了 7 584.75 元，同时涉及"盈余公积"、"利润分配"两个账户。公积金增加，应贷记"盈余公积"账户；分配利润，应借记"利润分配"账户。此项经济业务的会计分录如下：

借：利润分配　　7 584.75

　贷：盈余公积　　7 584.75

【例 4-34】 31 日，结转应向投资者分配的利润 8 065 元。

这项经济业务的发生，一方面使利润分配了 8 065 元，另一方面使应付的利润增加了 8 065 元。因此，涉及“利润分配”、“应付利润”两个账户。利润分配了，应借记“利润分配”账户；应付的利润增加，应贷记“应付利润”账户。此项经济业务的会计分录如下：

借：利润分配　　　　8 065

　贷：应付利润　　　　8 065

第七节　成 本 计 算

一、成本计算的概念及基本内容

成本计算是指对企业生产经营过程中所发生的各种费用，按照不同对象和一定标准进行归集和分配，计算确定出各种成本对象总成本和单位成本的一种专门方法。

成本计算所要解决的是，会计核算对象的确认和再确认以及相应的费用归集而形成新的资产价值的问题。因此，广义的成本计算存在于企业生产经营的全过程，一项经济活动只要发生并纳入会计核算系统，就有一个以何种成本入账的问题。成本计算内容按其形成不同可分为以下几类。

1. 资产取得成本的计算

资产取得时首先要解决的是确认和计量问题，即取得资产的成本计算问题。例如材料购进时，需要确定其入账价值，即材料的实际成本而不单是其买价。如果有若干材料共担的采购费用，还要涉及采购费用的分配问题。再如外购固定资产，其入账价值也不单是买价问题，同样也会遇到实际成本的计算问题。

2. 资产耗费成本的计算

当消耗资产时，同样也会面临确认和计量问题，即消耗资产的成本计算问题。例如，生产领用材料时，需要确定领用材料的入账价值。但是，不同购进批次的材料，它们的单位成本可能不一致，根据不同的单位成本计量出的消耗成本也就各不相同。因此，当资产消耗时也会遇到成本计算问题。

3. 负债及所有者权益成本的计算

企业为了生产经营的需要，从债权人和所有者那里取得资金时，也要付出相应的代价。例如，负债要付出利息作为取得债务的代价，所有者投资后要求以利润分配作为企业使用投资的代价。因此，负债和所有者权益也有成本计算问题。

4. 产品生产成本的计算

在产品生产过程中需要耗费大量的材料、生产人员的薪酬以及一些货币性支出等，所有这些耗费构成了产品生产过程中的全部生产费用。为生产一定种类、一定数量而发生的各种生产费用的总和就构成了产品的生产成本。产品生产成本的计算是成本计算的重要内容。

二、资产取得成本的计算

资产取得成本的计算，实际上是选择被计量对象的计量属性，确定其应记录金额的过程。计量属性一般选择历史成本，即企业的各项财产物资取得时所付出的代价。以历史成本作为非货币性资产的计量属性，主要优点在于它具有可验证性、可操作性。在前述章节的核算业务中，主要涉及材料和固定资产两项资产。因此，本节主要讲述材料和固定资产取得成本的计算问题。

1. 材料取得成本的计算

企业生产经营中需要的材料主要有外购和自制两种来源。外购材料除了买价之外还要支付运费、保险费等；自制材料需要耗费原材料、人工等。因此，材料来源不同，其取得成本的计算也不同。

（1）外购材料取得成本的计算

外购材料取得成本的计算也就是材料采购成本的计算，材料采购成本由材料的买价和附带成本组成。它是以材料的品种或类别为成本计算对象，归集和分配材料采购过程中所发生的买价和附带成本，从而计算出每种材料的单位成本和总成本。其中，材料的买价是指购买材料的发票价格；附带成本主要有运输费、装卸费、包装费、保险费、仓储费、入库前的挑选整理费等。

在材料采购成本计算时，材料的买价属于能够直接计入每种材料采购成本的费用，这种能够直接确定为某一成本对象的费用，会计上称为直接费用。而材料采购过程中发生的附带成本，有些属于直接费用，可以直接计入某种材料的采购成本；有些属于间接费用，需要按材料的重量、买价、体积等标准，采用一定的方法，分配计入每种材料的采购成本中。

【例 4-35】 假设新锐工厂购入 A、B、C 三种材料，有关资料如表 4-3 所示。根据表 4-3 所列资料，计算 A、B、C 三种材料的采购成本。

表 4-3　　材料采购成本计算资料　　单位：元

材料种类	重量（千克）	单价	金额	运费
A	300	100	30 000	
B	100	200	20 000	
C	500	80	40 000	
合　计	900		90 000	1 800

首先，以材料重量作为标准分配运费，分配率为：

1 800÷(300＋100＋500)＝2(元/千克)

其次，计算 A、B、C 三种材料应分配的运费：

A 材料应分配的运费：300×2＝600(元)

B 材料应分配的运费：100×2＝200(元)

C 材料应分配的运费：500×2＝1 000(元)

最后，计算 A、B、C 三种材料的采购成本，如表 4-4 所示。

表 4-4　　**材料采购成本计算表**　　单位：元

材料种类	买价	运费	采购成本
A	30 000	600	30 600
B	20 000	200	20 200
C	40 000	1 000	41 000
合　计	90 000	1 800	91 800

另外，为了简化会计核算工作，采购材料过程中发生的采购人员差旅费不计入材料采购成本，而是计入企业管理费用。

(2) 自制材料取得成本的计算

自制材料与产品生产相似，其取得成本实际上就是材料的生产(加工)成本，包括生产使用的原材料成本、制造费用、直接人工等。与产品不同的是，材料还需要进一步加工才能形成产品。因此，自制材料取得成本的计算详见产品生产成本的计算。

2. 固定资产取得成本的计算

同材料的来源方式一样，固定资产取得的主要来源也有外购和自制两种，来源不同，成本计算也不同。对于外购固定资产，企业在取得固定资产时，除了买价还要支付运输费、保险费、包装费等。因此，其取得成本与材料相似，也包括买价和附带成本两大部分。其中，附带成本主要包括运输费、装卸费、安装费、保险费、包装费等。关于自制固定资产取得成本计算的问题详见《中级财务会计》。

由于固定资产外购成本的内容较多，而且各项费用发生的时间不一致，固定资产价值一旦入账，一般情况下不得调整其账面价值。所以，对固定资产外购成本进行核算，应先通过“在建工程”账户归集，待其成本归集完毕后，再将所有的外购成本一并转入“固定资产”账户。

“在建工程”账户核算企业基建、更新改造等在建工程发生的支出。发生在建工程支出时，借记“在建工程”账户；固定资产成本发生完毕，所有成本转入“固定资产”账户，贷记“在建工程”账户。

【例 4-36】 新锐工厂购入一套设备，买价 162 000 元，用银行存款支付。

该经济业务发生，一方面使固定资产的取得成本增加 162 000 元；另一方面使银行存款减少 162 000 元。但是，固定资产的外购成本尚未发生完毕，因此，相关取得成本应先通过"在建工程"账户进行核算，记入"在建工程"账户的借方。该笔经济业务的会计分录如下：

借：在建工程　　162 000

　贷：银行存款　　162 000

【例的 4-37】 新锐工厂用现金支付上述设备运输费 200 元。

与例题 4-36 相似，200 元运费也应先通过"在建工程"账户进行核算，记入"在建工程"账户的借方。该笔经济业务的会计分录如下：

借：在建工程　　200

　贷：库存现金　　200

【例 4-38】 设备运达新锐工厂，投入使用。

设备投入使用，说明该项固定资产的取得成本已经发生完毕，总金额为 162 200 元(162 000＋200)，相关成本应该从"在建工程"账户的贷方转入"固定资产"账户的借方。该项经济业务的会计分录如下：

借：固定资产　　162 200

　贷：在建工程　　162 200

三、资产消耗成本的计算

资产消耗成本的计算，实际上是选择不同计算方法，确定其应记录金额的过程。在前述章节的核算业务中，主要涉及材料和库存商品两项资产的消耗，材料和库存商品又是存货的主要内容，因此本节主要讲述发出存货成本的计算问题。

在会计实务中，发出存货成本的计算方法包括实际成本法和计划成本法两大类。本节主要讲述存货的实际成本法，关于计划成本法详见《中级财务会计》。在实际成本法下，企业可以采用的发出存货成本的计算方法包括先进先出法、一次加权平均法、移动加权平均法和个别计价法。

1. 先进先出法

先进先出法是指以先购入的存货先发出(销售或耗用)这样一种存货实物流动假设为前提，对发出存货进行计价的一种方法。采用这种方法，先购入的存货成本在后购入存货成本之前转出，据此确定发出存货和期末存货的成本。在该种方法下，收入存货时，应逐笔登记收入存货的数量、单价和金额；发出存货时，按照先进先出的原则逐笔登记存货的发出成本和结存金额。

【例 4-39】 假设某企业甲材料 2017 年 12 月份的相关资料如表 4-5 所示，请使用先进先出法计算当月发出材料成本和结存材料成本。为了简化计算，假设该材料的采购成本中只有买价。

表 4-5　　甲材料 2017 年 12 月份购进、发出及结存的资料　　单位：元

2017 年		摘要	收入			发出			结存		
月	日		数量	单价	金额	数量	单价	金额	数量	单价	金额
12	1	期初							100	10	1 000
12	6	购进	200	10.5	2 100				300		
12	10	发出				200			100		
12	15	购进	400	11	4 400				500		
12	25	发出				200			300		
12	31	合计	600		6 500	400			300		

按照先进先出法计算过程如下：

12 月 10 日，发出材料的成本为：100×10＋100×10.5＝2 050(元)

12 月 25 日，发出材料的成本为：100×10.5＋100×11＝2 150(元)

当月发出材料的成本为：2 050＋2 150＝4 200(元)

12 月 31 日，结存材料的成本为：1 000＋6 500－4 200＝3 300(元)

先进先出法可以随时结转发出存货成本，但计算过程较烦琐；如果存货收发业务较多且存货单价不稳定时，其工作量较大。在物价持续上升时，期末存货成本接近于市价，而发出成本偏低，会高估企业当期利润和库存存货价值；反之，会低估企业存货价值和当期利润。

2. 一次加权平均法

一次加权平均法是指以当月全部购进数量加上月初结存数量作为权数，去除当月全部购进成本加上月初结存成本，计算出存货的加权平均单位成本，以此为基础计算当月发出存货成本和期末存货成本的一种方法。计算公式如下：

$$存货单位成本=\left[\begin{matrix}月初结存\\存货成本\end{matrix}+\sum\left(\begin{matrix}本月各批购进\\的实际单位成本\end{matrix}\times\begin{matrix}本月各批购进\\的实际数量\end{matrix}\right)\right]\div\left(\begin{matrix}月初结存\\的数量\end{matrix}+\begin{matrix}本月各批购\\进数量之和\end{matrix}\right)$$

本月发出存货的成本＝本月发出存货的数量×存货单位成本

本月月末库存存货成本＝月末库存存货的数量×存货单位成本

或：

$$\begin{matrix}本月月末库存\\存货成本\end{matrix}=\begin{matrix}月初库存存货\\的实际成本\end{matrix}+\begin{matrix}本月收入存货\\的实际成本\end{matrix}-\begin{matrix}本月发出存货\\的实际成本\end{matrix}$$

【例 4-40】 根据例 4-39 的资料，采用一次加权平均法计算当月发出材料成本和结存材料成本。

材料单位成本＝(1 000＋6 500)÷(100＋200＋400)＝10.71(元)

12 月份发出材料成本＝10.71×400＝4 284(元)

12 月份结存材料成本＝1 000＋6 500－4 284＝3 216(元)

一次加权平均法只在月末一次计算加权平均单位成本，比较简单，而且在市场价格上涨或下跌时所计算出来的单位成本平均化，对存货成本的分摊较为折中。但是，这种方法只能在期末计算，不利于核算的及时性；在物价变动幅度较大的情况下，按加权平均单价成本计算的期末存货价值与现行成本有较大的差异。因此，该方法适用于物价变动幅度不大的情况。

3. 移动加权平均法

移动加权平均法是指以每次进货的成本加上原有库存存货的成本，除以每次进货数量加上原有库存存货的数量，据以计算加权平均单位成本，作为在下次进货前计算发出存货成本依据的一种方法。计算公式如下：

$$存货单位成本=\left(\begin{matrix}购入前库存\\存货成本\end{matrix}+\begin{matrix}本次购进\\存货的成本\end{matrix}\right)\div\left(\begin{matrix}购入前库\\存数量\end{matrix}+\begin{matrix}本次购\\进数量\end{matrix}\right)$$

$$\begin{matrix}本次发出\\存货的成本\end{matrix}=\begin{matrix}本次发出\\存货的数量\end{matrix}\times\begin{matrix}本次发出前存货\\的单位成本\end{matrix}$$

$$\begin{matrix}本月月末\\库存存货成本\end{matrix}=\begin{matrix}月末库存\\存货的数量\end{matrix}\times\begin{matrix}本月月末\\存货单位成本\end{matrix}$$

【例 4-41】 根据例 4-39 的资料，采用移动加权平均法计算当月发出材料成本和结存材料成本。

12 月 6 日购进了材料，应做如下计算：

材料单位成本＝(1 000＋2 100)÷(100＋200)＝10.33(元)

在下一次购进材料前，应该以此单位成本作为计算发出成本及结存成本的依据。

12 月 10 日发出材料成本＝10.33×200＝2 066(元)，结存材料成本＝1 000＋2 100－2 066＝1 034(元)

12 月 15 日购进材料，再次计算材料的加权平均成本：

材料单位成本＝(1 034＋4 400)÷(100＋400)＝10.87(元)

12 月 25 日发出材料成本＝10.87×200＝2 174(元)，结存材料成本为 1 034＋4 400－2 174＝3 260(元)

因此，本月份共发出材料 4 240 元(2 066＋2 174)，结存材料 3 260 元。

移动加权平均法能使管理当局及时了解存货的结存情况，而且计算的平均单位成本以及发出和结存的存货成本比较客观。但是,该方法每次收货都要计算一次平均单位成本,计算工作量较大,对收发货较频繁的企业不适用。

4. 个别计价法

个别计价法是假设存货具体项目的实物流转与成本流转相一致,需要逐一辨认发出存货和期末存货隶属的购进批别(生产批别),分别按其购入或生产时所确定的单位成本计算各批发出存货和期末存货成本的方法。这种方法是把每一种存货的实际成本作为计算发出存货成本和期末存货成本的基础。

该种方法计算发出存货的成本和期末存货的成本比较合理、准确。但是,由于需要逐一辨认各批次存货实际的单位成本,所以实务操作的工作量繁重,困难较大。因此,该种方法适用于容易识别、存货品种数量不多、单位成本较高的存货计价,例如珠宝、名画等贵重物品。

四、负债及所有者权益成本的计算

对于负债而言,利息及为取得负债发生的费用就是负债的成本。利息通常按负债本金及利率计算,其计算公式为:

利息=负债本金×利率

企业为取得负债所付出的利息,有时与本金交织在一起,难以划分,例如应付账款中可能有利息,但在发票上反映不出来。这说明,负债成本的计算,不仅要计算利息及取得负债发生的费用,更要注重负债未来应付金额现时价值(贴现值)的计算。流动负债由于待付的时间一般较短,利息金额较小,因而流动负债的金额通常以面值计列,而不论面值中是否含有利息。如果面值中含有利息,则其账面价值就是本金和利息之和,否则,账面价值仅是本金,利息单独计算。长期负债的待付时间一般较长,利息金额较大,因而长期负债的现时价值应该是未来支付所有款项的折现价值。具体内容和相关计算详见《中级财务会计》。

对于所有者权益而言,所有者对企业进行投资后,虽然不要求偿还投资,但要求按合同规定比例和各期经营成果支付利润。对于企业来说,应付的利润就是使用所有者投资的成本。因而所有者权益成本的计算又转化为应付利润的计算和核算。应付利润的计算主要依据企业的具体情况而定。

五、产品生产成本的计算

企业在生产过程中会发生各种各样的耗费,如耗费材料、人工等。在一定时期内的耗费称为生产费用;当这些生产费用具体到一定的对象和数量上,形成生产产品的成本,即产品生产成本。

从内容上看,产品生产成本包括直接材料、直接人工和制造费用。只有为制造产品发生的生产费用才能构成产品的生产成本,除此以外发生的其他各项耗费,通常作为期间费用,直接冲减当期收入。

企业为制造产品而发生的各项费用,通过"生产成本"账户的借方进行归集。直接材料和直接人工的发生,直接记入"生产成本"账户的借方;不属于直接材料和直接人工的生产费用发生,例如为组织和管理车间生产活动而发生的人工费用等,不能直接记入"生产成本"账户的借方,而要先记入"制造费用"账户的借方,之后于期末按照一定的标准和方法分配转入"生产成本"账户的借方。"生产成本"账户的借方发生额归集了本期为制造产品而发生的各项费用,加上"生产成本"账户的期初余额,构成本期生产费用合计数。如果生产的产品全部完工,本期生产费用合计数全部作为完工产品成本转出;如果本期生产的产品全部未完工,本期生产费用合计数全部作为在产品成本,留在"生产成本"账户借方;如果本期生产的产品一部分完工,一部分没有完工,则要采用一定的方法,将本期生产费用合计数在完工产品与在产品之间分配。具体内容详见《成本会计学》。

本章小结

制造企业主要经济业务核算包括资金筹集业务、生产准备业务、生产业务、销售业务、利润的形成及分配业务。

企业资金筹集业务主要核算包括所有者投入和向债权人借款。实际收到所有者投入的资本应在所有者权益账户"实收资本"中核算;期限不超过一年的借款,本金在负债类账户"短期借款"中核算,借款利息则在"应付利息"中核算。

生产准备业务主要就是采购业务,其核算主要内容是材料采购成本。采购成本包括材料的买价和各种采购费用。发生采购成本时在"在途物资"借方进行归集,同时贷方根据结算的具体方式分别记入"应付账款"、"预付账款"等科目。材料验收入库后,将采购成本从"在途物资"的贷方转入"原材料"账户借方。

生产业务核算的主要内容,一是生产耗费的发生、归集与分配,二是产品制造成本的计算。发生各种成本费用时,借记有关成本费用项目,贷方根据耗费形式进行登记;产品完工入库时,"生产成本"借方归集的全部生产成本需在完工产品和在产品之间进行分配,将完工产品成本从贷方转出,作为库存商品的入账价值。

销售业务核算的主要内容是:确认销售收入并结算货款,按配比原则确定产品的销售成本、销售费用和营业税金。符合收入确认标准时,贷记"主营业务收入",根据结算方式的不同借记"应收账款"、"预收账款"账户。同时,将商品实际成本从"库存商品"贷方转入"主营业务成本"借方。

利润包括营业利润、投资净收益和营业外收支净额。期末结转利润时,应将

"主营业务收入"等收入类账户期末余额分别转入"本年利润"账户，贷记"本年利润"账户；将"主营业务成本"等成本费用类账户期末余额分别转入本账户，借记"本年利润"账户。年度终了，应将收入和支出相抵后结出的本年净利润转入"利润分配"账户，借记"本年利润"账户，贷记"利润分配"账户。利润形成以后，要按规定进行分配。

成本计算所要解决的是会计核算对象的确认和再确认以及相应费用归集形成新的资产价值的问题。广义的成本计算内容按形成可分为资产取得成本的计算、资产消耗成本的计算、负债及所有者权益成本的计算、产品生产成本的计算。

思考与练习

一、单项选择题

1. 下列经济业务中引起会计等式两边同时增加的业务有(　　)。

A. 用银行存款购买设备　　B. 从银行提取现金

C. 用银行存款偿还欠款　　D. 赊购原材料

2. 下列费用中，不应记入产品成本的有(　　)。

A. 直接材料　　B. 直接人工

C. 管理费用　　D. 制造费用

3. 应收账款账户的期初余额为借方 2 000 元，本期借方发生额 1 000 元，本期贷方发生额 8 000 元，则该账户期末余额为(　　)。

A. 借方 3 000 元　　B. 贷方 8 000 元

C. 借方 5 000 元　　D. 贷方 5 000 元

4. 在权责发生制下，下列款项中应列作本期收入的是(　　)。

A. 上月销售货款本月收存银行

B. 本月销售货款本月收存银行

C. 本月预收下月货款存入银行

D. 本月收回多付的预付货款存入银行

5. 企业购进材料发生的运杂费等采购费用，应记入(　　)。

A. 管理费用　　B. 财务费用

C. 材料采购成本　　D. 材料买价

6. 企业为生产产品发生的各项间接费用，应首先归集在(　　)账户。

A. 在建工程　　B. 生产成本

C. 预提费用　　D. 制造费用

7. 某企业 2011 年 7 月支付厂部管理人员工资 12 000 元，预支厂部半年(含本月)修理费 1 800 元,生产车间保险费 4 000 元。按权责发生制核算时,该月管理费用发生额为(　　)。

A. 12 000 元　　B. 13 800 元

C. 16 300 元　　D. 12 300 元

8. 企业年终结转后,(　　)账户应无余额。

A. 利润分配　　B. 本年利润

C. 盈余公积　　D. 应交税费

9. 假设企业每月末计提利息,企业每季度末收到银行寄来的短期借款利息付款通知单时,应贷记(　　)科目。

A. 库存现金　　B. 银行存款

C. 财务费用　　D. 应付利息

10. 下列各项中,在“在途物资”账户的贷方核算的是(　　)。

A. 已验收入库物资应结转的实际采购成本

B. 登记购入材料的买价

C. 登记购入材料的采购费用

D. 在途材料的采购成本

11. 某企业对发出的存货采用全月一次加权平均法计价,本月初乙材料的数量为 40 吨,单价为 3 100 元/吨;本月一次购入乙材料 60 吨,单价为 3 000 元/吨,则本月发出存货的单价为(　　)元/吨。

A. 3 060　　B. 3 040

C. 3 100　　D. 3 050

12. 某企业为增值税一般纳税人,购入材料一批,增值税专用发票上标明的价款为 100 万元。增值税税额为 17 万元,另支付材料的保险费 2 万元、包装物押金 5 万元。该批材料的采购成本为(　　)万元。

A. 100　　B. 102

C. 107　　D. 124

13. 某企业只生产和销售甲产品,4 月 1 日期初在产品成本 3.5 万元。4 月份发生如下费用:领用材料 6 万元,生产工人工资 2 万元,制造费用 1 万元,行政管理部门物料消耗 1.5 万元,专设销售机构固定资产折旧费 0.8 万元。月末在产品成本 3 万元。该企业 4 月份完工甲产品的生产成本为(　　)万元。

A. 9　　B. 9.5

C. 8.3　　D. 11.8

14. 下列科目中与“制造费用”科目不可能发生对应关系的是(　　)。

A. 生产成本　　B. 本年利润

C. 原材料　　　　　　　　　　　D. 应付职工薪酬

15. 仓库库存甲材料单位成本 10 元/千克，乙材料单位成本 20 元/千克。生产车间从仓库领用以下材料：领用甲材料 150 千克、乙材料 100 千克用于生产 A 产品；领用甲材料 120 千克、乙材料 80 千克用于生产 B 产品；用于车间共同耗用的甲材料 270 千克；销售部门领用甲材料 50 千克用于销售。销售价格 20 元/千克，则以下说法正确的是（　　）。

A. 所有经济业务共耗用乙材料 3 500 元

B. 生产 B 产品耗用直接材料成本为 3 500 元

C. 生产 A 产品耗用直接材料成本 2 800 元

D. 销售甲材料时应借记其他业务成本 500 元

16. 某公司 3 月 1 日结存甲材料 200 千克，每千克实际成本为 100 元。该公司 3 月 2 日和 3 月 18 日分别购入甲材料 400 千克和 200 千克，每千克实际成本分别为 110 元和 112 元；3 月 5 日和 3 月 26 日分别发出甲材料 200 千克和 300 千克。该公司采用全月一次加权平均法核算存货发出的计价，则该公司甲材料期末结存的实际成本是（　　）元。

A. 33 000　　　　　　　　　　B. 32 400

C. 30 000　　　　　　　　　　D. 33 600

17. 某企业销售商品 7 000 件，每件售价 50 元（不含增值税），增值税税率 17%，企业为购货方提供的商业折扣为 15%。该企业在这项交易中应确认的收入金额为（　　）元。

A. 320 000　　　　　　　　　B. 308 200

C. 297 500　　　　　　　　　D. 320 200

18. 某企业本月发生管理费用开支合计 580 000 元，月末结平“管理费用”账户，则“管理费用”账户（　　）。

A. 月末贷方余额 580 000 元　　　B. 月末借方余额 580 000 元

C. 本月期末无余额　　　　　　　D. 以上都不对

19. 某企业本月主营业务收入为 1 000 000 元，其他业务收入为 80 000 元，营业外收入为 90 000 元，主营业务成本为 760 000 元，其他业务成本为 50 000 元，税金及附加为 30 000 元，营业外支出为 75 000 元，管理费用为 40 000 元，销售费用为 30 000 元，财务费用为 15 000 元，所得税费用为 75 000 元。则该企业本月营业利润为（　　）元。

A. 170 000　　　　　　　　　B. 155 000

C. 25 000　　　　　　　　　　D. 80 000

20. 某公司本会计期间的主营业务收入为 1 700 万元，主营业务成本为

1 190 万元，税金及附加为 170 万元，销售费用为 110 万元，管理费用为 100 万元，财务费用为 19 万元，营业外收入为 16 万元，营业外支出为 25 万元，其他业务收入为 200 万元，其他业务成本为 100 万元，应交所得税按利润总额 25%计算，其营业利润、利润总额、净利润分别为(　　)万元。

A. 111、232、174　　B. 211、202、151.5

C. 356、232、74　　D. 111、202、151.5

二、多项选择题

1. 下列各账户中，期末可能有借方余额的是(　　)。

A. 原材料　　B. 短期借款

C. 实收资本　　D. 生产成本

2. 下列各账户中，期末可能有贷方余额的是(　　)。

A. 管理费用　　B. 应付账款

C. 盈余公积　　D. 预收账款

3. 年终结转后，(　　)账户应无余额。

A. 营业外收入　　B. 营业外支出

C. 管理费用　　D. 财务费用

4. 企业发生的下列税费中，应记入“税金及附加”账户的有(　　)。

A. 消费税　　B. 教育费附加

C. 所得税　　D. 增值税

5. 下列不能计入存货采购成本的有(　　)。

A. 装卸费　　B. 仓储费

C. 运输费　　D. 非正常消耗的直接材料费

6. 下列各项中，在“生产成本”账户的借方核算的有(　　)。

A. 直接材料费

B. 直接人工费

C. 完工入库产成品应结转的生产成本

D. 期末尚未加工完成的在产品成本

7. 下列各项中应记入“制造费用”科目中核算的有(　　)。

A. 生产车间固定资产折旧　　B. 生产车间固定资产修理费

C. 生产工人职工薪酬　　D. 生产车间水电费

8. 不能够计入产品成本的工资费用是(　　)。

A. 车间管理人员的工资　　B. 在建工程人员工资

C. 专设销售机构人员工资　　D. 企业管理部门人员工资

9. 下列属于期间费用的是(　　)。

A. 制造费用　　　　B. 管理费用
C. 财务费用　　　　D. 销售费用

10. 与计算“营业利润”有关的因素是(　　)。

A. 所得税费用　　　　B. 财务费用
C. 营业成本　　　　D. 销售费用

三、判断题

1. “主营业务成本”和“生产成本”都属于损益类会计科目。(　　)

2. 甲企业购进材料 100 吨,货款计 1 000 000 元,并以银行存款支付该材料的运杂费 1 000 元,保险金 5 000 元,增值税进项税 170 000 元。则该材料的采购成本为 1 006 000 元。(　　)

3. 用银行存款支付前欠货款能引起资产和负债同时增加。(　　)

4. 某企业由于采用了不同的存货计价方法,使得期末存货计价高出 5 000 元,如果不考虑其他影响,这会使得当期损益增加 5 000 元。(　　)

5. 存货发出采用“先进先出法”时,发出存货的成本比较接近于其重置成本。(　　)

四、业务题

1. 假设某企业 6 月份发生以下业务:

(1) 企业从银行取得短期借款 50 万元,存入银行。

(2) 企业收到投资者投入的货币资金 100 万元,存入银行。

(3) 企业购进材料 15 000 千克,增值税专用发票所列单价 6.00 元/千克,计买价 90 000 元,进项税额 15 300 元;另外,对方代垫运杂费 700 元;款项尚未支付。

(4) 月末,根据“发出材料汇总表”,本月耗用材料 40 000 元,其中为生产产品耗用材料 30 000 元,生产车间耗用材料 6 000 元,企业管理部门耗用材料 4 000 元。

(5) 以银行存款 3 600 元预付下年度报刊订阅费。

(6) 按规定计提本月固定资产折旧 30 000 元,其中生产车间用固定资产应计提折旧 20 000 元,企业行政管理部门用固定资产应计提折旧 10 000 元。

(7) 结算本月职工工资 80 000 元,其中生产工人工资 60 000 元,车间管理人员工资 8 000 元,企业行政管理人员工资 12 000 元。

(8) 从银行提取现金 80 000 元,备发工资。

(9) 企业以现金 80 000 元支付职工工资。

(10) 计算应本月行政管理部门负担的书报杂志费 200 元。

(11) 企业用银行存款全额偿还第(3)笔业务所欠材料货款。

(12) 以银行存款支付本季度短期借款利息 2 000 元。

(13) 本月制造费用总额为 68 000 元,月末将本月制造费用按照一定标准分配计入各种产品成本,其中 A 产品应承担 38 000 元,B 产品应承担 30 000 元。

(14) 结转本月完工入库产品的生产成本 160 000 元。

(15) 企业销售产品一批,价款 200 000 元,增值税销项税额 34 000 元,款项尚未收到。

(16) 企业开出支票支付产品的广告费用 2 000 元。

(17) 计算应由本月负担的产品销售税金 20 000 元。

(18) 结转本月已销产品成本 129 000 元。

(19) 某企业 6 月末结账时下列账户本期发生额合计数为:(单位:元)

主营业务收入:200 000　主营业务成本:129 000　税金及附加:20 000

销售费用:2 000　财务费用:2 000　管理费用:26 200

营业外收入:0　营业外支出:0

假设该企业适用的所得税税率为 25%。

根据上述资料编制所有业务的会计分录,并计算该企业 6 月份的营业利润、利润总额和净利润(要求列出计算过程)。

2. 根据第 1 题资料做出下列会计分录。

(1) 将各项成本费用和收入转入“本年利润”账户。

(2) 计算并结转所得税。

(3) 按税后利润的 10%提取公积金。

(4) 计算出应付利润 5 000 元。

(5) 用银行存款支付利润 5 000 元。

3. 某企业购入甲、乙、丙三种材料,有关资料如下表所示。

材料采购成本计算资料　　单位:元

材料种类	重量(千克)	单价	金额	保险费	运费
甲	80	10	800		
乙	40	20	800		
丙	20	10	200		
合　计	140		1 800	90	70

根据上列资料,计算甲、乙、丙三种材料的采购成本,运费按重量标准分配,保险费按金额标准分配。

第五章 账户分类

引导案例

2003 年 3 月 18 日，美国最大的医疗保健公司——南方保健会计造假丑闻败露。该公司在 1997 年至 2002 年上半年期间，虚构了 24.69 亿美元的利润，虚假利润相当于该期间实际利润(—1 000 万美元)的 247 倍。这是萨班斯-奥克斯利法案颁布后，美国上市公司曝光的第一大舞弊案，备受各界瞩目。

南方保健使用的最主要造假手段是通过“契约调整”这一收入备抵账户进行利润操纵。“契约调整”账户是营业收入的一个备抵账户，用于估算南方保健向病人投保的医疗保险机构开出的账单与医疗保险机构预计将实际支付的账款之间的差额，营业收入减去“契约调整”的借方余额，在南方保健的收益表上反映为营业收入净额。这一账户的数字需要南方保健高管人员进行估计和判断，具有很大的不确定性。南方保健的高管人员恰恰利用这一特点，通过毫无根据地贷记“契约调整”账户，虚增收入，蓄意调节利润。而为了不使虚增的收入露出破绽，南方保健又专门设立了“AP 汇总”这一科目以配合收入的调整。“AP 汇总”作为固定资产和无形资产的次级明细账户存在，用以记录“契约调整”对应的资产增加额。

启示：在企业生产经营的各个环节，对各种不同的经济业务，都要设置和运用一些特定的账户，每个账户都有特定的适用范围和专门用途，分别从不同的角度记录和反映经济活动的某一方面和某一环节。但是，这些账户彼此之间并不是孤立的，而是相互关联地形成一个完整的账户体系。为了更好地在反映经济活动过程及结果中运用这些账户，就有必要进一步研究账户的分类，不仅要弄清楚各个账户之间的区别，即了解每个账户的特性，而且还要从理论上探讨账户之间的内在联系，从账户的特性中概括出共性，以便掌握各类账户在设置和提供会计指标方面的规律性，并从实践操作上了解账户的内容、用途和结构。

【学习目标】

(1) 正确理解账户的经济内容；

(2) 掌握账户按经济内容的分类；

(3) 正确理解账户的结构和用途；

(4) 掌握账户按结构和用途的分类。

【学习重点与难点】

(1) 账户按经济内容、按用途和结构分类，以及两种分类的联系和区别。

(2) 调整账户的解释和理解。

第一节　账户分类概述

一、账户分类的概念与标志

1. 账户分类的概念

为了全面、准确地获取会计信息，必须连续、系统、完整地核算企事业单位的经济活动内容。账户是对会计对象的具体内容进行分类核算和监督的一种工具。每一个账户只能核算特定的经济业务，对某一方面的经济业务进行分类记录。各个账户组织在一起，就成为一个相互联系、严密完整的账户体系。账户分类是根据信息使用者的需求，将全部账户按照账户的本质特性，依据一定的原则所进行的科学概括和归类。

2. 账户分类的标志

对账户进行分类是指根据不同账户的共性所进行的账户科学划分。凡是在提供会计信息方面具有共性的账户，它们之间的共性即为该类账户的标志。账户的分类标志有多种，主要是按经济内容分类与按账户的用途和结构分类两种。

二、账户分类的原则和作用

1. 账户分类的原则

账户的分类方式有多种，在对账户进行分类时，应遵循以下原则：

(1) 必须反映会计对象的特点

账户是核算和监督会计对象的工具，实质上是对会计对象分类的结果，所以对账户进行分类就必须考虑会计对象的特点。

(2) 必须满足信息使用者的需求

会计作为一种提供会计信息的信息系统，会计的方法和工具是为提供会计信息服务的，所以账户分类也要满足信息使用者的需求。因为信息使用者需求的差异性，导致了账户分类的多样性。

(3) 分类标志要体现账户的共性

按某种分类标志分类的同类账户提供同类特征信息，即账户的共性，所以分类标志要体现出账户的共性，以便于对众多账户进行归类整理，不同种类账户之间的界限要清晰。

2. 账户分类的作用

账户分类的作用主要体现在以下两个方面：

(1) 便于会计信息的提供

不同的信息使用者所需要的会计信息有所差异，通过账户分类，可以更方便地为信息使用者提供差异化的信息。比如需要了解企业的偿债能力，可以查询资产类、负债类和所有者权益类账户的余额；需要了解企业与外部单位的经济往来，可以查询债权债务结算账户的发生额和余额。

(2) 便于财务报表的编制

财务报表的基础数据来源于各个账户的发生额或余额。通过账户分类，将具有共性的账户数据进行合并或汇总，可以方便地为报表编制提供数据。

第二节 账户按经济内容分类

账户的经济内容是指账户所核算和监督的具体内容的经济性质。账户按经济内容分类，是账户的基本分类，是账户按用途和结构分类的基础。

账户按经济内容分类，同我国会计准则中规定的会计要素的分类基本上是一致的，具体分为资产类、负债类、所有者权益类、成本类、损益类五大类账户。

一、资产类账户

资产类账户，是指反映企业各个资产项目价值增减变动及其余额情况的账户。按照资产的流动性，又可以分为反映流动资产的账户和反映非流动资产的账户。

反映流动资产的账户包括：反映货币资金的账户，如“库存现金”、“银行存款”等；反映结算债权的账户，如“应收票据”、“应收账款”、“其他应收款”、“预付账款”、“坏账准备”等；反映存货资产的账户，如“材料采购”、“原材料”、“库存商品”、“包装物”、“低值易耗品”等。

反映非流动资产的账户包括：反映长期投资的账户，如“长期股权投资”，“持有至到期投资”等；反映固定资产的账户，如“在建工程”、“固定资产”、“累计折旧”等；反映无形资产的账户，如“无形资产”；反映其他资产的账户，如“长期待摊费用”。

二、负债类账户

负债类账户，是指反映企业各项负债金额的增减变化及其余额情况的账户。按照负债偿还期限的长短不同，可以分为反映流动负债的账户和反映非流动负债的账户。

反映流动负债的账户有：“短期借款”、“应付票据”、“应付账款”、“预收账款”、“应付职工薪酬”、“其他应付款”、“应付股利”、“应交税费”等。

反映非流动负债的账户有：“长期借款”、“应付债券”、“长期应付款”等。

三、所有者权益账户

所有者权益账户，是指反映企业所有者权益的增减变化及其余额情况的账户。按照所有者权益的来源不同，可以分为 4 类：一是反映所有者原始投资形成的权益账户，如“股本（实收资本）”账户；二是反映原始投入与经营过程中共同形成的权益账户，如“资本公积”账户；三是反映经营过程中形成的权益账户，如“盈余公积”账户；四是反映未分配利润情况的账户，如“本年利润”和“利润分配”账户。

四、成本类账户

成本类账户，是指用来反映和监督企业生产费用发生情况，并与某一资产项目成本计算有关的账户。对于制造企业而言，是指在生产过程中用来归集生产费用，计算产品生产成本的账户，如“生产成本”、“制造费用”账户。

五、损益类账户

损益类账户，是指核算内容与经营成果的计算确定直接相关的账户，主要包括反映企业收入和费用的账户。按照性质和内容的不同可以再细分为营业损益类账户和非营业损益类账户。

营业损益类账户主要有：“主营业务收入”、“主营业务成本”、“税金及附加”、“其他业务收入”、“其他业务支出”、“投资收益”、“销售费用”、“管理费用”、“财务费用”、“所得税费用”等；非营业损益类账户主要有：“营业外收入”、“营业外支出”等。

账户按照经济内容分类如图 5-1 所示。

- 会计账户
  - 资产类账户
    - 反映流动资产的账户
      - 库存现金、银行存款
      - 交易性金融资产
      - 应收票据、应收账款、预付账款
      - 其他应收款
      - 材料采购、原材料、库存商品、低值易耗品
    - 反映非流动资产的账户
      - 长期股权投资、持有至到期投资
      - 在建工程
      - 固定资产、累计折旧
      - 无形资产、累计摊销
      - 长期待摊费用
  - 负债类账户
    - 反映流动负债的账户
      - 短期借款
      - 应付票据、应付账款、预收账款
      - 应付职工薪酬
      - 应付股利、应付利息、应交税费、其他应付款
    - 反映非流动负债的账户
      - 长期借款
      - 应付债券
      - 长期应付款
  - 所有者权益类账户
    - 投入资本类账户——实收资本、资本公积
    - 留存收益类账户——盈余公积、未分配利润
  - 成本类账户⟶反映生产过程产品生产成本的账户——生产成本、制造费用
  - 损益类账户
    - 反映营业性收入和费用的账户——主营业务收入、主营业务成本、营业税金及附加、其他业务收入、其他业务支出、投资收益、销售费用、管理费用、财务费用
    - 反映营业外收支的账户——营业外收入、营业外支出
    - 反映所得税费用的账户——所得税费用

图 5-1　账户按经济内容分类

第三节　账户按用途和结构分类

为了进一步了解各账户的具体用途，以及如何提供管理上所需要的各种核算指标，还需要对账户用途和结构进行分类。账户的用途，是指设置和运用账户的目的，即通过账户记录能提供什么会计核算指标；账户的结构是指账户如何提供会计核算指标，即账户借方记录什么内容，贷方记录什么内容，期末余额在何方，表示什么经济含义。账户按照用途和结构分类，是在按经济内容分类基础上的进一步分类，是对经济内容分类的必要补充。

企业所运用的账户，按其用途和结构一般可以分为盘存账户、结算账户、所有者投资账户、集合分配账户、跨期摊配账户、成本计算账户、收入账户、费用账户、财务成果计算账户、调整账户、计价对比账户等。

一、盘存账户

盘存账户是用来核算和监督各项财产物资和货币资金增减变动及其结存情况的账户。

盘存账户主要包括:“库存现金”、“银行存款”、“交易性金融资产”、“材料采购”、“原材料”、“库存商品”、“在建工程”、“固定资产”等。盘存账户的借方登记各项财产物资和货币资金的增加数额,贷方登记减少数额,余额在借方,表示期末各项财产物资和货币资金的实际结存数额。

盘存账户的结构如图 5-2 所示。

借方　　　　盘存账户	贷方
期初余额:财产物资和货币资金的期初结存数	
发生额:财产物资和货币资金的本期增加数	发生额:财产物资和货币资金的本期减少数
期末余额:财产物资和货币资金的期末结存数	

图 5-2　盘存账户结构

二、结算账户

结算账户是用来核算和监督企业跟其他单位和个人之间发生的债权、债务结算业务的账户。由于结算业务的性质不同,结算账户又具有不同的用途和结构。按照其用途和结构,结算账户又可分为债权结算账户、债务结算账户和债权债务结算账户。

1. 债权结算账户

债权结算账户亦称资产结算账户,是用来核算和监督企业跟各债务单位和个人之间结算业务的账户。这类账户的借方登记债权的增加数,贷方登记债权的减少数,期末余额一般在借方,表示尚未收回或冲减的债权实有数。

债权结算账户主要有“应收账款”、“应收票据”、“预付账款”、“其他应收款”、“应收股利”、“应收利息”等。

债权结算账户的结构如图 5-3 所示。

借方　　　　债权结算账户	贷方
期初余额:期初尚未收回的应收款项或预付款项的实有数	
发生额:应收款项或预付款项的本期增加数	发生额:应收款项或预付款项的本期减少数
期末余额:期末尚未收回的应收款项或预付款项的实有数	

图 5-3　债权结算账户结构

2. 债务结算账户

债务结算账户亦称负债结算账户，是用来核算和监督企业与各债权单位和个人之间结算业务的账户。这类账户的贷方登记债务的增加数，借方登记债务的减少数，期末余额一般在贷方，表示尚未偿还的债务实有数。

债务结算账户主要有“短期借款”、“应付账款”、“应付票据”、“预收账款”、“其他应付款”、“应付股利”、“应付利息”、“应付职工薪酬”、“应交税费”、“长期借款”、“应付债券”、“长期应付款”等。

债务结算账户的结构如图 5-4 所示。

债务结算账户

借方	贷方
	期初余额：期初尚未归还的借入款项、应付款项或预收款项的实有数
发生额：借入款项、应付款项或预收款项的本期减少数	发生额：借入款项、应付款项或预收款项的本期增加数
	期末余额：期末尚未归还的借入款项、应付款项或预收款项的实有数

图 5-4 债务结算账户结构

3. 债权债务结算账户

债权债务结算账户亦称往来结算账户，是用来核算和监督企业与其他单位和个人之间往来结算业务的账户。这类账户实质上是债权债务共同账户，其借方登记债权的增加或债务的减少，贷方登记债务的增加或债权的减少。余额如在借方，属于债权结算账户，表示企业尚未收回的债权大于尚未偿付的债务的差额；余额如在贷方，属于债务结算账户，表示企业尚未偿付的债务大于尚未收回的债权的差额。

实际工作中，企业如果不单独设置“预付账款”账户，而用“应付账款”账户同时核算和监督企业应付账款和预付账款的增减变动情况，则“应付账款”就是债权债务账户；如果企业不单独设置“预收账款”账户，而用“应收账款”账户同时核算和监督企业应收账款和预收账款的增减变动情况，则“应收账款”就是债权债务结算账户。债权债务结算账户，其所属明细分类账户的借方余额之和与贷方余额之和的差额，应当与总分类账户的余额相等。

债权债务结算账户的结构如图 5-5 所示。

借方	债权债务结算账户 贷方
期初余额:期初债权大于债务的差额	期初余额:期初债务大于债权的差额
发生额:本期债权的增加数 本期债务的减少数	发生额:本期债务的增加数 本期债权的减少数
期末余额:期末债权大于债务的差额	期末余额:期末债务大于债权的差额

图 5-5 债权债务结算账户结构

三、所有者投资账户

所有者投资账户亦称资本账户,是用来核算和监督投资者投入的原始资本,以及生产经营过程中形成的归投资者享有的权益增减变动及其结存情况的账户。这类账户的贷方登记增加数,借方登记减少数,余额在贷方,表示所有者权益的实有数。

所有者投资账户主要为"股本(实收资本)"、"资本公积"、"盈余公积"等账户。

所有者投资账户的结构如图 5-6 所示。

借方	所有者投资账户 贷方
	期初余额:期初所有者投资的实有数
发生额:所有者投资的本期减少数	发生额:所有者投资的本期增加数
	期末余额:期末所有者投资的实有数

图 5-6 所有者投资账户结构

四、集合分配账户

集合分配账户是用来归集和分配企业生产经营过程中某个阶段所发生的费用,反映和监督有关费用计划执行情况以及费用分配情况的账户。属于这类账户的有"制造费用"账户。这类账户的借方登记费用的发生数(即归集费用),贷方登记费用的转出数(即分配费用),一般情况下期末无余额。

集合分配账户的结构如图 5-7 所示。

借方	集合分配账户 贷方
发生额:汇集各种费用的本期发生额	发生额:本期费用的分配转出数

图 5-7 集合分配账户结构

五、跨期摊配账户

跨期摊配账户是用来核算和监督一次性支付,但应由超过一个会计年度的会计期间共同负担的费用账户。设置这类账户的目的是按照权责发生制的要求,严格划分费用的受益期间,以便正确计算各个会计期间的盈亏。

跨期摊配账户主要有"长期待摊费用",用来核算先支付后受益的费用项目,主要是经营性租入的固定资产的改良支出。"长期待摊费用"属于资产类账户,借方用来登记费用的实际支出数,贷方登记应由各个会计期间负担的费用摊配数。

跨期摊配账户的结构如图 5-8 所示。

借方　　跨期摊配账户	贷方
期初余额:以前各期已支付而未摊销的待摊费用数 发生额:待摊费用的本期支付数	发生额:待摊费用的本期摊配数
期末余额:已支付但尚未摊销的待摊费用数	

图 5-8　跨期摊配账户结构

六、成本计算账户

成本计算账户是用来核算和监督生产经营过程中某一阶段所发生的全部费用,确定该阶段各个成本计算对象实际成本的账户。这类账户的借方登记生产经营过程中某个阶段发生的应计入成本的全部费用,包括直接计入的直接费用和通过集合分配账户分配转来的间接费用;贷方登记转出的实际成本,期末如有余额一定在借方,表示尚未完成的成本计算对象的实际成本。

成本计算账户主要有"生产成本"、"材料采购"、"在建工程"等。

成本计算账户的结构如图 5-9 所示。

借方　　成本计算账户	贷方
期初余额:上期末尚未完工的某成本计算对象的实际成本 发生额:生产过程中发生的应计入成本的费用数	发生额:结转已完工的某成本计算对象的实际成本
期末余额:期末尚未完工的某成本计算对象的实际成本	

图 5-9　成本计算账户结构

七、收入账户

收入账户是用来核算和监督企业一定时期取得的各种收入和收益账户。账户的贷方登记取得收入或收益,借方登记收入或收益的减少数和期末转入"本年利润”账户的数额，结转后无余额。

收入账户主要有“主营业务收入”、“其他业务收入”、“投资收益”、“营业外收入”等。

收入账户的结构如图 5-10 所示。

借方	收入账户　　　　贷方
发生额：本期冲减的收入或收益额以及期末转入“本年利润”账户的数额	发生额：本期确认的收入或收益额

图 5-10　收入账户结构

八、费用账户

费用账户是用来核算和监督企业一定期间内发生的、应当计入当期损益的各种费用的账户。其借方登记费用支出的发生额，贷方登记费用支出的减少额和期末转入“本年利润”账户的数额，结转后无余额。

费用账户的结构如图 5-11 所示。

借方	费用账户　　　　贷方
发生额：本期费用的增加额以及本期费用的减少额（红字）	发生额：期末转入“本年利润”账户的费用额

图 5-11　费用账户结构

九、财务成果计算账户

财务成果计算账户是核算和监督企业一定期间内生产经营活动最终成果的账户，主要有“本年利润”账户。账户贷方登记期末从收入类账户转入的各项收入和收益，借方登记期末从费用类账户转入的各项费用支出数。期末如果为贷方余额，表示企业本年累计实现的利润额；如果为借方余额，表示企业本年累计发生的亏损额。年末，应将全年实现的净利润或亏损额，自“本年利润”账户转入“利润分配”账户，结转后，“本年利润”账户无余额。

财务成果计算账户的结构如图 5-12 所示。

借方	财务成果计算账户　　　　贷方
发生额：期末从各费用账户转入的费用支出额	发生额：期末从各收入或收益账户转入的收入或收益额
期末余额：本年累计发生的亏损总额	期末余额：本年累计实现的净利润

图 5-12　财务成果计算账户结构

十、调整账户

调整账户是用来调整某个账户(即被调整账户)的余额,以表示被调整账户所反映会计要素的实际余额而设置的账户。将调整账户和被调整账户结合起来,可以提供生产经营过程中的某些特定指标。

调整账户,按其调整的方式不同,可分为备抵调整账户、附加调整账户和备抵附加账户三类。

1. 备抵调整账户

备抵调整账户亦称抵减账户,是用来抵减被调整账户的余额,以求得被调整账户的实际余额的账户。其调整公式如下:

被调整账户实际余额=被调整账户的账面余额－备抵调整账户余额

被调整账户的余额与备抵调整账户的余额方向必定相反。

按照被调整账户的性质,备抵调整账户又可以分为资产备抵账户和权益备抵账户。

(1) 资产备抵账户

资产备抵账户是用来抵减某一资产账户(被调整账户)余额,以求得该资产账户实际余额的账户。例如,“累计折旧”账户是“固定资产”账户的备抵账户,“固定资产”账户借方余额(固定资产的原始成本)减去“累计折旧”账户贷方余额(固定资产累计磨损价值),其差额表示固定资产账面净值。此外,“坏账准备”账户是“应收账款”账户的资产备抵账户,“应收账款”账户的借方余额减去“坏账准备”账户的贷方余额,其差额表示应收账款的实有数额。

资产备抵账户的结构如图 5-13 所示。

借方	被调整账户 贷方
余额:某项资产的原始数额	

借方 资产备抵账户	贷方
	余额:该项资产的抵减数额

图 5-13 资产备抵账户结构

(2) 权益备抵账户

权益备抵账户是用来抵减某一权益(包括所有者权益和负债)账户(被调整账户)余额,以求得该权益实际余额的账户。例如,“利润分配”账户就是“本年利润”账户的备抵账户。“本年利润”账户期末贷方余额(已实现利润数)减去“利润分配”账户借方余额(已分配利润数)等于期末尚未分配的已实现利润数。

权益备抵账户的结构如图 5-14 所示。

借方	被调整账户	贷方
		余额：某项权益的原始数额

借方	权益备抵账户	贷方
余额：该项权益的抵减数额		

图 5-14　权益备抵账户结构

2. 附加调整账户

附加调整账户是用来增加被调整账户的余额，以求得被调整账户实际余额的账户，被调整账户与附加调整账户的账户结构相同，余额方向相同。其调整公式如下：

被调整账户的实际余额＝被调整账户的账面余额＋附加账户的账面余额

3. 备抵附加账户

备抵附加账户是用来抵减或增加被调整账户的余额，以求得被调整账户实际余额的账户。备抵附加账户兼有备抵账户和附加账户的双重功能，其余额方向与被调整账户的余额方向可能相反，也可能相同。当调整账户的余额与被调整账户的余额方向相反时，属于备抵调整账户；当方向相同时，属于附加调整账户。其调整公式如下：

被调整账户的实际余额＝被调整账户的余额±备抵附加账户的余额

备抵附加账户主要有"材料成本差异"、"产品成本差异"、"应付债券——利息调整"等账户。下面以"材料成本差异"账户为例，说明备抵附加账户的用途和结构。"材料成本差异"账户是"原材料"账户采用计划成本计价情况下设置的账户，"原材料"账户的借方余额表示库存材料的计划成本数。"材料成本差异"账户若为借方余额，反映原材料实际成本大于计划成本的超支额，此时"原材料"账户借方余额加上"材料成本差异"账户借方余额即为库存材料的实际成本。"材料成本差异"账户若为贷方余额，反映原材料实际成本小于计划成本的节约额，此时"原材料"账户借方余额减去"材料成本差异"账户贷方余额即为库存材料的实际成本。

两个账户的关系如图 5-15 所示。

借方	被调整账户	贷方
余额：某项资产的原始数额		

借方	备抵附加账户	贷方
余额：该项权益的附加数额		余额：该项权益的抵减数额

图 5-15　备抵附加账户结构

十一、计价对比账户

计价对比账户是用来对某项经济业务按照不同计价方式进行核算对比，借以确定其业务成果的账户。其借方以一种计价标准记录某项经济业务，贷方以另一种计价标准记录同一项经济业务，期末将两种计价进行对比，据以确定业务成果。

计价对比账户主要有“材料采购”、“本年利润”、“固定资产清理”、“待处理财产损溢”等账户。

计价对比账户的结构如图 5-16 所示。

借方　　　　计价对比账户	贷方
发生额：(1) 核算业务的第一种计价； (2) 贷差(第二种计价大于第一种计价的差额)，转入差异账户的贷方	发生额：(1) 核算业务的第二种计价； (2) 借差(第一种计价大于第二种计价的差额)，转入差异账户的借方

图 5-16　计价对比账户结构

账户按用途和结构分类可参见图 5-17 所示。

- 会计账户
  - 盘存账户
    - 库存现金、银行存款
    - 交易性金融资产
    - 材料采购、原材料、包装物、低值易耗品
    - 生产成本、库存商品
    - 在建工程、固定资产
  - 结算账户
    - 应收票据、应收账款、预付账款、其他应收款
    - 短期借款、长期借款、应付债券、长期应付款
    - 应付票据、应付账款、预收账款、其他应付款
    - 应付职工薪酬
  - 所有者投资账户
    - 股本(实收资本)
    - 资本公积
    - 盈余公积
  - 集合分配账户——→制造费用
  - 跨期摊配账户——→长期待摊费用
  - 成本计算账户——→材料采购、生产成本、在建工程
  - 收入账户——→主营业务收入、其他业务收入、投资收益、营业外收入
  - 费用账户——→主营业务成本、税金及附加、其他业务成本、销售费用、管理费用、财务费用、营业外支出、所得税费用
  - 财务成果计算账户——→本年利润
  - 调整账户——→累计折旧、坏账准备、利润分配、材料成本差异、产品成本差异、应付债券——利息调整
  - 计价对比账户——→材料采购、本年利润、固定资产清理、待处理财产损溢

图 5-17　账户按用途和结构分类

第四节 账户的其他分类

一、账户按其与会计报表的关系分类

会计报表是总括反映企业财务状况和经营成果的书面文件，不同类别的账户所提供的会计核算资料是编制不同会计报表的主要依据。账户按其与会计报表的关系，可以分为资产负债表账户和利润表账户。

1. 资产负债表账户

资产负债表是反映企业某一特定日期财务状况的报表。财务状况是指企业的资产、负债、所有者权益总额及其构成。资产类、负债类、所有者权益类和成本类账户的余额，是期末编制资产负债表的主要依据，被称为资产负债表账户。这类账户的特点是期末通常有余额，反映的是某一特定日期资金运动的静态状况，因此也称为“实账户”。

2. 利润表账户

利润表又称为损益表，是反映企业某一会计期间经营成果的报表。经营成果主要指企业的利润及其构成。损益类账户中的收入、费用账户发生额反映了企业本期的经营成果，是编制利润表的主要依据。因此，收入账户、费用账户被称为利润表账户。这类账户的特点是本期发生额在期末全部转入“本年利润”，所以期末通常无余额，反映的是资金运动的动态状况，又称为“虚账户”。

二、账户按其与会计主体的关系分类

账户按其与会计主体的关系，可分为表内账户与表外账户。表内账户是指用来核算一个会计主体的资产、负债和所有者权益以及收入、费用和财务成果的账户。这些账户的发生额或余额反映的都是本会计主体的资金运动情况。

表外账户是指不在本会计主体基本会计报表中反映的账户，通常是指不属于本会计主体资产的账户。如为其他企业加工的原材料、租入固定资产、代管物资、代安装设备等。需要注意的是，这些账户不是本会计主体的表内账户，但必定是本会计主体以外的某会计主体的表内账户，所以“表内”、“表外”只是相对于某一特定主体来界定的。

本章小结

每一个账户都有其特定的核算内容，只能运用于特定的经济业务核算。账户可以按照不同标准，从不同角度进行分类，其中最主要的是按照账户的经济内容和用途、结构分类。

按账户的经济内容分类，实质上是按会计对象的具体内容分类，是最基本的分类，主要分为5类，分别是资产类账户、负债类账户、所有者权益类账户、成本类账户和损益类账户。按经济内容归为一类的账户，可能具有不同的用途和结构，按用途和结构分类的账户体系是对按经济内容分类的账户体系的必要补充，主要分为11类，分别是盘存账户、结算账户、所有者投资账户、集合分配账户、跨期摊配账户、成本计算账户、收入账户、费用账户、财务成果计算账户、调整账户和计价对比账户。另外，按与会计报表的关系，账户分为资产负债表账户与利润表账户。按与会计主体的关系，账户分为表内账户与表外账户。

思考与练习

一、单项选择题

1. (　　)是账户的作用及其所提供的指标。

A．账户的结构　　B. 账户的用途

C. 账户的经济内容　　D. 账户的性质

2. 下列内容属于按账户所反映的经济内容分类的是(　　)。

A. 成本计算账户　　B. 结算账户

C. 集合分配账户　　D. 成本类账户

3. 下列属于按账户的用途和结构分类的是(　　)。

A. 成本类账户　　B. 损益类账户

C. 资产类账户　　D. 财务成果计算账户

4. 在下列所有者权益类账户中，反映所有者原始投资的账户是(　　)。

A. 实收资本　　B. 盈余公积

C. 本年利润　　D. 利润分配

5. 下列账户中，属于备抵附加调整账户的是(　　)。

A. 应收账款　　B. 预收账款

C. 材料成本差异　　D. 其他往来

6. “累计折旧”账户按其经济内容分类，属于(　　)。

A. 费用类账户　　B. 备抵类账户

C. 资产类账户　　D. 利润类账户

7. “税金及附加”账户按经济内容分类属于(　　)。

A. 负债类账户　　B. 费用类账户

C. 资产类账户　　D. 利润类账户

8. 生产成本账户如有借方余额，按其用途和结构分类，应属于(　　)。

A. 成本计算账户　　B. 盘存账户

C. 集合分配账户　　D. 跨期摊配账户

二、多项选择题

1. 账户分类的主要标志有(　　)。

A. 账户的经济内容　　B. 账户的名称

C. 账户的用途和结构　　D. 账户的统驭关系

2. 下列账户中,(　　)一般没有期末余额。

A. 收入账户　　B. 费用账户

C. 盘存账户　　D. 结算账户

3. 账户的结构具体包括(　　)。

A. 账户期末余额的方向　　B. 账户余额所表示的内容

C. 账户借方核算的内容　　D. 账户贷方核算的内容

4. 下列账户中,属于所有者权益类账户的有(　　)。

A. "资本公积"账户　　B. "实收资本"账户

C. "利润分配"账户　　D. "盈余公积"账户

5. 损益类账户是指核算内容与损益的计算确定直接相关的账户,下列属于反映营业损益的账户有(　　)。

A. "主营业务收入"　　B. "营业外收入"

C. "税金及附加"　　D. "财务费用"

6. 下列账户中,属于盘存账户的有(　　)。

A. "长期投资"账户　　B. "库存商品"账户

C. "固定资产"账户　　D. "原材料"账户

7. 下列账户中,属于财务成果计算账户的有(　　)。

A. "营业外收入"账户　　B. "本年利润"账户

C. "利润分配"账户　　D. "其他业务收入"账户

8. 以下账户属于资本账户的有(　　)。

A. "实收资本"账户　　B. "本年利润"账户

C. "资本公积"账户　　D. "盈余公积"账户

三、判断题

1. 按账户的结构和用途分类是账户分类的基础。　(　　)

2. "材料成本差异"账户是备抵附加调整账户。　(　　)

3. "制造费用"账户既属于成本类账户,又属于成本计算账户。　(　　)

4. 反映营业损益的账户有"主营业务收入"、"营业外收入"等。　(　　)

5. 对比账户是用来对某项经济业务按照不同的计价进行对比,借以确定业

务成果的账户。　　（　　）

四、业务题

1. 某企业“固定资产”账户期末余额 800 000 元，“累计折旧”账户期末余额 60 000 元。

要求：

（1）计算固定资产净值；

（2）两个账户之间有何关系？

2. 某企业的原材料按计划成本核算，“原材料”账户期末账户余额 45 000 元，“材料成本差异”账户期末贷方余额 2 000 元。

要求：

（1）计算原材料的实际成本；

（2）两账户之间有何关系？

（3）如果“材料成本差异”账户期末借方余额 2 000 元，材料的实际成本是多少？两个账户之间又是什么关系？

第六章 会计凭证

引导案例

某股份有限公司办公室人员小李要去北京出差，从公司预借了差旅费 3 000 元。由于小李刚刚参加工作，第一次出差，因此办公室主任嘱咐他要把出差用到的火车票、出租车票、住宿费发票等票据都留好，回来后才能报销。3 天后，小李回来了，预借的差旅费还剩了 900 元，但是他丢了一张火车票。

启示：为什么办公室主任嘱咐小李要把相关的票据留好？小李应该怎样利用这些票据报销？丢失的火车票还能报销吗？剩余的 900 元怎么处理？

【学习目标】

（1）掌握会计凭证的基本分类、原始凭证和记账凭证的基本内容及填制要求；

（2）理解会计凭证的相关概念及作用、原始凭证与记账凭证的区别、审核会计凭证的要求；

（3）了解会计凭证的传递过程。

【学习重点与难点】

会计凭证的填制与审核。

第一节　会计凭证概述

一、会计凭证的概念

会计凭证是记录经济业务发生或完成情况、明确经济责任的书面证明，是用来登记账簿的依据。任何会计主体在处理每一项经济业务时，都必须由执行(完成)该项经济业务的人员(部门)填制(取得)会计凭证，以书面的形式说明经济业务的内容，并在凭证上签名或盖章，明确相应的经济责任。例如，在采购材料时，企业要取得供货方开出的发票、运输单位提供的运费凭证、资金结算的凭证，这些凭证可以清晰地说明企业在什么时间购入了多少金额的材料，发生了多少金额的运费等。这些凭证必须经过会计部门的严格审核，确认无误后才能作为记账的依据。因此，会计凭证不仅是企业经济活动的历史记录和会计人员记账的依据，而且也是核实和监督企业经济活动，在发生问题时明确经济责任的依据。

二、会计凭证的作用

填制和审核会计凭证是会计核算的基础，也是会计核算的专门方法之一。合理取得、正确填制和审核会计凭证对于完成会计核算任务、加强财产物资的管理以及发挥会计监督职能都具有十分重要的意义。

1. 保证会计核算的准确性

各企业单位在日常的生产经营活动中，会发生各种各样的经济业务，如各项资产的取得和使用、各项债务的发生和偿付等，既有货币资金的收付，又有财产物资的进出。通过会计凭证的填制，可以将日常发生的大量经济业务真实地记录下来，为会计核算提供有用的会计信息。在取得或填制会计凭证后，会计人员还要对其进行审核，审核无误的会计凭证才可以登记账簿，有误的不能记账。所以，会计凭证是会计核算的基础，认真填制和审核会计凭证，可以为记账、算账提供真实、可靠的数据资料，从而保证会计核算的准确性。

2. 加强内部控制

会计凭证在取得、填制和审核时，要由相关人员在凭证上签字、盖章，明确经办人员的经济责任。通过会计凭证的填制和审核，促使有关人员在其职权范围内各司其职、相互牵制，可以进一步加强内部控制。

3. 监督经济业务

通过审核会计凭证还可以检查财产物资的保管、使用情况，可以监督各项经济业务是否符合国家的法令、制度。同时，通过审核会计凭证还可以发现企业在经营管理上的漏洞，有助于建立健全企业的内部管理制度，保护财产物资的安全和完整，维护投资者、债权人和有关各方的合法权益。

三、会计凭证的分类

会计实务中使用的会计凭证种类繁多，按照填制程序和用途的不同，可以分为原始凭证和记账凭证。

第二节 原始凭证

一、原始凭证的概念及其种类

原始凭证又称原始单据，是在经济业务发生或完成时，由业务经办人员取得或填制的，用以记录或证明经济业务发生或完成情况的原始证据，是进行会计核算的原始资料。原始凭证记载了大量的经济信息，具有较强的法律效力，例如增值税发票、领料单、产品入库单、差旅费报销单等。凡不能证明经济业务发生或完成的各种单据，均不能作为原始凭证，例如供销合同、银行对账单等。

原始凭证的种类繁多，格式不一，可以按照以下标准进行分类。

1．按照来源不同分类

原始凭证按照来源的不同，可以分为外来原始凭证和自制原始凭证两大类。

（1）外来原始凭证

外来原始凭证是指在经济业务发生或完成时，从外部单位或个人那里取得的原始凭证。例如增值税专用发票，具体格式如图 6-1 所示。

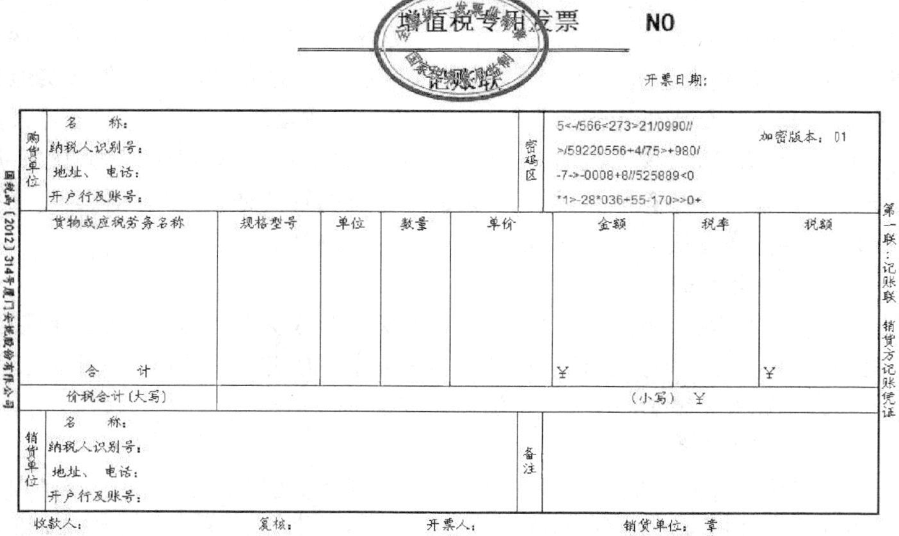
增值税专用发票 NO

记账联

开票日期：

购货单位 名称： 纳税人识别号： 地址、电话： 开户行及账号：

密码区 5<-/566<273>21/0990// >/59220556+4/75>+980/ -7->-0008+8//525889<0 *1>-28*036+55-170>>0+ 加密版本：01

货物或应税劳务名称	规格型号	单位	数量	单价	金额	税率	税额
合计					¥		¥
价税合计（大写）					（小写）¥		

销货单位 名称： 纳税人识别号： 地址、电话： 开户行及账号：

备注

收款人： 复核： 开票人： 销货单位：章

第一联：记账联 销货方记账凭证

国税函〔2012〕314号厦门市金税税务有限公司

图 6-1 增值税专用发票票样

(2) 自制原始凭证

自制原始凭证是指在经济业务发生或完成时，由本单位内部经办业务的人员或部门自行填制的原始凭证。例如，企业仓库保管人员在材料验收入库时所填制的“收料单”(见表 6-1)、“差旅费报销单”(见表 6-2)、由供应部门填制的“限额领料单”(见表 6-3)、“发出材料汇总表”(见表 6-4)等都属于自制原始凭证。

2. 按照填制手续不同分类

原始凭证按其填制手续的不同，可以分为一次原始凭证、累计原始凭证和汇总原始凭证。

(1) 一次原始凭证

一次原始凭证是指一次填制完成，只记录一项经济业务的原始凭证，已填制的凭证不能重复使用。例如，“收料单”(见表 6-1)、“差旅费报销单”(见表 6-2)。

表 6-1　　　　**收　料　单**

供货单位：　　　　年　月　日　　　　凭证编号：

发票号码：　　　　　　　　　　　　　收料仓库：

材料编号	材料规格及名称	计量单位	数量		单价	金额
			应收	实收		
备注						

仓库负责人：　　　　仓库保管：　　　　收料人：

表 6-2　　　　**××单位差旅费报销单**

出差人员姓名：____　职别____　级别____　事由____　出差起止日期：____　共　天

起止日期	交通工具			未购卧铺补助	出差补助			住宿费	其他	合计金额
月 日 时至 月 日 时	种类	起止地点	金额		天数	标准	金额			
月 日 时至 月 日 时										
月 日 时至 月 日 时										
合计：人民币(大写)										
说　明										

单位负责人：　　会计：　　审核：　　主管：　　领款人：

(2) 累计原始凭证

累计原始凭证是指在一定时期内，连续地在一张凭证中登记若干项同类经济业务的原始凭证。例如“限额领料单”(见表 6-3)就是最常见的累计原始凭证。累计原始凭证的特点是平时随时登记发生的经济业务,并随时能够结出总计数,便于同计划、预算数进行比较,促使物资耗用发生在定额或预算范围内,达到加强成本管理、事前控制的作用。

表 6-3　　　　限额领料单

领料部门:　　　　年　月　日　　　　第　　号:

用　　途:　　　　　　　　　　　　发料仓库:

<table>
<tr><td rowspan="3">材料编号</td><td rowspan="3">材料名称规格</td><td rowspan="3">计量单位</td><td rowspan="3">计划投产量</td><td rowspan="3">单位消耗定额</td><td rowspan="3">领用限额</td><td colspan="19">实发</td></tr>
<tr><td rowspan="2">数量</td><td colspan="8">单价</td><td colspan="10">金额</td></tr>
<tr><td>十</td><td>万</td><td>千</td><td>百</td><td>十</td><td>元</td><td>角</td><td>分</td><td>千</td><td>百</td><td>十</td><td>万</td><td>千</td><td>百</td><td>十</td><td>元</td><td>角</td><td>分</td></tr>
<tr><td></td><td></td><td></td><td></td><td></td><td></td><td></td><td></td><td></td><td></td><td></td><td></td><td></td><td></td><td></td><td></td><td></td><td></td><td></td><td></td><td></td><td></td><td></td><td></td><td></td></tr>
</table>

<table>
<tr><td rowspan="2">日期</td><td colspan="3">领用</td><td colspan="3">退料</td><td rowspan="2">限额结余数量</td></tr>
<tr><td>数量</td><td>领料人</td><td>发料人</td><td>数量</td><td>退料人</td><td>收料人</td></tr>
<tr><td></td><td></td><td></td><td></td><td></td><td></td><td></td><td></td></tr>
<tr><td></td><td></td><td></td><td></td><td></td><td></td><td></td><td></td></tr>
<tr><td></td><td></td><td></td><td></td><td></td><td></td><td></td><td></td></tr>
<tr><td></td><td></td><td></td><td></td><td></td><td></td><td></td><td></td></tr>
<tr><td></td><td></td><td></td><td></td><td></td><td></td><td></td><td></td></tr>
</table>

生产计划部门负责人:　　　　　　　　仓库负责人:

(3) 汇总原始凭证

汇总原始凭证是指根据一定时期内若干项反映同类经济业务的原始凭证汇总编制的原始凭证。例如“发出材料汇总表”(见表 6-4)。使用汇总原始凭证可以减少编制记账凭证和记账的工作量。

表 6-4　　　　发出材料汇总表

领用部门	甲种材料	乙种材料	……	合计
一车间				
二车间				
三车间				
……				

会计主管:　　　　复核:　　　　制表:

3. 按照格式不同分类

原始凭证按其格式的不同可以分为通用原始凭证和专用原始凭证。

(1) 通用原始凭证

通用原始凭证是指由有关部门统一印制、在一定范围内使用的具有统一格式和使用方法的原始凭证。这里的一定范围,可以是全国范围,也可以是某地区或某系统。例如,全国统一使用的银行承兑汇票、税务部门统一规定使用的增值税专用发票等。

(2) 专用原始凭证

专用原始凭证是指由单位根据经营管理需要而自行设计、印制,仅在本单位内部使用的、具有特定内容和专门用途的原始凭证。例如,差旅费报销单、收料单、领料单等。

二、原始凭证的基本内容

由于经济业务的种类和内容及经营管理的要求不同,原始凭证的格式和内容也千差万别,但一般都应具备以下几项基本内容。

1. 凭证的名称

凭证名称能基本体现原始凭证所记录经济业务内容的类型,如"销货发票"、"购货发票"、"限额领料单"等。

2. 填制凭证的日期

填制原始凭证的日期一般是业务发生或完成的日期。如果在业务发生或完成时,因各种原因未能及时填制原始凭证的,应以实际填制日期为准。销售商品、产品未能及时开出发票的,补开发票的日期应为实际填制日期。

3. 填制凭证单位名称或者填制人姓名

原始凭证上要以盖章或签字的形式说明填制的单位名称或人员姓名,这是明确经济责任所必需的。

4. 经办人员的签名或者盖章

直接经办经济业务的人员要在原始凭证上签名或盖章,以明确经济责任,便于日后核查。

5. 接受凭证单位名称

俗称"抬头",将接受凭证单位和填制凭证单位相联系,表明经济业务的来龙去脉。

6. 经济业务内容

经济业务内容主要是表明经济业务的项目、名称及相关附注说明。完整地填写经济业务内容,便于了解经济业务的具体情况,检查其真实性、合理性和合法性。

7. 数量、单价和金额

这是原始凭证的核心，是经济业务发生的量化证明，也是保证会计资料真实性的基础。

三、原始凭证的填制要求

1. 记录真实

填制原始凭证时，必须按照经济业务发生或完成的实际情况据实填写，不得估计或估算，不得弄虚作假。从外单位取得的原始凭证如有遗失，应当取得原开出单位盖有公章的证明，并注明原来凭证的号码、金额和内容等，由经办单位会计机构负责人、会计主管人员和单位领导人批准后，才能代作原始凭证。如果确实无法取得证明的，如火车、轮船、飞机票等凭证，由当事人写出详细情况，由经办单位会计机构负责人、会计主管人员和单位领导人批准后，代作原始凭证。

2. 内容完整

填制原始凭证时，必须按规定的格式逐项填写各项基本内容，对外开出的原始凭证，还必须加盖本单位财务章，不得遗漏和省略应填写的项目。

3. 明确经济责任

为了防止舞弊行为、明确经济责任，原始凭证必须由经办人员和部门签章。从外单位取得的原始凭证，必须盖有填制单位的公章；从个人取得的原始凭证，必须有填制人员的签名或者盖章。自制原始凭证必须有经办单位领导人或者其指定人员签名或者盖章。

4. 手续完备

凡填有大写和小写金额的原始凭证，大写与小写金额必须相符。购买实物的原始凭证，必须有验收证明。支付款项的原始凭证，必须有收款单位和收款人的收款证明。一式几联的原始凭证，应当注明各联的用途，只能以一联作为报销凭证。一式几联的发票和收据，必须用双面复写纸（发票和收据本身具备复写纸功能的除外）套写，并连续编号。原始凭证作废时应当加盖“作废”章，连同存根一起保存，不得撕毁。

5. 书写规范

(1) 原始凭证的文字要简练，字迹必须清晰、工整，不得使用未经国务院公布的简化汉字。

(2) 阿拉伯数字应当一个一个地写，不得连笔写。阿拉伯金额数字前面应当书写人民币符号“￥”。人民币符号“￥”与阿拉伯金额数字之间不得留有空白。金额数字一律填写到角分，无角分的，可写“00”，或者符号“—”；有角无分的，分位应当写“0”，不得用符号“—”代替。

(3) 大写金额如零、壹、贰、叁、肆、伍、陆、柒、捌、玖、拾、佰、仟、万、亿、元、角、分、整等，一律用正楷或者行书体书写，不得用另、一、二、三、四、五、六、七、八、九、十等简化字代替，不得任意自造简化字。大写金额数字到元位或者角位为止的，在“元”或者“角”字之后应当写“整”字或“正”字；大写金额数字有分的，分字后面不写“整”字或“正”字。大写金额数字前未印有“人民币”字样的，应当加填货币名称“人民币”，“人民币”与金额数字之间不得留有空白。阿拉伯金额数字中间有“0”时，汉字大写金额要写“零”字，例如￥ 202.40，汉字大写金额应写成“人民币贰佰零贰元肆角整”；阿拉伯数字金额中间连续有几个“0”时，汉字大写金额中可以只写一个“零”字，例如￥ 2 002.45，汉字大写金额应写成“人民币贰仟零贰元肆角伍分”；阿拉伯金额数字元位是“0”，或者数字中间连续有几个“0”、元位也是“0”，但角位不是“0”时，汉字大写金额可以只写一个“零”字，也可以不写“零”字，如￥ 3 860.79，汉字大写金额应写成“人民币叁仟捌佰陆拾元零柒角玖分”或“人民币叁仟捌佰陆拾元柒角玖分”。

四、原始凭证的审核

审核原始凭证是对会计信息质量实行源头控制的重要环节。原始凭证的审核是一项政策性、技术性很强的工作，要求会计人员必须熟悉财经政策和法规，具备相当的专业知识、技能和强烈的责任心。原始凭证的审核内容主要包括以下几个方面。

1. 审核原始凭证的真实性

审核原始凭证所记载的与经济业务有关的当事单位和当事人是否属实，原始凭证的填制日期、经济业务内容、数量以及金额是否与实际情况相符等，防止贪污挪用、虚报冒领等违法行为的发生。

2. 审核原始凭证的合法性

审核原始凭证所记录的经济业务是否符合国家有关法律法规的要求，是否履行了规定的凭证传递和审核程序，是否有贪污腐败等行为。

3. 审核原始凭证的合理性

审核原始凭证所记录的经济业务是否符合企业的生产计划和有关预算，是否有利于生产经营活动，是否对企业的经济效益产生积极影响等。

4. 审核原始凭证的完整性

审核原始凭证的基本内容是否齐全，是否有应填而未填或填写不清楚的现象，日期是否完整，数字是否清晰，文字是否工整，相关人员签章是否齐全等。

5. 审核原始凭证的正确性

审核原始凭证上记录经济业务内容的文字表述是否准确，数字计算是否正确，大小写金额是否相符等。

6. 审核原始凭证的及时性

审核原始凭证填制的日期，要求在经济业务发生或完成时应及时地填制有关原始凭证，是保证会计信息及时性的基础。

经审核的原始凭证应根据不同情况处理：对于完全符合要求的原始凭证，应及时据以编制记账凭证入账；对于真实、合法、合理但内容不够完整、填写有误的原始凭证，应退回给有关经办人员，由其负责将有关凭证补充完整、更正错误或重开后，再办理正式会计手续；对于不真实、不合法的原始凭证，会计机构、会计人员有权不予接受，并向单位负责人报告。

第三节　记 账 凭 证

一、记账凭证的概念及种类

记账凭证是会计人员根据审核无误的原始凭证进行归类、整理，明确会计分录而编制的合计凭证，是登记账簿的直接依据。会计核算过程中，原始凭证无法表明应借应贷会计科目的名称和方向，如果直接据以登记账簿，不仅容易发生错误，而且不便于审核和日后核对。因此，为了便于记账，应根据原始凭证编制记账凭证，指明经济业务应记会计科目的名称、方向和金额。原始凭证则作为记账凭证的附件，附于记账凭证后面，作为支持性凭证。

依据不同的标准，记账凭证可以分为不同的种类。

1. 按用途不同分类

记账凭证按其用途不同，可以分为通用记账凭证和专用记账凭证。

(1) 通用记账凭证

通用记账凭证是指格式统一、用来记录所有经济业务的记账凭证。一般格式如表 6-5 所示。

表 6-5　　　　**记账凭证**

2017 年 9 月 1 日　　　　凭证编号：016 号

摘　要	总账科目	明细科目	√	借方金额										√	贷方金额									
				千	百	十	万	千	百	十	元	角	分		千	百	十	万	千	百	十	元	角	分
购入材料	在途物资	甲材料						2	3	0	0	0	0											
	应交税费	应交增值税							3	9	1	0	0											
	银行存款																		2	6	9	1	0	0
合　计							¥	2	6	9	1	0	0					¥	2	6	9	1	0	0

附单据 2 张

财务主管：　　记账：　　出纳：　　审核：　　制单：

(2) 专用记账凭证

专用记账凭证是指专门记录某一类经济业务的记账凭证。专用记账凭证按其所记录的经济业务是否与货币资金的收付有关,又可以分为收款凭证、付款凭证和转账凭证三种。

① 收款凭证。收款凭证是用来记录货币资金收入业务的记账凭证,它是根据货币资金收入业务的原始凭证填制而成的,一般按库存现金和银行存款分别编制。收款凭证的一般格式如表 6-6、表 6-7 所示。

表 6-6　　收款凭证

出纳编号:008—3

借方科目:库存现金　　2017 年 9 月 2 日　　凭证编号:现收字第016号

摘　要	贷方科目		√	金额									
	总账科目	明细科目		千	百	十	万	千	百	十	元	角	分
销售甲产品	主营业务收入	甲产品							5	0	0	0	0
	应交税费	应交增值税								8	5	0	0
	合计金额							¥	5	8	5	0	0

附单据2张

财务主管:　　记账:　　出纳:　　审核:　　制单:

表 6-7　　收款凭证

出纳编号:012—3

借方科目:银行存款　　2017 年 9 月 3 日　　凭证编号:银收字第023号

摘　要	贷方科目		√	金额									
	总账科目	明细科目		千	百	十	万	千	百	十	元	角	分
收回前欠货款	应收账款	乙企业					9	4	5	0	0	0	0
	合计金额					¥	9	4	5	0	0	0	0

附单据1张

财务主管:　　记账:　　出纳:　　审核:　　制单:

② 付款凭证。付款凭证是用来记录货币资金付款业务的记账凭证，它是根据货币资金付款业务的原始凭证填制而成的，一般按库存现金和银行存款分别编制。付款凭证的一般格式如表 6-8、表 6-9 所示。

表 6-8 **付款凭证**

出纳编号：008—3

贷方科目：库存现金 2017 年 9 月 4 日 凭证编号：现付字第 008 号

摘要	借方科目		√	金额									
	总账科目	明细科目		千	百	十	万	千	百	十	元	角	分
办公室李明预借差旅费	其他应收款	李明							9	0	0	0	0
	合计金额							￥	9	0	0	0	0

附单据 1 张

财务主管： 记账： 出纳： 审核： 制单：

表 6-9 **付款凭证**

出纳编号：012—3

贷方科目：银行存款 2017 年 9 月 1 日 凭证编号：银付字第 042 号

摘要	借方科目		√	金额									
	总账科目	明细科目		千	百	十	万	千	百	十	元	角	分
支付前欠货款	应付账款	丙企业				7	5	0	0	0	0	0	0
	合计金额				￥	7	5	0	0	0	0	0	0

附单据 1 张

财务主管： 记账： 出纳： 审核： 制单：

③ 转账凭证。转账凭证是用来记录与货币资金收付无关的经济业务，它是根据有关转账业务的原始凭证填制的。转账凭证的一般格式如表 6-10 所示。

表 6-10　　　　　　　　**转账凭证**

2017 年 9 月 2 日　　　　凭证编号：转字第016号

摘　要	总账科目	明细科目	√	借方金额										√	贷方金额									
				千	百	十	万	千	百	十	元	角	分		千	百	十	万	千	百	十	元	角	分
结转销售成本	主营业务成本	甲产品					1	2	0	0	0	0	0											
	库存商品	甲产品																1	2	0	0	0	0	0
合　计						¥	1	2	0	0	0	0	0				¥	1	2	0	0	0	0	0

附单据2张

财务主管：　　记账：　　出纳：　　审核：　　制单：

2. 按填制方式不同分类

记账凭证按其填制方式不同，可以分为复式记账凭证和单式记账凭证。

(1) 复式记账凭证

复式记账凭证是指一项经济业务所涉及的全部会计科目都集中填列在一张凭证上的记账凭证。上述专用记账凭证和通用记账凭证均为复式记账凭证。一张复式记账凭证可以集中反映一项经济业务所涉及的全部会计科目的对应关系，便于分析经济业务，也减少了凭证填制的工作量，但不便于汇总计算某科目的发生额。

(2) 单式记账凭证

单式记账凭证是按照一项经济业务所涉及的每个会计科目单独编制记账凭证，即一张凭证上只填写一个会计科目的记账凭证。单式记账凭证内容单一，便于按借贷方的科目分别汇总，也有利于分工记账，但是单式记账凭证张数较多，内容分散，工作量较大，在一般情况下，不宜采用单式记账凭证。单式记账凭证又分为借项记账凭证（见表 6-11）和贷项记账凭证（见表 6-12）。

表 6-11　　　　　　　　**借项记账凭证**

2017 年 9 月 16 日　　　　凭证编号：$021\frac{1}{2}$号

摘　要	总账科目	明细科目	账页	金额
结转已销产品的销售成本	主营业务成本	甲产品		120 000.00
对应总账科目：库存商品	合计金额			¥ 120 000.00

财务主管：　　记账：　　出纳：　　审核：　　制单：

表 6-12　　　　贷项记账凭证

2017 年 9 月 16 日　　　　凭证编号:021 $\frac{2}{2}$号

摘　要	总账科目	明细科目	账页	金额
结转已销产品的销售成本	库存商品	甲产品		120 000.00
对应总账级科目:主营业务成本				￥120 000.00

财务主管:　　记账:　　出纳:　　审核:　　制单:

二、记账凭证的基本内容

记账凭证有多种形式,但作为确定会计分录和进行款项收付、账簿记录的依据,必须反映经济业务归类核算的项目、填制依据以及有关人员的责任。因此,为了满足会计核算的基本要求,记账凭证必须具备以下基本内容。

1. 填制凭证的日期

该日期是指具体填制记账凭证的日期,将其与原始凭证对比可以反映会计信息处理的及时性。

2. 凭证编号

记账凭证应连续编号,以方便记账和查找。

3. 经济业务内容摘要

摘要应简明扼要地说明所记录经济业务的类型及一些备注信息,以便日后查阅。

4. 会计科目

通过会计科目对经济业务进行分类,并指示应记入的账户。

5. 记账方向

通过记账方向指示应记入账户的借方或贷方。

6. 金额

以货币为计量单位量化的经济业务的具体内容。

7. 所附原始凭证张数

记账凭证后面所附的原始凭证的总张数。

8. 填制凭证人员、稽核人员、记账人员、会计机构负责人、会计主管等人员的签名或者盖章

通过签名或盖章以明确相关人员的经济责任,相互牵制。

三、记账凭证的填制要求

1. 日期应正确

一般来说,记账凭证在哪一天编制,其填制日期就是哪一天。对于记录资金收入和支出业务的会计凭证,因为要登记当天的日记账,记账凭证的日期就应当

是货币资金实际收付的日期，与原始凭证的日期不一定一致。转账凭证原则上以收到原始凭证的日期为填制日期。

2. 摘要应简明扼要

在填写摘要栏时，既要全面清楚，又要简单明了，要以说明问题为主，以便于日后查阅、审核凭证、登记账簿。

3. 内容应完整、准确

记账凭证中的各项内容，必须按要求填写齐全，并按规定办理审核签章手续，不得简化。此外，记账凭证要依据审核无误的原始凭证进行填制，表述原始凭证的会计分录必须按相应的会计准则进行职业判断，以确保总账科目、明细科目、账户的对应关系、借贷方向以及相应的金额都正确无误。

4. 附件应完整

所谓附件，就是指记账凭证之后所附的原始凭证。记账凭证所附的原始凭证必须完整无缺，并在记账凭证上注明原始凭证的张数，以便核对摘要以及判断会计分录的正误。除结账和更正错误的记账凭证可以不附原始凭证之外，其他记账凭证必须附有原始凭证。如果一张原始凭证涉及几张记账凭证，可以把原始凭证附在主要记账凭证之后，并在其他涉及该原始凭证的记账凭证上，注明附有该原始凭证的记账凭证编号或者附有原始凭证的复印件。

5. 编号应连续

记账凭证的编号，要区分不同情况采用不同的编号方法。但是，不论哪一种方法的应用，对于同类经济业务都要顺序编号。采用通用记账凭证时，企业可根据经济业务量的多少，对记账凭证按月或者按年进行一次以填制日期升序排列的顺序编号，结果得到从“记字第 1 号”到“记字第 N 号”顺序排列的记账凭证。如果采用专用记账凭证，记账凭证的编号则应采用字号编号法：首先，把不同类型的记账凭证用字号加以区分；再对同一字号内的记账凭证，按照填制日期升序的顺序进行编号，例如“收字第×号”、“付字第×号”、“转字第×号”。如果一笔经济业务需要填制一张以上的记账凭证时，记账凭证的编号可采用分数编号法。比如，某企业采用专用记账凭证，某月某日发生一笔转账业务，之前转账凭证已编至第 30 号，该业务需要编制两张转账凭证，则这两张转账凭证的编号分别为：“转字第 $30\frac{1}{2}$ 号”、“转字第 $30\frac{2}{2}$ 号”。

6. 空行应注销

记账凭证填制完毕以后，如果有空行应当自金额栏最后一笔金额数字下的空行处至合计数上的空行处划斜线，合计金额第一位前要填写货币符号。

四、记账凭证的审核

为了确保账簿记录的准确性，及时提供准确、完整的会计信息，必须严格按照要求填制记账凭证，同时要有专人对已经填制的记账凭证进行审核。记账凭证的审核主要包括以下内容：

(1) 审核记账凭证是否附有原始凭证以及所附原始凭证的张数；记账凭证所记录的经济业务与所附原始凭证反映的经济业务是否相符；金额是否一致。

(2) 审核记账凭证中的会计分录是否正确。主要审核使用的会计科目是否准确，会计科目之间的对应关系是否清晰；借方金额与贷方金额的计算是否准确无误等。

(3) 审核记账凭证中的项目是否齐全，书写是否正确。例如记录的文字是否工整、数字是否清晰等。

在审核记账凭证的过程中，如果发现上面的记录有错误，应及时查明原因，并按照规定的更正方法予以更正。

第四节　会计凭证的传递

一、会计凭证传递的作用

会计凭证的传递，是指会计凭证从编制时起到归档时止，在单位内部各有关部门及人员之间的传递程序和传递时间。因为各种会计凭证所记录的经济业务内容不尽相同，所要办理经济业务的手续和所需的时间不同，在办理业务过程中涉及的部门和人员也不同。科学的会计凭证传递，可以使经济业务得到及时处理，使有关业务部门和人员组织起来、分工协作，使会计核算能正常、有序地进行。

二、会计凭证传递的组织

为了组织好会计凭证的传递，有必要为会计凭证规定好科学、合理的传递路线、传递时间和传送手续。在设计传递程序时，应注意以下三个方面。

1. 规定会计凭证的传递时间

会计凭证的传递时间，是指各种会计凭证在各个经办环节停留的时间。有关业务部门和经办人员应根据实际经济业务量和实际人员配备情况，客观地估计会计凭证在不同经办环节上停留的时间，尽量做到既要保证会计凭证及时传递，提高工作效率，又要做到不影响正常业务手续的完成。

2. 规定会计凭证的传递手续

会计凭证的传递手续，是指在会计凭证传递过程中的衔接手续，应该做到既完备严密，又简便易行。会计凭证的收发、交接都应按一定的手续制度办理，以保证会计凭证的安全和完整。

3. 规定会计凭证的传递路线

各单位应根据经济业务的特点、机构设置、人员分工情况以及经营管理需要，明确会计凭证的联次及流程。既要使会计凭证经过必要的环节进行审核和处理，又要避免会计凭证在不必要的环节停留，从而保证会计凭证沿着最简捷、最合理的路线传递。

三、会计凭证的保管

会计凭证的保管是指对记账后的会计凭证进行整理、装订和归档存查的工作。会计凭证作为记账依据，是重要的会计档案之一，会计人员要妥善整理保管，不得散乱丢失和任意销毁，以便日后随时查阅。会计凭证保管工作主要包括以下几方面内容。

1. 定期装订成册

会计部门在依据会计凭证记账后，应定期(每天、每旬或每月)对会计凭证分类整理，按照记账凭证的编号顺序连同所附的原始凭证一并折叠整齐，装订成册，并加封面、封底，注明单位名称、凭证种类、所属年月和起止日期、起讫号码、凭证张数等，为防止任意拆装，应在装订处贴上封签，并由装订人在装订线封签处签名或者盖章。

对一些性质相同、数量很多或各种随时需要查阅的原始凭证，可以单独装订保管，在封面上注明记账凭证日期、编号、种类，同时在记账凭证上注明“附件另订”和原始凭证名称及编号。各种经济合同、存出保证金收据以及涉外文件等重要原始凭证，应当另编目录，单独登记保管，并在有关记账凭证和原始凭证上相互注明日期和编号。

2. 专人负责分类保管

会计凭证装订成册后，应有专人负责分类保管，年终应登记归档。会计凭证的保管期限和销毁手续应严格遵守《会计档案管理办法》等制度的有关规定，不得提前销毁。此外，会计凭证在保管中应防止霉烂破损和鼠咬虫蛀，以确保其安全和完整。

3. 办理正规手续查阅已归档凭证

会计凭证归档后，如果想再查阅、调用和复制这些凭证时，应先经过有关领导批准，再办理正式的手续。原始凭证不得外借，其他单位因有特殊原因需要使用原始凭证时，经本单位领导批准，可以复制，但向外单位提供的原始凭证复制件，应当在专设的登记簿上登记，并由提供人员和收取人员共同签名或盖章。

本章小结

会计凭证是记录经济业务发生或完成情况、明确经济责任的书面证明，是用来登记账簿的依据，是核实和监督企业经济活动，在发生问题时分清经济责任的证据。会计凭证按照填制程序和用途的不同，可以分为原始凭证和记账凭证。

原始凭证又称原始单据，是在经济业务发生或完成时，由业务经办人员取得或填制的，是用以记录或证明经济业务发生或完成情况的原始证据，是进行会计核算的原始资料。原始凭证按其来源不同，可以分为外来原始凭证和自制原始凭证；按其填制手续不同，可以分为一次原始凭证、累计原始凭证和汇总原始凭证；按其格式不同，可以分为通用原始凭证和专用原始凭证。

记账凭证是会计人员根据审核无误的原始凭证进行归类、整理，明确会计分录而编制的会计凭证，是登记账簿的直接依据。记账凭证按其用途不同可分为通用记账凭证和专用记账凭证。其中，专用记账凭证按其所记录的经济业务是否与货币资金的收付有关，又可分为收款凭证、付款凭证和转账凭证；按其填制方式不同，可分为复式记账凭证和单式记账凭证。

无论是原始凭证还是记账凭证，均应按照要求填制、审核，并按照既定流程传递和保管。

思考与练习

一、单项选择题

1. 将会计凭证分为原始凭证和记账凭证的依据是（　　）。

A. 填制方式　　B. 取得来源

C. 填制程序和用途　　D. 反映业务的次数

2. 付款记账凭证的贷方科目是（　　）。

A. 库存现金　　B. 银行存款

C. 库存现金或银行存款　　D. 不一定

3. 下列各项不能作为记账依据的是（　　）。

A. 差旅费报销单　　B. 购货发票

C. 限额领料单　　D. 购销合同

4. “限额领料单”按其填制手续来看属于（　　）。

A. 一次原始凭证　　B. 累计原始凭证

C. 汇总原始凭证　　D. 记账原始凭证

5. 当经济业务只涉及货币资金收付时，一般填制(　　)。

A. 收款记账凭证　　B. 付款记账凭证

C. 收款记账凭证和付款记账凭证　　D. 转账记账凭证

6. 会计凭证的传递，是指会计凭证(　　)，在单位内部各有关部门及人员之间的传递程序和传递时间。

A. 从编制到归档时止

B. 从取得原始凭证到登记账簿时止

C. 从填制记账凭证到编制会计报表时止

D. 从填制原始凭证到填制记账凭证

7. 关于记账凭证下列说法中正确的是(　　)。

A. 记账凭证不能直接作为登记账簿的依据

B. 记账凭证在业务核算中的作用是不可代替的

C. 记账凭证可以分为复式记账凭证和单式记账凭证

D. 记账凭证是指通用记账凭证

8. 原始凭证有错误的，正确的处理方法是(　　)。

A. 直接销毁　　B. 退回，不予接受

C. 退回，由出具单位重开或更正　　D. 本单位代为更正

9. 在填制原始凭证时，下列要求错误的是(　　)。

A. 小写金额不能连笔写

B. 大写汉字金额可以使用简化字

C. 小写金额前要加人民币符号

D. 预先连续编号的原始凭证，若填写错误不能撕毁，应加盖“作废”章

10. ￥2 001.45，汉字大写金额应写成(　　)。

A. 人民币贰仟零壹元肆角伍分　　B. 人民币　　贰仟零零壹元肆角伍分

C. 人民币贰仟零零壹元肆角伍分　　D. 人民币　　贰仟零壹元肆角伍分

11. 企业购进原材料 60 000 元，款项未付，该笔经济业务应编制的记账凭证是(　　)。

A. 收款凭证　　B. 付款凭证

C. 转账凭证　　D. 以上均可

12. 关于会计凭证的保管，下列说法不正确的是(　　)。

A. 会计凭证应定期装订成册，防止散失

B. 会计主管人员和保管人员应在封面上签章

C. 原始凭证不得外借，其他单位如有特殊原因确实需要使用时，经本单位会计机构负责人、会计主管人员批准，可以复印

D. 经单位领导批准，会计凭证在保管期满前可以销毁

13. 下列属于通用原始凭证的是(　　)。

A. 工资结算单　　B. 折旧计算表

C. 增值税专用发票　　D. 差旅费报销单

14. 不符合原始凭证基本要求的是(　　)。

A. 从个人取得的原始凭证，必须有填制人员的签名盖章

B. 原始凭证不得涂改、刮擦、挖补

C. 上级批准的经济合同，应作为原始凭证

D. 大写和小写金额必须相等

15. 原始凭证是由(　　)取得或填制的。

A. 总账会计　　B. 业务经办单位或人员

C. 会计主管　　D. 出纳人员

16. 原始凭证是在(　　)时取得的。

A. 经济业务发生　　B. 填制记账凭证

C. 登记总账　　D. 登记明细账

17. (　　)是会计工作的起点和关键。

A. 填制和审核会计凭证　　B. 编制会计分录

C. 登记会计账簿　　D. 编制会计报表

18. 在实际工作中，规模小、业务简单的单位，为了简化会计核算工作，可以使用一种统一格式的(　　)。

A. 转账凭证　　B. 收款凭证

C. 付款凭证　　D. 通用记账凭证

19. 记账凭证是由(　　)编制的。

A. 出纳人员　　B. 经办人员

C. 会计人员　　D. 经办单位

20. 在使用收款凭证、付款凭证、转账凭证的单位，与货币资金无关的业务，填制的凭证是(　　)。

A. 收款凭证　　B. 付款凭证

C. 通用记账凭证　　D. 转账凭证

二、多项选择题

1. 原始凭证必须具备的基本内容有(　　)。

A. 凭证的名称　　B. 填制凭证的日期

C. 接受凭证的单位名称　　D. 相关人员的签字盖章

2. 复式记账凭证按与货币资金的关系包括以下几种(　　)。

A. 转账记账凭证 B. 收款记账凭证
C. 付款记账凭证 D. 通用记账凭证
3. 职工出差回来带回的车票是(　　)。
A. 自制原始凭证 B. 外来原始凭证
C. 累计原始凭证 D. 一次原始凭证
4. 收款凭证借方科目可能是(　　)。
A. 银行存款 B. 生产成本
C. 库存现金 D. 应收账款
5. 组织会计凭证传递时应注意(　　)。
A. 会计凭证分类 B. 会计凭证的传递时间
C. 会计凭证的传递手续 D. 会计凭证的传递路线
6. “收料单”是(　　)。
A. 外来原始凭证 B. 自制原始凭证
C. 一次原始凭证 D. 累计原始凭证
7. 下列经济业务中,应填制转账凭证的是(　　)。
A. 国家以厂房对企业投资 B. 外商以货币资金对企业投资
C. 购买材料未付款 D. 销售商品收到商业汇票一张
8. 原始凭证的填制要求包括(　　)。
A. 记录真实 B. 内容完整
C. 填制及时 D. 书写清楚
9. 下列记账凭证中可以不附原始凭证的有(　　)。
A. 收款凭证 B. 付款凭证
C. 结账的记账凭证 D. 更正错账的记账凭证
10. 下列说法正确的是(　　)。
A. 记账凭证上的日期指的是经济业务发生的日期
B. 涉及“库存现金”和“银行存款”之间的经济业务,一般只编制收款凭证
C. 记账凭证在填制完毕后必须经过审核环节
D. 出纳人员必须根据经会计主管或其指定人员审核无误的收、付款记账凭证办理收、付款业务

三、判断题

1. 原始凭证明确了会计分录,是登记账簿的直接依据。(　　)
2. 会计凭证是记录经济业务发生或完成、明确经济责任的书面证明。(　　)
3. 所有的原始凭证都可以成为填制记账凭证的依据。(　　)

4. 记账凭证是根据审核无误的原始凭证填制的，因此，所有纳入会计核算系统的经济业务必须取得相应的原始凭证才能据以编制记账凭证。（　）

5. 大写金额前应该加注“人民币”字样，当然，“人民币”字样与大写金额之间可以留有一定空间。（　）

6. 原始凭证都是从外单位取得的。（　）

7. 收款记账凭证是记录银行存款收入业务的记账凭证。（　）

8. 在填写原始凭证时，小写金额无角分的，角位和分位不用写，可以空着。（　）

9. 审核原始凭证时，应注意审核内容的完整性、凭证的合法性以及填制的及时性。（　）

10. 在审核记账凭证时，如果发现记账凭证有误而且还没有记账，可以销毁重新填制。（　）

第七章 会计账簿

引导案例

2015 年 10 月至 2016 年 10 月，宜黄某工艺服装公司多次在金某开办的酒店用餐，累计欠下餐费 10 636 元。用餐原始单据及发票由该服装公司会计杨某收取，并开具欠餐费证明。金某多次索要未果，于 2017 年 3 月 2 日向法院起诉，要求宜黄某工艺服装公司给付所欠餐费 10 636 元，并支付逾期利息。庭审中，原告金某出示了被告用餐单据以及被告服装公司会计杨某出具的欠餐费证明，以证明原告与被告之间有餐饮服务合同存在及尚欠餐费 10 636 元的事实。被告服装公司辩称：杨某已离职，无法取得联系，公司部分会计账簿也被杨某带走了。2016 年 11 月，公司更换了法定代表人。由于未见到原告所述的用餐原始单据及发票，故对是否欠下原告10 636 元餐费并不清楚。法院经审理认为，关于原告金某出示的被告用餐单据以及被告该服装公司会计杨某出具的欠餐费证明是否真实，只要与被告的会计账簿进行核对，即能得到确认。由于被告无法申请杨某作证，也不能提供自己的会计账簿以核实原告证据的真伪，应承担举证不能的后果，故法院依证据确认了原告与被告之间有餐饮服务合同存在及被告尚欠原告餐费 10 636 元的事实。

【学习目标】

(1) 了解会计账簿的概念和意义；

(2) 理解结账的方法、对账的方法、账簿的启用、更换与保管、错账的更正方法；

(3) 掌握账簿的分类、账簿的填制。

【学习重点与难点】

(1) 账簿的分类；

(2) 账簿的填制。

第一节 会计账簿概述

一、会计账簿的概念与意义

会计账簿是以会计凭证为依据，对全部经济业务进行全面、系统、连续、分类的记录和核算的具有专门格式的簿籍。

通过会计凭证的填制和审核，虽然可以明确经济业务的发生、执行和完成情况，但会计凭证数量多、资料分散，每张凭证只能记载个别的经济业务，所提供的资料是零散的，不能系统、完整地反映全部经济业务的情况。账簿则克服了会计凭证的不足之处，它借助于账户对会计凭证所提供的资料进行整理、分类、汇总，对经济业务进行全面、系统、连续、分类、序时地记录和反映。账簿还能为及时编制会计报表提供有关资料，并能提供经营管理上需要的各种指标。因此，各个企业都应根据其规模大小、业务种类和经营管理需要，设置必要的账簿。

二、会计账簿的分类

会计账簿的种类多种多样，为了更好地了解和正确运用账簿，可以按不同要求对账簿进行分类。

1. 按账簿的用途分类

账簿按用途不同可以分为序时账簿、分类账簿和备查账簿三大类。

(1) 序时账簿

序时账簿（简称序时账）是按照经济业务发生时间的先后顺序，逐日逐笔进行登记的账簿。由于逐日逐笔按照顺序进行登记，所以又称为日记账簿（简称日记账）。序时账又分为两种：一种是用来登记某一类经济业务的，称为特种日记账，如现金日记账、银行存款日记账、商品购销日记账等；另一种是用来登记全部经济业务的，就是按照经济业务发生时间的先后顺序，逐日逐笔登记的账簿，称为普通日记账。

(2) 分类账簿

分类账簿(简称分类账)是对全部经济业务按照总分类账户和明细分类账户进行分类核算和登记的账簿,分类账又分为总分类账和明细分类账。总分类账简称总账,是根据一级会计科目开设的账户,用以全面、连续地记录和反映全部经济业务的账簿。总分类账可以提供经济活动和财务收支的全面情况,统驭明细分类账,为编制会计报表提供主要依据,所有单位都必须设置总分类账。明细分类账简称明细账,是根据总分类科目设置,按所属二级科目或明细科目开设账户,用以分类登记某一类经济业务,提供比较详细核算资料的账簿。明细分类账可以提供经济活动和财务收支的详细情况,有利于加强财产物资的管理,监督往来款项的结算,也为编制会计报表提供必要的资料。因此,各单位在设置总分类账的基础上,根据经营管理的实际需要,按照二级科目设置必要的明细分类账。

(3) 备查账簿

备查账簿(又称辅助账)是对某些在日记账和分类账等主要账簿中未能记录或记载不全的经济业务进行补充登记的账簿,是一种辅助性账簿,可以为经营管理者提供必要的参考资料。例如,应收票据备查簿、租入固定资产备查簿等。没有固定格式,与其他账簿之间不存在严密的依存和钩稽关系。

2. 按账簿的外表形式分类

账簿按外表形式不同可以分为订本式账簿、活页式账簿和卡片式账簿三种。

(1) 订本式账簿

订本式账簿是指账簿在启用前就将许多张账页装订成册并连续编号的账簿。使用订本式账簿能够避免账页散失和人为抽换账页,保证其安全性。但必须事先估计每个账户所需要的账页张数。一般适用于比较重要和所需账页数量变化不大的账簿,如总账、现金日记账和银行存款日记账。

(2) 活页式账簿

活页式账簿是指平时使用零散账页记录经济业务并将已使用的账页用账夹夹起来,年末再将本年所登记的账页装订成册并连续编号的账簿。使用活页式账簿便于记账分工,节省账页,且登记方便。但账页容易散失和被人为抽换。一般适用于除债权、债务结算类账户以外的所有明细账。

(3) 卡片式账簿

卡片式账簿是指用印有记账格式和特定内容的卡片登记经济业务的账簿,是一种特殊的活页式账簿。其优点在于使用比较灵活,保管比较方便,有利于详细记录经济业务的具体内容,可跨年度使用,无须经常更换。但缺点是容易散失,应装置在卡片箱内。一般适用于所记内容比较固定的明细账,如固定资产明细账等。

3. 按账簿的账页格式分类

账簿按其内在格式不同可以分为三栏式账簿、多栏式账簿和数量金额式账簿三大类。

(1) 三栏式账簿

三栏式账簿将账页中登记金额的部分分为三个栏目，即借方、贷方和余额三栏，通常只提供货币指标。它适用于只提供价值核算信息、不需要提供数量核算信息的账簿，如总账、现金日记账、银行存款日记账、债权债务类明细账等。

(2) 多栏式账簿

多栏式账簿是在借方和贷方的某一方或两方下面分设若干栏目，详细反映借、贷方金额的组成情况。它适用于核算项目较多且管理上要求提供各核算项目详细信息的明细分类账簿。如生产成本、制造费用、管理费用等明细账。

(3) 数量金额式账簿

数量金额式账簿是在借方、贷方和余额栏下分别分设三个栏目，用以登记财产物资的数量、单价和总金额。它适用于既需要提供价值信息，又需要提供实物数量信息的明细分类账簿。如材料明细账和产成品明细账等。

三、会计账簿的设置原则

为了科学地记录和反映经济活动的内容，任何单位都应当根据本单位经营业务特点和经营管理需要，设置一定种类和数量的账簿。账簿的设置主要包括确定账簿的种类和数量，各类账簿中账页的格式以及账簿的登记方法等。设置账簿一般应遵循以下原则。

1. 全面系统原则

全面系统原则要求单位设置账簿必须根据国家有关会计制度规定的基本要求，结合各单位的经营规模和业务特点，全面、连续、系统地反映和监督经济活动的情况，满足经营管理的需要。即各单位设置账簿要在符合统一规定的前提下，如实反映各单位经济活动的全貌及经济活动某一方面的具体情况和结果。

2. 科学适用原则

科学适用原则对单位设置账簿提出了三个方面的要求：① 要根据实际需要，尽量节约人力和物力，不重复设账和因人设账；② 要注意各种账簿结合使用，各有分工，互相配合，既不脱节，也不重复；③ 账簿格式应按所记录的经济业务内容和需要提供的会计信息进行设计，尽量简明实用，以有利于提高核算的效率和质量，有利于账簿的使用者看账及用账，使账簿最大效率地发挥作用。

第二节 会计账簿的启用、登记与记账规则

一、会计账簿的基本结构

不同账簿记录不同的经济内容，具有不同的格式，但各种账簿的基本结构包括以下三项内容。

1. 封面

封面主要表明账簿的名称，比如银行存款日记账、总分类账、应收账款明细账等。

2. 扉页

扉页主要列明账簿启用日期和截止日期、页数、册次、账簿使用登记表、账户目录等。

3. 账页

账页是账簿的主体。主要包括：① 账户名称（即会计科目）；② 日期栏；③ 凭证种类和号数栏；④ 摘要栏；⑤ 金额栏；⑥ 总页次和分户页次。

二、会计账簿的启用和登记规则

1. 会计账簿的启用规则

会计账簿是储存会计信息的重要会计档案，为了确保账簿记录的合法性和账簿资料的完整性，明确记账责任，必须按照一定的规则启用账簿。在启用新会计账簿时，会计人员应在账簿封面上写明单位名称和账簿名称；在账簿扉页上填写“账簿使用登记表”或“账簿启用表”，其内容主要有：单位名称、账簿名称及编号、启用日期、记账人员和会计主管人员姓名及盖章、单位公章等；记账人员或会计主管人员调动工作或因故离职时，应办理账簿交接手续，在交接记录栏内填明交接日期、交接人员和监交人员的姓名，并由交接双方人员签名或盖章。账簿使用登记表的格式和内容如表 7-1 所示。

启用订本式账簿，应从第一页起顺序编号，不得跳页、缺号。启用活页式账簿，应在使用账页时按顺序编定分页数，并定期装订成册。装订后再按实际使用的账页顺序编定总页数，并标明目录、账户名称和页次。

2. 会计账簿的登记规则

登记账簿是会计的基础工作，为了保证记账的准确、完整，并便于查阅和长期保存，登记账簿应遵循下列规则：

（1）登记账簿必须以经过审核无误的记账凭证及所附的原始凭证为依据。记账时，应将记账凭证上的日期、凭证种类和编号、摘要和金额逐项计入账内，记账后要在记账凭证上签章，注明所记账簿的页次或划“√”号，以防重记或漏记。

表 7-1　　　　账簿使用登记表

<table>
<tr><td colspan="2">使用者名称</td><td colspan="3"></td><td colspan="2">印鉴</td></tr>
<tr><td colspan="2">账簿名称</td><td colspan="3"></td><td colspan="2" rowspan="4"></td></tr>
<tr><td colspan="2">账簿编号</td><td colspan="3"></td></tr>
<tr><td colspan="2">账簿页数</td><td colspan="3">本账簿共计　　页</td></tr>
<tr><td colspan="2">启用日期</td><td colspan="3">年　月　日</td></tr>
<tr><td rowspan="2">责任者</td><td></td><td>主管</td><td>会计</td><td>记账</td><td colspan="2">审核</td></tr>
<tr><td></td><td></td><td></td><td></td><td colspan="2"></td></tr>
<tr><td rowspan="8">经管人姓名及接交日期</td><td rowspan="2"></td><td colspan="3">接管　　年　月　日</td><td rowspan="2"></td><td rowspan="2"></td></tr>
<tr><td colspan="3">交出　　年　月　日</td></tr>
<tr><td rowspan="2"></td><td colspan="3">接管　　年　月　日</td><td rowspan="2"></td><td rowspan="2"></td></tr>
<tr><td colspan="3">交出　　年　月　日</td></tr>
<tr><td rowspan="2"></td><td colspan="3">接管　　年　月　日</td><td rowspan="2"></td><td rowspan="2"></td></tr>
<tr><td colspan="3">交出　　年　月　日</td></tr>
<tr><td rowspan="2"></td><td colspan="3">接管　　年　月　日</td><td rowspan="2"></td><td rowspan="2"></td></tr>
<tr><td colspan="3">交出　　年　月　日</td></tr>
<tr><td>备注</td><td colspan="6"></td></tr>
</table>

(2) 为了使账簿记录清晰整洁，耐久保存，登记账簿必须使用蓝色或黑色墨水钢笔书写，不得使用铅笔和圆珠笔。但在下列情况下，可以使用红色墨水书写：

① 在单向登记的多栏式账页中，登记减少数；

② 用红字更正法更正错账；

③ 结账画线；

④ 会计制度中规定用红字登记的其他记录。

(3) 账簿中文字和数字的书写必须规范、整洁、清晰，应紧贴底线，在上面留有适当的空距，一般应占格长的 1/2～2/3，以便留有改错的空间。

(4) 各种账簿应按页次顺序连续登记，不得跳行、隔页。如果发生跳行、隔页，应将空行空页用红线对角划掉或注明“此行空白”或“此页空白”字样，并由记账人员签章确认。

(5) 凡需要结出余额的账户，应定期结出余额，并在“借或贷”栏内填写“借”或“贷”字样，以表示余额的方向；没有余额的账户，应在“借或贷”栏内填写“平”字，并在“余额”栏用“σ”表示。

(6) 每一账页登记完毕结转下页时，应在账页的最末一行结出本页发生额合计数和余额，并在摘要栏中注明“过次页”，在次页第一行记入上页的合计数和余额，并在摘要栏中注明“承前页”，以保持账页之间登记的连续性。

(7) 账簿记录发生错误后，应根据错误的性质和发现时间的不同，按规定的办法进行更正，严禁涂改、刮擦、挖补、用药水更改字迹或撕毁账页等。

三、会计账簿的登记

1. 日记账的设置和登记方法

(1) 普通日记账的设置和登记方法

① 普通日记账的设置

普通日记账是根据日常发生的经济业务逐日逐笔地进行登记的账簿。它是把每笔经济业务所涉及的借、贷方科目都列入日记账内，故又称为分录簿。其设置一般分为“借方金额”和“贷方金额”两栏，这种账簿不结余额。具体格式见表7-2所示。

表 7-2 **普通日记账** 第 页

年		摘 要	账户名称	借方金额	贷方金额	过账
月	日					

② 普通日记账的登记方法

“日期”栏登记经济业务发生的时间；“摘要”栏填写经济业务的简要内容；“账户名称”栏填写会计分录涉及的会计科目名称；“借方金额”栏填写应借记账户的金额；“贷方金额”栏填写应贷记账户的金额。

普通日记账可以全面反映经济业务的发生情况及账户的对应关系，但是随着企业规模的扩大、经济业务的增多及记账凭证的出现，普通日记账不便于登记分类账和登账工作量较大的缺陷日渐显露。随着会计电算化的发展和应用，解决了普通日记账在手工记账下的缺陷，普通日记账的应用又日趋广泛。

(2) 特种日记账的设置和登记方法

① 现金日记账的设置和登记方法

现金日记账是记录和反映库存现金收付业务的一种特种日记账，一般采用订本式账簿。它按账页格式不同可分为三栏式现金日记账和多栏式现金日记账，由于在日常工作中三栏式日记账更为多见，在此只对此作详细介绍。

三栏式现金日记账是指在同一账页内设置现金的收入、付出和结余三个金额栏，且相应的对方科目不设专栏反映的现金日记账。其账页格式如表7-3所示。

表 7-3　　三栏式现金日记账　　第　页

年		凭证号数	摘　要	对方科目	收入	付出	结余
月	日						

三栏式现金日记账的登记方法是：由出纳人员根据审核无误的现金收款凭证和付款凭证逐日逐笔顺序登记。登记时应填明日期、凭证号数、摘要、对方科目、收入金额和付出金额。对于从银行提取现金的业务，由于只填制银行存款付款凭证，而不填制现金收款凭证，所以现金的收入数应根据银行存款付款凭证登记。每日收付款项登记完毕，应分别计算收入金额和付出金额的合计数，并结出每日余额（通常每笔现金收入或支出后，都要随时计算出一个余额），再将每日账面余额与库存现金数额相核对，以保证账实相符。

多栏式现金日记账是指在账页的现金收入金额栏和付出金额栏分别按对方科目设置专栏反映的现金日记账。通过多栏式现金日记账收入各专栏的金额，可以反映现金收入的来源，通过多栏式现金日记账付出各专栏的金额，可以反映现金的用途。多栏式现金日记账的登记方法是：由出纳人员根据审核无误的现金收款凭证和付款凭证逐日逐笔顺序登记现金收入金额和现金支出金额。将其对应科目的金额登入“应贷对方科目”栏或“应借对方科目”栏。每日收付款项登记完毕，应分别计算收入金额和付出金额的合计数，并结出每日余额。月终结出多栏式现金日记账的对应账户栏以及现金收入和付出总额（银行存款专栏的合计数除外），作为登记各有关总账的依据。由于提取现金或存入现金要在多栏式银行存款日记账的“支出合计数”和“收入合计数”两个栏目反映，因此，根据多栏式现金日记账登记总账时，银行存款专栏（借方或贷方）不作为登记银行存款的依据，以避免重复登账。

在实际工作中，采用多栏式现金日记账往往会涉及较多的对应科目，需要设置较多的专栏，会使现金日记账表格太大，因此，可以将现金的收入和付出分别反映在两本账簿中，即“现金收入日记账”和“现金付出日记账”，并按现金收入和付出的对应科目设置专栏进行登记。

② 银行存款日记账的设置和登记方法

银行存款日记账是记录和反映银行存款收付业务的一种特种日记账。一般采用订本式账簿。按其账页格式不同有三栏式和多栏式两种。

三栏式银行存款日记账格式与三栏式现金日记账格式基本相同。不同之处在于，银行存款的收付必须依据银行规定的结算凭证办理，由于发生银行存款收付业务的结算方式不同，使用的凭证也就不同，编号也不同，因此，三栏式银行存款日记账增设了“结算凭证”一栏，分别注明结算凭证的种类及编号。其中，“种类”栏登记结算凭证的种类，如“现金支票”、“转账支票”、“普通支票”等；“编号”栏登记结算凭证的号码，这样便于和银行对账。三栏式银行存款日记账格式如表 7-4 所示。

表 7-4　　三栏式银行存款日记账　　第　页

年		凭证号数	摘　要	结算凭证		对方科目	收入	付出	结存
月	日			种类	编号				
			本日合计						

三栏式银行存款日记账的登记方法与三栏式现金日记账登记方法基本相同。由出纳员根据审核无误的银行收、付款凭证，以及有关现金付款凭证，逐日逐笔顺序登记。每日登记完毕后，分别计算出银行存款收入、支出和本日结余，以便定期与银行送来的对账单逐笔核对。

多栏式银行存款日记账是把银行存款收入栏和支出栏分别按照对应科目设置若干专栏，收入栏按贷方科目设置专栏，支出栏按借方科目设置专栏，其格式同多栏式现金日记账相似，不再列示。多栏式银行存款日记账也可以采用两本账，分别反映银行存款收入和银行存款支出，即多栏式银行存款收入日记账和多栏式银行存款支出日记账。

多栏式银行存款日记账的登记方法与多栏式现金日记账相似，在此不再赘述。

2. 分类账簿的设置和登记方法

(1) 总分类账簿的设置和登记方法

总分类账簿是按照总分类科目设置的账簿，一般采用订本式账簿。每个账户应视其经济内容的多少预留出若干空白账页，以登记一定时期内涉及该账户的所有经济业务及其发生的增减变动。由于总分类账簿能够全面地、系统地反映全部经济活动情况，并为编制会计报表提供资料，所以每个单位都要设置总分类账簿。

总分类账簿的格式一般采用三栏式，即在账页中设置借方、贷方和余额三个金额栏，其格式如表 7-5 所示。三栏式总分类账的登记，可以根据各种记账凭证逐笔登记，也可根据汇总记账凭证或科目汇总表汇总登记，还可以根据多栏式现金日记账、银行存款日记账逐笔或定期登记，这主要取决于每个单位所采用的会计账务处理程序。各种总分类账的具体登记方法将在第十章账务处理程序中讲述。

表 7-5　　应收账款总分类账　　第　页

年		凭证号数	摘　要	借方	贷方	借或贷	余额
月	日						

总分类账也可以设成多栏式的，即将全部账户集中在一张账页中登记的总分类账。通常是根据记账凭证汇总后的数字定期进行登记。采用多栏式总账，可以清晰地反映经济业务的来龙去脉，可以进行全部会计科目的试算平衡。但如果一个单位使用的会计科目较多，栏目也会相应增多，使得账簿篇幅较大，不便于使用和保管。因此，它主要适用于经济业务较少、规模不大的单位。

(2) 明细分类账簿的设置和登记方法

明细分类账簿是按照二级或明细科目设置的账簿，一般采用活页式账簿。各单位应结合自己的经济业务特点和经营管理要求，在总分类账的基础上设置若干明细分类账，作为总分类账的必要补充。明细分类账按账页格式不同，主要有三栏式、数量金额式、多栏式三种。

① 三栏式明细分类账簿

三栏式明细分类账簿的账页格式与三栏式总分类账簿的账页格式相同，即只设有借方、贷方和余额三个金额栏，不设数量栏。它适用于仅需进行金额明细分类核算，如应收账款、应付账款、其他应收款、长期待摊费用、预提费用等科目的明细分类核算。三栏式明细分类账簿的账页格式如表 7-6 所示。

表 7-6　　应付账款明细账

明细科目：　　年　月　　第　页

年		凭证号数	摘　要	借方	贷方	借或贷	余额
月	日						

② 数量金额式明细账簿

数量金额式明细账簿是在借方(收入)、贷方(发出)和余额(结存)栏下再设数量、单价和金额三个小栏,用来登记既要进行金额核算,又要进行实物数量核算的各种财产物资科目,如"原材料"、"库存商品"等明细账,其格式见表7-7所示。

表7-7　原材料明细分类账

材料编号：　存放地点：　名称和规格：

材料类别：　计量单位：　储备定额：　第　页

年		凭证号数	摘　要	收入			发出			结存		
月	日			数量	单价	金额	数量	单价	金额	数量	单价	金额

③ 多栏式明细账簿

多栏式明细账簿是根据经济业务的特点和经营管理的需要,在一张账页上按明细项目分设若干专栏,用来登记明细项目多、借贷方向单一且无须数量核算的收入、费用、利润等业务,如"生产成本"、"制造费用"、"管理费用"、"主营业务收入"、"本年利润"等明细账。

多栏式明细账一般都是单方向登记,即平时只在借方或贷方登记。如成本、费用类明细分类账,平时只在借方登记,而收入类明细分类账,平时只在贷方登记。当发生冲减成本费用、冲减收入及月末结转分配业务时,可以用红字进行登记,予以冲减。多栏式明细账也可以双向登记,如本年利润、利润分配明细账等,要按利润构成项目分借、贷方设专栏进行登记。常见的主要是多栏式的成本费用明细账,具体格式如表7-8所示。

表7-8　生产成本明细账　第　页

年		凭证号数	摘　要	借方			
月	日			直接材料	直接人工	制造费用	合计

各种明细分类账的登记方法,应根据各个单位业务量的大小和经营管理上的需要,以及记录的经济业务内容而定,可以直接根据原始凭证、记账凭证逐笔

登记，也可以根据汇总原始凭证逐日、定期汇总登记。一般来说，固定资产、债权债务等明细账应当逐笔登记；商品、材料物资明细账，如业务发生不是很多，可以逐笔登记，如业务发生较多，为了简化记账工作，也可以逐日汇总登记；收入、费用等明细账，可以逐笔登记，也可以逐日或定期汇总登记。各种明细账每次登记完毕后，都应结算出余额，以便进行核对和加强日常管理。

四、总分类账与明细分类账的平行登记规则

平行登记就是对每一项经济业务，一方面要在有关总分类账中进行总括登记，另一方面还要在其所属的有关明细分类账户中进行明细登记。通过平行登记，并相互核对，才能保证总分类账户的记录与明细分类账户的登记形成统驭和从属的关系，才能及时检查错误和更正错误。

1. 总分类账与明细分类账的联系与区别

(1) 总分类账与明细分类账的联系

第一，二者反映的经济业务内容相同；

第二，登记账簿的原始依据相同。

(2) 总分类账与明细分类账的区别

第一，二者反映的详细程度不一样。总分类账根据总分类科目设置，反映总括指标；明细分类账根据明细科目设置，反映某一方面的详细、具体指标。

第二，作用不同。总分类账对所属明细分类账起统驭与控制的作用，又称之为统驭账户；明细分类账对其总分类账起补充和说明的作用，又称之为从属账户。

2. 总分类账与明细分类账平行登记规则

为了保证会计核算资料的准确完整，便于账户之间的核对，登账时，必须在总分类账和明细分类账中进行平行登记。平行登记规则为：

(1) 登记的依据相同。总分类账与明细分类账都是对同一经济业务的记录和反映，区别只是提供指标的详细程度不同。

(2) 登记的期间相同。总分类账与明细分类账的登记必须在同一会计期间完成。

(3) 登记的方向相同。一般来说，总分类账与明细分类账的借贷方向是相同的，但有时明细账可以用红字在其相反的方向登记以表示与总分类账记录方向相同。

(4) 登记的金额相等。即：

总账期初余额＝所属明细账期初余额合计

总账本期发生额＝所属明细账本期发生额合计

总账期末余额＝所属明细账期末余额合计

第三节 对账和结账

一、对账

对账是指对账簿记录所进行的核对工作。它是会计核算的一项重要内容，也是审计常用的一种查账方法。通过对账，可以及时发现和纠正记账及计算的差错，做到账证相符、账账相符、账实相符，保证记录的完整和正确，为编制会计报表提供真实可靠的数据资料。对账的时间通常是在月末、季末、年末结出各账户的期末余额之后、结账之前进行。

对账的主要内容包括账证核对、账账核对和账实核对。

1. 账证核对

账证核对是指将账簿记录同会计凭证之间进行相互核对，包括总分类账、明细分类账以及现金和银行存款日记账等与有关记账凭证及其所附的原始凭证相核对。账簿与记账凭证核对，主要是检查记账工作是否正确，即账簿记录是否按照记账凭证确定的账户、方向和金额进行登记；账簿与原始凭证核对，主要是对账簿记录经济业务的真实性、合法性进行检查。这种核对主要是在平时编制记账凭证和记账过程中进行的。

2. 账账核对

账账核对是指将各种账簿之间的有关数字相互核对。主要包括：

（1）总分类账户之间的核对。检查全部总分类账户本期借方发生额合计是否等于本期贷方发生额合计，期末所有账户借方余额合计是否等于贷方余额合计。此项核对一般通过编制“总分类账户期末余额试算表”进行。

（2）总分类账户与所属各明细分类账户之间的核对。检查总分类账户本期借、贷方发生额合计及期末余额与所属各明细分类账户相对应数字的合计是否相等。一般通过编制“总分类账户与明细分类账户对照表”进行核对。

（3）总分类账户与现金、银行存款日记账之间的核对。检查总分类账户中“现金”、“银行存款”账户本期借、贷方发生额及期末余额与日记账中相对应数字是否相等。

（4）会计部门的财产物资明细账与财产物资保管、使用部门明细账的核对。检查各方期末结存数是否相等。

3. 账实核对

账实核对是指将各种账簿的记录与有关财产物资实有数额进行相互核对。主要内容包括：

（1）现金日记账账面余额与库存现金实有数之间的核对。此项核对应每日进行，并且还应进行不定期抽查。

(2) 银行存款日记账账面余额与各开户银行对账单之间的核对。一般每月核对一次，主要通过编制“银行存款余额调节表”进行。

(3) 财产物资明细账结存数与清查盘点后的实有数之间的核对。此项核对应定期或不定期进行。

(4) 各种应收、应付、应缴款明细分类账户账面余额与有关债权、债务单位或个人及有关部门之间的核对。此项核对应定期或不定期进行。

二、结账

结账是指在将本期发生的经济业务全部登记入账的基础上，结算出每个账户的本期发生额和期末余额，并将期末余额结转至下期的一种方法。通过结账，能够全面、系统地反映一定时期内发生的经济活动所引起的资产、负债及所有者权益等方面的增减变动情况及其结果；可以合理确定各期间的经营成果，并且有利于企业定期编制会计报表。

1. 结账的内容

(1) 结账前，必须将本期内发生的经济业务全部登记入账，对漏记的账项应及时补记，不能将本期发生的经济业务延至下期入账。只有这样，才能保证结账的正确性。

(2) 按权责发生制原则进行期末账项调整。为了真实地反映各会计期间的收入和费用，以便合理确定各会计期间的财务成果，就需要调整那些收支期与归属期不一致的收入和费用。如预收收入的分配，预付费用的摊销，应计收入和应计费用的反映以及期末其他账项的调整。

(3) 期末分配结转有关成本费用。按照配比原则对有关费用进行分配，并结转损益。如期末将“制造费用”账户分配记入“生产成本”账户，将“辅助生产成本”账户分配记入“基本生产成本”、“制造费用”和“管理费用”账户，将各损益类账户转入“本年利润”账户等。

(4) 计算各账户本期发生额和期末余额。在本期全部经济业务已登记入账的基础上，分别计算出现金日记账、银行存款日记账、总账和明细账的本期发生额和期末余额，并通过试算平衡核对相符，将期末余额结转下期。

2. 结账的方法

结账工作一般在会计期末进行，主要采用划线法，即期末结出每个账户的本期发生额和期末余额后，加画线标记，并将期末余额结转下期。按照结算时期的不同，可以有月结、季结和年结，具体方法如下：

(1) 月结。每月结账时，在各账户本月份最后一笔记录下面画一条通栏红线，表示本月结束；然后，在红线下结算出本月借、贷方发生额和月末余额，如果没有余额，则在余额栏内注明“平”字或“σ”符号，同时，在摘要栏内注明“本月合计”或“×月份发生额和月末余额”字样；最后，再在下面画一条通栏红线，表示完成月结工作。

(2) 季结。季末的结账方法与月结基本相同。季结时，在各账户本季度最后一个月的月结下面(需按月结出累计发生额的，应在“本季累计”下面)画一条通栏红线，表示本季结束；然后，在红线下结算出本季借、贷方发生额和季末余额，同时，在摘要栏内注明“本季合计”或“×季度发生额及余额”字样；最后，再在下面画一条通栏红线，表示完成季结工作。

(3) 年结。办理年结时，首先在12月份月结下面(办理季结的，应在第四季度的季结下面)画一条通栏红线，表示年度终了；然后，在红线下结算出全年12个月份的月结发生额合计或4个季度季结发生额合计和年末余额，如果没有余额，则在余额栏内注明“平”字或“σ”符号，同时，在摘要栏内注明“本年合计”或“×年度发生额及余额”字样，为使借贷双方合计数平衡，应将上年结转过来的年初借(贷)方余额抄至“年度发生额”或“本年合计”下一行的借(贷)方栏内，并在摘要栏内注明“年初余额”字样，再将年末借(贷)方余额抄至下一行的贷(借)方栏内，并在摘要栏内注明“结转下年”字样；最后计算出借贷双方合计数(应该相等)，并在摘要栏内注明“合计”字样，再在合计数下面划通栏双红线，表示封账，完成年结工作。结账方法如表7-9所示。

表7-9 应收账款总分类账 第 页

年		凭证号数	摘要	借方	贷方	借或贷	余额
月	日						
1	1	略	年初余额			借	1 600 000
	5				50 000	借	1 550 000
	10				40 000	借	1 510 000
	20			100 000		借	1 610 000
1	31		1月份发生额及余额	100 000	90 000	借	1 610 000
2	1		月初余额			借	1 610 000
	5			200 000		借	1 810 000
	10			50 000		借	1 860 000
	25				100 000	借	1 760 000
2	28		2月份发生额及余额	250 000	100 000	借	1 760 000
3	1		月初余额			借	1 760 000
			略	略	略	借	略
	31		略	略	略	借	略

续表 7-9

年		凭证号数	摘　　要	借方	贷方	借或贷	余额
月	日						
3	31		3 月份发生额及余额	290 000	50 000	借	2 000 000
3	31		第一季度发生额及余额	640 000	240 000	借	2 000 000
	略		略	略	略	借	略
12	31		略	略	略	借	略
12	31		第四季度发生额及余额	略	略	借	略
12	31		年度发生额及余额	1 900 000	800 000	借	2 700 000
12	31		年初余额	1 600 000			
			结转下年		2 700 000		
			合计	3 500 000	3 500 000		

注：……表示单红线　══表示双红线

第四节　错账查找与更正

一、错账查找的基本方法

为了保证会计核算资料的准确性，在结账之前要进行试算平衡。如果出现重记、漏记整笔业务、借贷方向错误、会计科目使用错误或者窜账（将某账户的金额错计入另外一个账户）等，通过试算平衡是无法发现的。但通过试算，发现借贷不平衡，则说明一定出现错账。这种情况下，可以通过以下方法进行查找。

1. 差数法

差数法就是记账人员根据错账的差数寻找错账的方法，适用于借贷单方漏记或重记错误。

2. 除二法

除二法也叫倍数法，是指用借贷差额除以二的商查找错账的方法，适用于账簿登记的方向性错误，即将借（或贷）方金额错计入贷（或借）方金额，造成借贷差额为该金额的 2 倍。比如借贷双方差额为 8 600，除二之商是 4 300，然后查找金额为 4 300 的记账是否有误。

3. 除九法

除九法是指根据借贷差额除以九的商查找错账的方法，适用于数字错位或数字颠倒两种情况。比如，3 200 错记为 320，其差为 2 880，除以 9 的商为 320，重点查找金额为 320 的账簿记录是否有误；将 3 653 错记为 3 635，其差为 9 的整数倍，说明可能存在数字颠倒的错误。

以上方法只适用于特定错账的查找，如果通过以上方法仍不能找到错账，则必须按照账务处理的程序逐笔进行顺查或逆查。

二、错账的类型

错账的类型繁多，但主要可以概括为以下两类。

1. 证对账错

即会计凭证编制正确，只是账簿登记出现错误。这种错误不涉及凭证，只需对账簿更正即可。

2. 证错账错

即由于会计凭证编制错误，导致在根据会计凭证登记账簿时出现错误。这种错误需要对会计凭证和会计账簿均进行更正。

三、错账的更正方法

会计人员发现账簿记录错误时，应根据具体情况采用正确的方法进行更正，常用的错账更正方法有画线更正法、补充登记法和红字更正法三种。

1. 画线更正法

画线更正法，是指对账簿记录中的错误文字和数字，采用划红线注销，并进行更正的一种方法。它主要适用于结账以前发现账簿记录有错误，而其所依据的记账凭证没有错误，即纯属记账时文字或数字笔误的情况。更正的方法是：先在错误的文字和数字上划一条色横线，表示注销，但必须使原有字迹仍可辨认，以备查考；然后在画线上方用蓝色字迹写上正确的文字和数字，做出更正记录，并在画线处加盖更正人图章，以明确责任。需要注意的是：当数字发生错误时，必须将整笔数字全部划去，不能只划去其中的几个错误数字。例如，将 8 920 元误记为 9 820 元，更正时必须将 9 820 全部用红线划去，在上方用蓝字改为 8 920 元，不能只划掉 98 两个数字。

2. 补充登记法

补充登记法是指用蓝字编制一张补充凭证，补足账户中少记金额的方法。它主要适用于记账以后发现记账凭证中会计科目正确，而所记金额小于应记金额的情况。更正的方法是：用蓝字填制一张种类和科目与原错误的记账凭证相同的，但金额为少记部分的记账凭证，据以登记入账，以补足原来少记的金额。

【例 7-1】 企业以银行存款 4 000 元偿还所欠购货款。在填制记账凭证时，误记金额为 400 元，少记 3 600 元，而所记会计科目无误，并已入账。

其错误分录为：

借：应付账款　　400

　贷：银行存款　　400

更正时，用蓝字填制一张金额为 3 600 元的记账凭证：

借：应付账款　　3 600

　贷：银行存款　　3 600

根据更正错误的记账凭证以蓝字或黑字记账后，即可反映其正确的金额为 4 000 元。

3. 红字更正法

红字更正法，是指用红字冲销或冲减原有的错误记录，以更正或调整记账错误的方法。它主要适用于下列两种情况：

(1) 记账后发现原编制的记账凭证中应借、应贷会计科目或记账方向有误，应采用红字更正法更正。更正时，先用红字金额填制一张与错误记账凭证内容完全相同的记账凭证，在其摘要栏内写明"冲销某月某日某号凭证"，并据以用红字登记入账，冲销原有错误的账簿记录；再用蓝字重新填制一张正确的记账凭证，在其摘要栏内写明"更正某月某日某号凭证"，据以用蓝字登记入账。

【例 7-2】 企业接受投资人投入款项 10 000 元，已存入银行存款户。在填制记账凭证时，误记入资本公积账户，并据以登记入账。

其错误分录为：

借：银行存款　　10 000

　贷：资本公积　　10 000

用红字金额填制一张与错误记账凭证完全相同的记账凭证，并据以登记入账。入账后，表明已全部冲销原有错误记录。

借：银行存款　　[10 000]

　贷：资本公积　　[10 000]

用蓝字填制一张正确的记账凭证，并据以登记入账。

借：银行存款　　10 000

　贷：实收资本　　10 000

(2) 记账后发现原编制的记账凭证中应借、应贷会计科目和记账方向并无错误，但所记金额大于应记金额，应采用红字更正法更正。更正时，可将多记的金额用红字填制一张与原错误记账凭证相同的记账凭证，在其摘要栏内写明"冲销某月某日某号凭证多记金额"，并据以用红字登记入账，以冲销多计的金额。

【例 7-3】 生产车间计提 8 月份固定资产折旧费用 8 200 元，在填制记账凭证时，误记金额为 8 800 元，而所记会计科目无误，并已入账。

其错误分录为：

借:制造费用 8 800

贷:累计折旧 8 800

将多记的600元用红字填制一张与错误分录相同的记账凭证,并用红字入账,以冲销多记的金额。

借:制造费用 [600]

贷:累计折旧 [600]

第五节 会计账簿的更换和保管

一、会计账簿的更换

账簿更换,是指在每一会计年度结束,新的会计年度开始时,启用新账簿,并将上年度会计账簿归档保管。账簿更换有利于保持会计账簿资料的连续性,清晰地反映各个会计年度的财务状况和经营成果。

一般情况下,现金日记账、银行存款日记账、总分类账及绝大多数明细分类账,每年都要更换新账。对于个别采用卡片式的明细分类账,如固定资产卡片,可以跨年度使用,不必每年更换新账。

更换账簿时,首先检查本年度账簿记录在年终结账时是否全部结清,然后在新账中有关账户的第一行"日期"栏内注明1月1日,在"摘要"栏内注明"上年结转"或"年初余额"字样,将上年年末余额以同方向记入新账中的"余额"栏内,并在"借或贷"栏内注明余额的方向。因会计制度改变而需要变更账户名称及其核算内容的,应在上年度结账时,编制余额调整分录,按本会计年度账户名称、核算内容将上年度有关账户余额进行合并或分解,结出新账中应列出的余额,然后再过渡到新账中的各有关账户。编制的余额调整分录,应与上年度会计凭证一并归档保管。新旧账簿更换时,账户余额的结转不需编制记账凭证。

二、会计账簿的保管

会计账簿是单位的重要会计资料,并且有些是需要保密的,因此,必须健全账簿管理制度,妥善保管各种账簿。对账簿的管理主要包括日常管理和旧账归档保管两部分内容。

1. 账簿的日常管理

(1) 各种账簿要分工明确,并指定专人管理。账簿经管人员既要负责记账、对账和结账等工作,又要负责保证账簿安全、完整。

(2) 会计账簿未经领导和会计负责人批准,非经管人员不得随意翻阅查看会计账簿。

(3) 会计账簿除需要与外单位核对外，一般不准携带外出。对携带外出的账簿，必须经领导和会计主管人员批准，并指定专人负责，不得交给其他人员管理，以保证账簿安全、完整和防止任意涂改、毁坏账簿等问题的发生。

2. 旧账的归档保管

年度终了更换并启用新账后，对旧账要整理装订，造册归档。具体包括以下内容：

(1) 整理

首先检查应归档的旧账是否收集齐全，再检查各种账簿应办的会计手续是否完备，对于手续不完备的应补办手续，如改错盖章、结账画线、结转余额、注销空行及空页等。活页账应抽出未使用的空白账页，以便装订成册，并注明各账页的总账页号及每一账户的明细账页号。

(2) 装订成册

旧账装订时，应注意以下事项：首先检查账簿扉页的内容是否填列齐全，并将账簿经管人员一览表及账户目录附在账页前面，加具封面底线。其次检查订本式账簿从第一页到最后一页是否按顺序编写页数，有无缺页或跳页；活页账或卡片式账簿是否按顺序编号，是否加具封面。具体装订时，一般按账户分类装订成册，一个账户装订一册或数册，某些账户账页较少，也可以将几个账户合并装订成一册。将账页整齐牢固地装订在一起后，要将装订线用纸封口，由经办人员及装订人员、会计主管人员在封口处签名或盖章。

(3) 办理交接手续，归档保管

账簿装订成册后，要在各种账簿封面上注明单位名称、账簿种类、会计年度、账簿册数、页数等，由经办人员和会计主管人员签名或盖章。然后编制目录，填写移交清单，办理交接手续，归档保管。保管人员应按照《档案管理办法》的要求，编制索引、分类储存、妥善保管，以便日后查阅。并且要注意防火、防盗，库房通风良好，以防毁损、霉烂等。保管期满后，应按规定的审批程序报经批准后才能销毁，不得任意销毁。

本章小结

会计账簿按其用途可分为序时账簿、分类账簿和备查账簿；会计账簿按其外表形式可分为订本式账簿、活页式账簿和卡片账簿；会计账簿按其账页格式可分为三栏式账簿、多栏式账簿和数量金额式账簿等。

平行登记就是对每一项经济业务，一方面要在有关总分类账中进行总括登记，另一方面还要在其所属的有关明细分类账户中进行明细登记。通过平行登记，并相互核对，才能保证总分类账户的记录与明细分类账户的登记形成统驭和从属的关系，才能及时检查错误和更正错误。对账就是核对账目，是指在会计核算中，为保证账簿记录的真实可靠，对账簿及其记录的有关数据进行检查和核对的工作。结账就是结算账目，是指在一定时期内所发生的经济业务全部登记入账的基础上，按照规定的方法结算出本期发生额合计和期末余额，并将期末余额结转下期的方法。常用的错账更正方法有画线更正法、红字更正法和补充登记法三种。会计账簿的保管要求必须健全账簿管理制度，妥善保管各种账簿。

思考与练习

一、单项选择题

1. 我国现行采用的现金日记账和银行存款日记账属于（　　）。

A. 普通日记账　　B. 特种日记账

C. 分录日记账　　D. 转账日记账

2. 新年度开始启用新账时，可以继续使用不必更换新账的是（　　）。

A. 总分类账　　B. 银行存款日记账

C. 固定资产卡片　　D. 管理费用明细账

3. 在结账后发现账簿记录有文字或数字错误，而记账凭证没有错误，应当采用的更正方法是（　　）。

A. 画线更正法　　B. 红字更正法

C. 补充登记法　　D. 平行登记法

4. 活页式账簿和卡片式账簿主要适用于（　　）。

A. 特种日记账　　B. 普通日记账

C. 分类账　　D. 明细分类账

5. 现金和银行存款日记账，根据有关凭证（　　）。

A. 逐日逐笔登记　　B. 逐日汇总登记

C. 定期汇总登记　　D. 一次汇总登记

6. 多栏式明细账一般适用于（　　）。

A. 收入费用类账户　　B. 所有者权益类账户

C. 资产类账户　　D. 负债类账户

二、多项选择题

1. 下列属于序时账的有（　　）。

A. 普通日记账　　B. 银行存款日记账

C. 明细分类账　　D. 现金日记账

2. 下列明细账中可以采用三栏式账页的有(　　)。

A. 应收账款明细账　　B. 原材料明细账

C. 材料采购明细账　　D. 现金日记账

3. 对账的具体内容包括(　　)。

A. 账证核对　　B. 账账核对

C. 账实核对　　D. 账表核对

4. 任何会计主体必须设置的账簿有(　　)。

A. 现金日记账　　B. 银行存款日记账

C. 总分类账簿　　D. 备查账簿

5. 登记明细分类账的依据可以是(　　)。

A. 原始凭证　　B. 汇总原始凭证

C. 记账凭证　　D. 经济合同

6. 数量金额式明细分类账的账页格式一般适用于(　　)。

A. 库存商品明细账　　B. 应交税费明细账

C. 应付账款明细款　　D. 原材料明细账

四、判断题

1. 现金日记账和银行存款日记账的外表形式必须采用订本式账簿。(　　)

2. 记账以后,发现记账凭证中应借应贷科目错误,应采用红字更正法更正。(　　)

3. 单位可以根据需要设置总分类账。(　　)

4. 为保持账簿记录的持久性,防止涂改,记账时必须使用蓝黑墨水或碳素墨水,并用钢笔书写,不得使用铅笔或规定以外的圆珠笔书写。(　　)

5. 账簿按其用途不同,可分为订本式账簿、活页式账簿和卡片式账簿。(　　)

6. 会计账簿是连接会计凭证与会计报表的中间环节,在会计核算中具有承前启后的作用,是编制会计报表的基础。(　　)

第八章 财产清查

引导案例

2016 年 6 月 30 日，甲企业组织清查小组，对财产进行清查。清查后编制的全部财产实存账存对比表如表 8-1 所示。

表 8-1 实存账存对比表

类别名称	计量单位	实存		账存		对比结果			
		数量	金额	数量	金额	盘盈		盘亏(毁损)	
						数量	金额	数量	金额
库存现金	元		24 880		24 980				100
银行存款	元		660 000		644 000		16 000		
A 产品	台	565	1 017 000	570	1 026 000			5	9 000
C 零部件	件	51	3 060	50	3 000	1	60		

注：表中银行存款一栏，“实存”指企业出纳员从银行取回的对账单上所记载企业当日存款余额为 660 000 元，“账存”指银行存款日记账的余额为 644 000 元。

你知道什么是财产清查吗？实际工作中为什么要进行财产清查？企业与银

行记载着同类事件，但同一时间记载的结果却不相同，你知道这是为什么吗？库存现金发生短缺应该由谁赔偿呢？A产品毁损是由于车间漏雨造成的，该作何处理呢？C零部件盘盈又应如何做出账务处理呢？

【学习目标】

(1) 正确理解财产清查的意义，了解财产清查的种类和范围；

(2) 掌握存货的两种盘存制度及会计处理方法，以及财产清查的方法；

(3) 能够对财产清查结果进行处理。

【学习重点与难点】

(1) 财产清查的含义和意义、货币资金的清查方法、存货的盘存制度；

(2) 财产清查结果的账务处理。

第一节　财产清查概述

如前所述，企业日常发生经济业务之后，按照一定的会计科目和复式记账法，根据原始凭证相应地填制并审核会计凭证，并依据会计凭证登记相关的会计账簿(总分类账、明细分类账以及现金和银行存款日记账等)。账簿能够全面、系统、序时、分类地反映企业发生的各项经济业务，账簿记录是否正确和完整，将直接影响会计信息的客观真实性。《会计法》第十七条规定："各单位应当定期将会计账簿记录与实物、款项及有关资料相互核对，保证会计账簿记录与实物及款项的实有数额相符，会计账簿记录与会计报表的有关内容相符。"因此，企业期末要进行账证核对、账账核对和账实核对，而账实核对一般就要结合财产清查进行。

一、财产清查的概念及原因

1. 财产清查的概念

财产清查，是指对各项财产物资(包括货币资金、实物资产、债权债务等)进行盘点和核对，确定其实存数，核实其账面结存数和实际结存数是否相符的一种会计专门方法。财产清查不仅是会计账务处理的重要组成部分，也是财产物资管理制度的主要内容。通过财产清查，可以及时发现问题、解决问题，一旦查明账实不符，则应采取相应的方法进行处理，从而做到账实相符，保证会计信息的客观真实性。本章主要阐述编制报表前进行的财产清查及对清查结果的账务处理。

2. 财产清查的原因

财产清查的关键是解决账实不符问题。账实不符的原因是多方面的，既有主观原因，也有客观原因。归纳起来有如下几种情况：

(1) 会计人员在编制财产物资收发凭证、登记账簿、编制报表的过程中发生漏记、错记、重记或计算错误而造成账实不符。

(2) 在收发各项财产物资的过程中，由于计量器具在检测手段或检测方法上出现误差，或由于计量和检验人员工作疏忽而发生品种、数量或质量上的差错。

(3) 财产物资在保管过程中，受到气候等自然因素影响而发生的数量和质量上的变化而造成账实不符，如钢铁锈蚀、木材腐烂、白糖吸潮等。

(4) 因保管不善或工作人员失职发生的财产物资丢失、被盗、残损、变质与短缺，以及货币资金、债权债务的差错而造成账实不符。

(5) 因不法分子营私舞弊、贪污盗窃等活动而造成的财产损失。

(6) 因结算中存在未达账项和外单位拒付等行为而引起银行存款、往来款项结算双方的账实不符。

(7) 发生意外灾害等。

造成账实不符的原因不同，其会计处理也有所差异。将在本章第三节内容中详细介绍。

二、财产清查的意义

作为会计核算的一种专门方法，通过财产清查可以发现账实不符的情况，针对问题查明原因，分清责任，采取有效措施进行处理，保证会计资料的真实正确。这对于会计核算具有十分重要的意义。

1. 保证会计核算资料的客观真实性

通过财产清查，可以确定各项财产物资、货币资金及债权债务的实存数，将实存数与账存数进行核对，核实账实是否相符。如果账实不符，则要迅速查明原因，确定盘盈、盘亏并及时调整账簿记录做到账实相符，从而保证会计账簿记录的真实性、可靠性，保护各项财产的安全完整，为经济管理提供可靠的数据资料。

2. 健全财产物资管理制度

通过财产清查，可以发现各项财产物资的储备和利用情况，分析是否存在财产物资储备不足、超储积压或呆滞等问题，充分挖掘各项财产物资的潜力，加速资金周转，查明各项财产物资占用资金的合理程度，开源节流，避免损失浪费。促进企业不断改进财产物资管理，健全财产物资管理制度，改善经营管理，提高经济效益。

3. 完善财产物资内部控制制度

通过财产清查，可以查明各项财产物资是否账实相符，是否存在被挪用、贪污、盗窃等非法活动，查明财产物资盘亏盘盈的原因，落实经济责任，从而帮助企业管理者完善财产物资内部控制制度的制定、执行及监督等各项环节，防止人为原因造成账实不符。

4. 维护结算纪律和商业信用，促进企业遵守财经纪律

通过财产清查，对于各种应收、应付账款应及时结算，避免长期拖欠和长年挂账，使各企业共同维护结算纪律和商业信用。同时，可以查明企业有无非法挪用资金、偷税、漏税等违法和违反财经纪律的行为，有无不合理的债权、债务关系，促进企业自觉遵守结算制度，维护财经纪律，促进企业遵守财经纪律。

三、财产清查的种类

财产清查的种类很多，可以根据清查的对象、范围、时间等不同标志进行分类。

1. 按清查范围不同，分为全面清查和局部清查

（1）全面清查

全面清查是对属于本企业或存放在本企业的所有财产物资、货币资金和债权债务进行全面盘点和核对。对资产负债表内所列项目，要一一盘点、核对。

① 全面清查的对象

具体而言，全面清查的对象包括：

第一，货币资金。包括库存现金、银行存款、其他货币资金等。

第二，材料物资。包括库存的、在途的、委托其他单位保管的材料，在产品、库存商品以及固定资产、在建工程等。

第三，往来款项。包括应收票据、应付票据、应收账款、应付账款、长期借款、短期借款等各种债权债务。

② 需要全面清查的情况

一般而言，全面清查的内容多、范围广、时间长、工作量大、涉及部门和人员多，在以下几种情况下才需要进行全面清查：

第一，年底决算之前；

第二，单位撤销、合并、改制、改变隶属关系或发生破产清算；

第三，按规定开展全面的资产评估或清产核资；

第四，单位主要负责人调离工作单位等。

（2）局部清查

局部清查是指依据有关规定或根据需要对部分财产物资、货币资金和债权债务进行盘点和核对。一般情况下，具体清查内容包括：

① 库存现金。由出纳人员在当日业务终了时清查核对，做到日清月结。

② 银行存款。每月要同银行核对一次。

③ 债权债务。每年至少核对一至两次，如有问题应及时解决。

④ 流动性较大的各项存货。除年终进行全面清查外，年内还要有计划地轮流盘点或重点抽查。

⑤ 各种贵重物资。每月至少应清查盘点一次。

与全面清查相比，局部清查涉及的内容少、范围小、时间短、工作量小，但专业性较强，主要是对货币资金、存货等流动性较大、变现能力较强的财产、贵重物品进行盘点和核对；在财产物资遭受非正常损失和更换有关管理人员的时候，也要对有关财产物资进行局部清查，以确保账实相符，保护财产物资的安全完整。

2. 按清查时间不同，分为定期清查和不定期清查

(1) 定期清查

定期清查是指按预先计划安排的时间或根据规定对财产物资、货币资金和债权债务进行清查。通常在每日、月末、季末、年终结账时进行。如现金要做到日清月结，银行存款每月核对等。定期清查既可以是全面清查，如企业在编制年度财务报告前，应当清查财产、核实物资（全面、定期），也可以是局部清查，如每日结账时的现金核对工作。

(2) 不定期清查

不定期清查又称临时清查，是指事前不规定清查时间，而是根据实际需要对财产物资进行的临时性清查。同样，不定期清查可以是全部清查，如，单位撤销、合并、改制、改变隶属关系、发生破产清算或主要领导调离等；也可以是局部清查，如更换财产物资和现金保管人员时、发生意外灾害等情况时进行的有关财产物资清查。

四、财产清查的一般程序

如前述，财产清查工作涉及各项财产物资，涉及面广，工作量大。为保证财产清查工作顺利、有序、高效地进行，需要遵循一定的程序。一般而言，财产清查的程序包括：

1. 成立财产清查组织

清查组织成员一般由单位领导、会计、出纳、业务及仓库等有关部门的人员组成。主要任务是制定财产清查方案，确定财产清查范围，安排财产清查工作步骤，检查督促财产清查工作，提出财产清查结果处理意见，写出财产清查总结报告等。

2. 清查前的准备工作

指组织清查组人员掌握有关法律、法规，学习有关政策，熟悉相关业务知识，以提高财产清查工作的质量。

3. 确定清查对象、范围，明确清查任务

4. 制定清查方案

确定清查人员，安排清查的内容、时间、方法、步骤以及必要的清查前准备工作。

5. 实施财产清查

包括清查财产物资的数量、核对有关账簿记录、做好盘点记录、填制盘存清单、列明所查财产物资的实存数量、根据盘存清单填制实物和往来账项清查结果报告表等。

6. 财产清查结果的处理

根据财产清查的方法对财产清查结果做出相应的账务处理。

第二节　财产清查的基本方法

由于财产物资的种类繁多，特点各异，为了核实各项财产物资的实存数量和金额是否与账面数量和金额相符，使财产清查工作顺利完成，达到财产清查工作的目的，针对不同的清查对象应采用不同的清查方法。

一、财产清查方法概述

进行财产清查，首先要核对财产物资的实存数量、金额以及账存数量和金额，并进行比较，查明账存数和实存数是否相符，最终做出处理。

1. 清查财产物资实存数的方法

不同品种的财产物资，由于其实物形态、体积、重量、堆放方式、用途、性能等方面有所差异，因而对其进行清查所采用的方法也有所不同。常用的实物财产清查方法包括：

(1) 实地盘点法

指通过实地逐一清点或用磅、量尺等计量器具确定财产物资实存数量的一种方法。这种方法适用范围较广，要求严格，数字准确可靠，清查质量高，但工作量较大。如现金、机器设备、包装好的原材料、产成品和库存商品等的清查。

(2) 对账单法

指将本企业的账簿记录与对方开出的对账单进行核对，或者本企业根据账簿记录向对方开出对账单由对方核对。如银行存款和往来款项的清查。

(3) 技术推算法

指利用技术推算方法确定财产物资实存数量的一种方法。此种方法适用于大量成堆、难以逐一清点的、散装的、价值较低的、数量巨大的财产物资。如对一些大量堆放的生产用煤、沙石、土方等物资的清查。

(4) 抽样盘存法

指对于数量多、重量均匀或者不便于逐一清点的实物财产，可以采用抽样盘点的方法，确定财产的实有数额。

(5) 函证核对法

指对于委托外单位加工或保管的物资，可以采用向对方企业发函调查，并与本企业的账存数核对的方法。

2. 清查财产物资账存数的方法

货币资金、债权债务的账面结存数可以直接从账簿中获得，此处主要指实物资产账存数的确定方法。确定实物资产账存数的方法一般有两种：永续盘存制和实地盘存制。

（1）永续盘存制

永续盘存制又称账面盘存制，指对存货等实物资产按其品种规格逐一设置明细分类账户，对各项财产物资的增加数和减少数，都要逐日逐笔根据会计凭证连续记入有关明细账簿，并随时根据增加数和减少数结出账面余额的一种方法。采用永续盘存制，仍然需要对存货进行定期或不定期的实地盘点。其具体做法是：收入某项财产物资时，根据有关会计凭证将收入的数量和金额分别登记在有关明细账的收入栏；发出某项财产物资时，根据有关会计凭证将发出的数量和金额登记在有关明细账的发出栏，并及时计算出该项财产物资在明细账上结存的数量和金额。用公式表示：

账面期末余额＝账面期初余额＋本期增加额－本期减少额

（2）实地盘存制

实地盘存制又称“定期盘存制”或“以存计耗制”，是指期末根据实物盘点来确定存货数量，然后乘以单位成本，再计算出销售或耗用成本的一种方法。采用这种方法，平时只根据会计凭证在明细账中登记财产物资增加数量和金额，不登记减少的数量和金额，期末以实际盘点的数量作为账面结存数量，然后倒算出本期各项财产物资的减少数，即：

期末存货成本＝存货数量（实地盘存数）×进货单价

本期减少额＝账面期初余额＋本期增加额－期末存货成本

（3）永续盘存制和实地盘存制的比较

永续盘存制要求逐日逐笔登记财产物资的增减变化，并随时结出账面结存数，能及时掌握存货的收发、结存动态情况，可以随时掌握存货量是否不足或过多，及时组织货源，加速资金周转，还可查明溢余或短缺的原因，便于加强对财产物资的管理。但不足之处在于，由于要逐日逐笔登记各项财产物资的增减变动及结存情况，因此工作量较大。永续盘存制比较适宜于高价值、小批量的存货。

实地盘存制要求平时只登记财产物资增加的数量和金额，不登记减少的数量和金额，因此相应减少了各种明细账的登记工作，简化了存货的日常核算工作。但是不利于随时掌握财产物资的动态变化。采取“以存计耗”的方式倒挤成本，容易掩盖存货管理过程中存在的人为和自然等因素造成的损失，不便于施行会计监督。实地盘存制比较适宜于大批量、低价值、进出频繁的财产物资。

二、库存现金的清查

库存现金的清查应该采取实地盘点法确定实存数，然后与现金日记账余额进行核对，查明账实是否相符。现金盘点后，应根据盘点结果，填制“库存现金盘点报告表”，并据以正确调整现金日记账的余额。“库存现金盘点报告表”是重要的原始凭证，具有实物财产清查的“盘存单”和“实存账存对比表”的双重功效。“库存现金盘点报告表”填制完毕，为了明确经济责任，应由清查人员和出纳员共同签字认可方能生效。其格式如表 8-2 所示。

表 8-2　　库存现金盘点报告表

单位名称：　　____年____月____日　　单位：元

实存金额	账面金额	实存数与账存数的差异		备注
		现金盈余	现金短缺	

盘点人：（签章）　　出纳员：（签章）

三、银行存款的清查

1. 银行存款清查概述

银行存款的清查是采用银行存款日记账与开户银行提供的对账单进行逐笔核对的方法，即对账单法。在对账时，如果出现银行存款日记账与银行对账单余额不一致的情况，原因可能有两方面：一是记账出现错误，二是存在未达账项。

2. 未达账项

所谓未达账项是指对于同一项业务，由于企业与银行之间凭证传递时间的不同，导致双方记账时间不一致，即一方已取得结算凭证登记入账，另一方由于尚未取得结算凭证而尚未入账的款项。未达账项有两大类型：一是企业已经入账而银行尚未入账的款项，二是银行已经入账而企业尚未入账的款项。具体来讲又分为以下四种情况。

（1）企业已收银行未收的款项

指企业已经根据有关收款的原始凭证编制了记账凭证，并已据以登记了银行日记账，即企业的银行存款已经增加；但是由于银行尚未收到相关原始凭证，也就没有进行登记，从而造成了银行的未达账项。结果是银行存款日记账的金额大于银行对账单的金额。如企业收到客户用于支付货款的银行转账支票，即已登记入账，但尚未立即去银行办理相关手续，银行方面尚未入账。

(2) 企业已付银行未付的款项

指企业已经根据有关付款的原始凭证编制了记账凭证，并已据以登记了银行日记账，即企业的银行存款已经减少；但是由于银行尚未收到相关原始凭证，也就没有进行登记，从而造成了银行的未达账项。结果是银行存款日记账的金额小于银行对账单的金额。如企业开出现金支票或转账支票用于支付货款，即已入账，但客户在收到支票后，并未立即去银行办理相关手续，银行方面尚未入账。

(3) 银行已收企业未收的款项

指银行已经根据有关收款的原始凭证进行了登记，即银行对账单金额已经增加；但是由于企业尚未收到相关原始凭证，也就没有进行登记，从而造成了企业的未达账项。结果是银行存款日记账的金额小于银行对账单的金额。如银行已收到购货方所支付的货款，但凭证尚未传递到企业，企业未入账。

(4) 银行已付企业未付的款项

指银行已经根据有关付款的原始凭证进行了登记，即银行对账单金额已经减少；但是由于企业尚未收到相关原始凭证，也就没有进行登记，从而造成了企业的未达账项。结果是银行存款日记账的金额大于银行对账单的金额。如商业银行受企业委托代交水电等公用设施费，但凭证尚未传递到企业，企业未入账。

为消除未达账项的影响，企业需要编制“银行存款余额调节表”，据以调节未达账项。编制“银行存款余额调节表”时，以银行存款日记账和银行对账单为基础，各自分别加上对方已收款入账而自己尚未入账的金额、减去对方已付款入账而自己尚未入账的金额。其计算关系如下：

$$\text{银行存款日记账调整后的余额}=\text{银行存款日记账余额}+\text{银行已收企业未收的款项}-\text{银行已付企业未付的款项}$$

$$\text{银行对账单调整后的余额}=\text{银行对账单余额}+\text{企业已收银行未收的款项}-\text{企业已付银行未付的款项}$$

调节后双方存款余额如果相等，则证明双方记账过程基本正确，而且这个调节后的余额是企业当时可以实际动用的银行存款的限额。如果调节后双方的余额仍不相等，则可能一方或双方账簿记录中有错，应进一步查明原因，予以更正。

【例 8-1】 2016 年 5 月，某企业银行存款日记账所记经济业务如下：

(1) 5 日开出支票一张，支付购入材料的货款 2 000 元；

(2) 8 日存入销货款转账支票 6 500 元；

(3) 15 日开出支票，支付购买材料的货款 8 700 元；

(4) 23 日收到销货转账支票 18 000 元；

(5) 30 日开出支票，支付日常零星费用 500 元；

(6) 31 日银行存款日记账余额 358 600 元。

银行对账单所列经济业务如下：

(1) 7 日收到企业开出的支票，金额为 2 000 元；

(2) 11 日收到销货款转账支票 6 500 元；

(3) 17 日收到企业开出的支票，金额为 8 700 元；

(4) 20 日结算银行存款利息 650 元；

(5) 26 日银行为企业代付水电费 1 200 元；

(6) 31 日银行对账单余额 340 550 元。

根据以上资料，进行账项核对并编制"银行存款余额调节表"，如表 8-3 所示。

表 8-3　　银行存款余额调节表

项　目	金额	项　目	金额
企业银行存款账面余额	358 600	银行对账单存款余额	340 550
加：银行已收，企业未收	650	加：企业已收，银行未收	18 000
减：银行已付，企业未付	1 200	减：企业已付，银行未付	500
调节后的存款余额	358 050	调节后的存款余额	358 050

由例 8-1 可以看出，表 8-3 中左右两方调节后的金额相等，这说明该企业的银行存款日记账记账过程基本正确(但这不是绝对的，如两个差错正好相等，抵消为零等)。同时，说明企业的银行存款实有数既不是 358 600 元，也不是 340 550 元，而是 358 050 元。如果调节后的余额仍然不等，则应进一步查明原因，采取相应的方法进行更正。按照我国会计法规的规定，根据未达账项引起的差异所编制的银行存款余额调节表不能作为原始凭证来调节或纠正总账或银行存款日记账的账面记录，对于银行已经记账而企业尚未记账的未达账项，应该在实际收到有关收、付款结算凭证后再进行相关的账务处理。

四、实物资产的清查

实物资产是指具有实物形态的各种财产，包括各类材料、半成品、在产品、产成品、库存商品、低值易耗品、包装物和固定资产等。对于实物财产的清查，一般采取实地盘点法对各项实物资产进行盘点，根据盘点结果编制"盘存单"，如表 8-4 所示。

表 8-4 **盘存单**

单位名称： 盘点时间： 财产类别： 存放地点： 编号：

编号	类别	规格或型号	计量单位	账存			实际盘点			备注
				数量	单价	金额	数量	单价	金额	

盘点人(签章)： 实物保管人(签章)：

盘点结束后，再根据“盘存单”填制“盘盈盘亏报告单”，如表 8-5 所示。

表 8-5 **盘盈盘亏报告单**

单位名称： ______年____月____日 编号：

编号	类别及名称	计量单位	单价	实存		账存		对比结果				备注
								盘盈		盘亏		
				数量	金额	数量	金额	数量	金额	数量	金额	

报告人(签章)：

五、往来款项的清查

往来款项清查是指对企业各种应收、应付款的清查，一般采用的方法是函证核对法或实地盘点法。在清查过程中，会计人员应根据有关明细账记录，按户编制“往来款项对账单”，以函证的方式寄发给对方单位进行核对。对账单一般一式两联，其中一联作为回单，对方单位接到对账单核对无误后，在回单联上注明“核对相符”字样，并加盖公章寄回；若发现数额不符，对方单位在回单上注明不符的情况，或另抄一份对账单寄回寄发单位，作为进一步核对的依据；若存在未达账项，应进行余额调整（调整方法类似于银行存款余额调节），以确保会计资料的正确完整。往来款项对账单的格式和内容如图 8-1 所示。

往来款项对账单(对账联)

××单位:

你单位20××年×月×日购入我单位×产品×台,已付货款×××元,尚有×××元货款未付,请核对后将回单联寄回。

核查单位:(盖章)

20××年×月×日

沿此虚线裁开,将以下回单寄回!

往来款项对账单(回执联)

×××核查单位:

你单位寄来的"往来款项对账单"已经收到,经核对相符无误(或不符,应注明具体内容)。

××单位(盖章)

20××年×月×日

图 8-1 往来款项对账单

最后,编制"往来款项清查表",如表 8-6 所示。

表 8-6 往来款项清查表

单位名称: ______年____月____日

总分类账户		明细账户		对方结存额	对比结果及差异额	差异原因及金额			备注
名称	金额	名称	金额			未达账项	争议款项	无法收回款项	

清查人员(签章): 记账人员(签章):

第三节 财产清查结果的处理

财产清查的种类不同,所采用的清查方法以及对清查结果的账务处理也不同。财产清查后,若实存数与账存数一致,即账实相符,不必进行账务处理;若实存数与账存数不一致,当实存数大于账存数时,称为盘盈;当实存数小于账存数时,称为盘亏;实存数虽与账存数一致,但实存的财产物资有质量问题,不能正常使用,称为毁损。不论是盘盈、盘亏或是毁损,都需要进行账务处理,调整账存数,使账存数与实存数一致,做到账实相符,保证会计信息的真实可靠性。

一、财产清查结果处理的基本步骤

财产清查结果无论是盘盈、盘亏还是毁损,均应按照国家有关财务会计制度的规定进行认真处理。当出现实存数和账存数不一致的情况时，财产清查人员首先要核对数字，分析数字差异产生的原因，明确经济责任，并将相应的处理意见报上级部门，经上级部门批准后，进行会计处理。主要步骤如下：

（1）核对数字，分析原因

根据已查明的财产盘盈、盘亏或毁损的数字，编制"实存账存对比表"等报告表，认真分析账实不符的原因，明确经济责任，提出相应的处理意见，并报上级部门批准。

（2）填制记账凭证，调整账簿记录，保证账实相符

在分析账实不符的原因，明确经济责任后，根据"实存账存对比表"填制记账凭证，并据以登记有关账簿，调整原账面结存数，做到账实相符。具体而言，财产清查结果是盘盈时，增加账面记录；财产清查结果是盘亏时，冲销账面记录。

二、财产清查结果的处理

1. 财产清查结果处理应设置的账户

为了核算和监督企业在财产清查中查明的各项财产物资的盘盈、盘亏或毁损情况，需设置"待处理财产损溢"账户。该账户用来核算企业在财产清查过程中查明的各种财产物资盘盈、盘亏和毁损的金额。该账户借方登记发生的待处理财产的盘亏、毁损数额和已批准处理的盘盈转销数额，贷方登记发生的待处理财产的盘盈数额和已批准处理的盘亏及毁损转销数额。该账户在处理前如出现借方余额，表示企业有尚未处理的各种财产净损失（即盘亏和毁损数额与盘盈数额的差额）；该账户在处理前如出现贷方余额，表示企业有尚未处理的各种财产净溢余（即盘盈数额与盘亏和毁损数额的差额）。处理后该账户无余额。该账户下按盘盈、盘亏的资产种类和项目进行明细核算，如图 8-2 所示。

借方　　　　　待处理财产损溢	贷方
发生额：发生的待处理财产盘亏或毁损额、已批准处理的盘盈转销额	发生额：发生的待处理财产盘盈额、已批准处理的盘亏及毁损转销额
余额：尚未处理的各种财产净损失	余额：尚未处理的各种财产净溢余

图 8-2 "待处理财产损溢"账户

"待处理财产损溢"账户下还需设置"待处理流动资产损溢"和"待处理固定资产损溢"两个明细分类账户，分别核算流动资产和固定资产的损溢情况。

此外，还需注意，"待处理财产损溢"只核算货币资金和实物资产的盘盈、盘亏及毁损情况，各项债权债务的盈亏不在"待处理财产损溢"账户中核算，当批准

核销企业无法收回的应收款项时，应作坏账损失，冲减坏账准备金；核销企业无法偿还的应付款项时，直接转入营业外收入；“待处理财产损溢”账户的运用要区分尚未处理和已批准处理两种情况；盘盈或盘亏的实物资产如果在会计期末尚未获得批准，应在对外提供财务报告时先按有关规定进行处理，并在会计报表附注中做出说明，如果其后批准处理的金额与已处理的金额不一致，应按其差额调整会计报表相关项目的年初数。

2. 财产清查结果的财务处理

财产清查的对象不同，所采取的处理方法也不同。一般处理原则是：责任事故造成的盘亏，应由责任人负责赔偿；定额内的盘亏，应增加费用；非常损失，如自然灾害等，在扣除保险公司赔偿和残余材料价款后，经批准列入营业外支出；盘盈则一般抵减费用。财产清查结果批准处理的一般类型如表 8-7 所示。

表 8-7　财产清查结果批准处理的一般类型

财产清查对象	盘盈、盘亏或毁损的原因	转入账户
库存现金	无法查明原因的现金溢余	营业外收入(贷方)
	应支付给个人及单位的现金溢余	其他应付款(贷方)
	应由过失人赔偿的现金短缺	其他应收款(借方)
	无法查明原因的现金短缺	管理费用(借方)
存货	流动资产自然溢余	管理费用(贷方)
	责任者过失造成的流动资产损失	其他应收款(借方)
	应由保险公司赔偿的非常损失	其他应收款(借方)
	经营不善造成的流动资产损失 或流动资产在保管过程中的自然损耗	管理费用(借方)
	自然灾害造成的流动资产非常损失	营业外支出(借方)
固定资产	固定资产盘亏可收回的赔偿	其他应收款(借方)
	固定资产盘亏批准转入营业外支出	营业外支出(借方)

(1) 现金溢余和短缺的账务处理

企业应按照规定进行现金清查，一般采用实地盘点法，对清查结果要编制“库存现金盘点报告表”。如果有挪用现金、白条抵库的情况，应及时予以纠正；对于超额留存的现金应及时送存银行。如果发现账实不符，应先通过“待处理财产损溢”处理。报经上级部门批准后，分情况处理：

若为现金溢余，属于应支付给有关人员或单位的，计入“其他应付款”；属于无法查明原因的，计入“营业外收入”。

若为现金短缺，属于应由有关责任人或保险公司赔偿的，计入“其他应收款”；属于无法查明原因的，计入“管理费用”。

① 现金溢余的账务处理

【例 8-2】 某企业对库存现金进行盘点，根据盘点结果填制“库存现金盘点报告表”，发现库存现金溢余 200 元，如表 8-8 所示。

表 8-8　　库存现金盘点报告表

单位名称：　　　　______年____月____日　　　　单位：元

实存金额	账面金额	实存数与账存数的差异		备注
		现金盈余	现金短缺	
3 800	3 600	200		

盘点人：(签章)　　　　出纳员：(签章)

报经批准前，根据“库存现金盘点报告表”，进行会计处理如下：

借：库存现金　　200

　贷：待处理财产损溢——待处理流动资产损溢　　200

经核查，上述现金溢余原因不明，报上级部门批准后，转作营业外收入。编制会计分录：

借：待处理财产损溢——待处理流动资产损溢　　200

　贷：营业外收入——盘盈利得　　200

② 现金短缺的账务处理

【例 8-3】 某企业在财产清查中发现库存现金短缺 100 元。

报经批准前，根据“库存现金盘点报告表”，编制记账凭证并登记账簿。

借：待处理财产损溢——待处理流动资产损溢　　100

　贷：库存现金　　100

经查实，库存现金短缺是由于出纳员差错所致，由出纳员个人赔偿。账务处理如下：

借：其他应收款——出纳员　　100

　贷：待处理财产损溢——待处理流动资产损溢　　100

(2) 存货盘盈、盘亏和毁损的账务处理

① 存货盘盈的账务处理

企业发生存货盘盈时，借记“原材料”、“库存商品”等科目，贷记“待处理财产损溢”科目；报经上级部门批准后，借记“待处理财产损溢”科目，贷记“管理费用”

科目。

【例 8-4】 某企业在年末财产清查中，盘盈 K 材料 1 000 千克，实际单位成本 50 元。

报经批准前，根据“实存账存对比表”，编制会计分录：

借：原材料——K 材料　　50 000

　贷：待处理财产损溢——待处理流动资产损溢　　50 000

经查明，该项盘盈系计量仪器不准出现计量误差累计所致，报批后，作为冲减管理费用处理，应编制如下记账凭证并登记账簿。

借：待处理财产损溢——待处理流动资产损溢　　50 000

　贷：管理费用　　50 000

② 存货盘亏或毁损的账务处理

企业发生存货盘亏或毁损时，借记“待处理财产损溢”科目，贷记“原材料”、“库存商品”等科目；报经上级部门批准后，应由保险公司或过失人赔偿的，记入“其他应收款”科目；扣除残料价值和应由保险公司或过失人赔偿后的净损失，属于一般经营损失的部分，记入“管理费用”科目，属于非正常损失的部分，记入“营业外支出”科目。

【例 8-5】 某企业在财产清查中发现库存 C 材料短缺 300 千克，价值 6 000 元。

报经批准前，根据“实存账存对比表”，编制会计分录：

借：待处理财产损溢——待处理流动资产损溢　　6 000

　贷：原材料——C 材料　　6 000

经查属于一般经营损失，经批准后做出账务处理：

借：管理费用　　6 000

　贷：待处理财产损溢——待处理流动资产损溢　　6 000

【例 8-6】 某企业在财产清查中发现库存 L 材料毁损 500 千克，实际单位成本 80 元。

报经批准前，根据“实存账存对比表”，编制会计分录：

借：待处理财产损溢——待处理流动资产损溢　　40 000

　贷：原材料——L 材料　　40 000

经查属于材料保管员的工作失误造成。按照规定，由其个人赔偿 32 000 元，残料价值 5 000 元，已办理入库手续。会计处理如下：

Ⅰ. 由过失人赔偿部分：

借：其他应收款——保管员　　32 000

　贷：待处理财产损溢——待处理流动资产损溢　　32 000

Ⅱ. 残料入库：

借：原材料——L材料　　5 000

　贷：待处理财产损溢——待处理流动资产损溢　　5 000

Ⅲ. L材料毁损净损失：

借：管理费用　　3 000

　贷：待处理财产损溢——待处理流动资产损溢　　3 000

【例8-7】 某企业因地震造成一批库存商品毁损，实际成本50 000元。

报经批准前，编制会计分录：

借：待处理财产损溢——待处理流动资产损溢　　50 000

　贷：库存商品　　50 000

根据保险合同规定，应由保险公司赔偿40 000元。报批后，做出账务处理如下：

借：其他应收款——保险公司　　40 000

　　营业外支出　　10 000

　贷：待处理财产损溢——待处理流动资产损溢　　50 000

(3) 固定资产盘盈和盘亏的账务处理

企业应定期或者至少每年年末对固定资产进行清查盘点。如发现盘盈或盘亏的固定资产，应填制固定资产盘盈盘亏报告表，及时查明损溢原因，按照规定程序报批处理，保证固定资产核算的真实性。

① 盘盈的账务处理

盘盈固定资产，视同前期差错，记入"以前年度损益调整"账户，不通过"待处理财产损溢"账户处理。

盘盈的固定资产，应按以下规定确定其入账价值：如果同类或类似固定资产存在活跃市场的，按同类或类似固定资产的市场价格减去按该项固定资产新旧程度估计的价值损耗后的余额作为入账价值；如果同类或类似固定资产不存在活跃市场的，按该项固定资产的预计未来现金流量现值作为入账价值。

企业应按如上方法确定的入账价值，借记"固定资产"科目，贷记"以前年度损益调整"科目。

【例8-8】 某企业于2016年6月30日对企业全部固定资产进行盘点，盘盈一台七成新的机器设备，该设备同类产品市场价格100 000元，企业所得税税率为25%，盈余公积提取比例为10%。要求：编制该企业盘盈固定资产的相关会计分录。

按照会计准则，固定资产盘盈属于会计差错。有关会计处理如下：

盘盈固定资产时：

借:固定资产　　　　　　　　　　　　70 000

　贷:以前年度损溢调整　　　　　　　　　70 000

确定应缴纳的所得税时:

借:以前年度损溢调整　　　　　　　　17 500

　贷:应交税费——应交所得税　　　　　　17 500

结转为留存收益时:

借:以前年度损溢调整　　　　　　　　52 500

　贷:盈余公积　　　　　　　　　　　　　5 250

　　利润分配——未分配利润　　　　　　47 250

② 盘亏的账务处理

企业在财产清查中盘亏的固定资产,按盘亏固定资产的账面价值,借记"待处理财产损溢"科目,按已计提的累计折旧,借记"累计折旧"科目,按已计提的固定资产减值准备,借记"固定资产减值准备"科目,按固定资产原价,贷记"固定资产"科目。报经批准后,按可收回的保险赔偿或由过失人负责的赔偿,借记"其他应收款"科目,批准转入营业外支出的,借记"营业外支出"科目,贷记"待处理财产损溢"科目。

【例 8-9】 某企业在年末财产清查中,发现盘亏电脑一台,其账面原值为 10 000 元,已提折旧 7 000 元。

报经批准前,根据"固定资产盘盈盘亏报告表",编制会计分录:

借:待处理财产损溢——待处理固定资产损溢　　3 000

　　累计折旧　　　　　　　　　　　　　　　7 000

　贷:固定资产　　　　　　　　　　　　　　　10 000

报批后,上述盘亏固定资产列作营业外支出,账务处理如下:

借:营业外支出——盘亏损失　　　　　　　3 000

　贷:待处理财产损溢——待处理固定资产损溢　　3 000

(4) 应收、应付款项清查结果的账务处理

对于应收、应付款项的清查,应采用函证核对法。首先核查本单位的账目是否正确完整,并编制核对单,派人或发函到对方单位进行核对。对方单位根据对账单进行核对。若经核对数字相符,则在回单上盖章,并退回发函单位;若经核对数字不符,则应将不符的原因在回单上注明,或另抄一份对账单退回发函单位,以作进一步核对。

① 应收账款清查结果的账务处理

在财产清查过程中,发现确实无法收回的应收账款,应按规定程序报经批准,如经确认为坏账,则予以核销。根据我国企业会计法规规定,大中型企业只

能采用备抵法核算坏账损失。在核销时，冲减已提取的坏账准备金，即借记“坏账准备”科目，贷记“应收账款”科目。

【例 8-10】 某企业在年末财产清查中，查明应收康明公司的货款 5 200 元，因该单位确实无力支付，报经批准冲销提取的坏账准备。应编制会计分录如下：

借：坏账准备　　　　5 200

　贷：应收账款——康明公司　　　　5 200

② 应付账款清查结果的账务处理

在财产清查中，企业转销确实无法偿还的应付账款（如因债权人撤销而无法偿还的债务），经上级部门批准后，应按其账面余额直接转入营业外收入，即借记“应付账款”科目，贷记“营业外收入”科目。

【例 8-11】 2016 年 12 月 31 日，某企业在财产清查中，查明应付佳通公司的货款 3 800 元，因对方单位已倒闭确实无法支付，经批准予以转销，应编制会计分录如下：

借：应付账款——佳通公司　　　　3 800

　贷：营业外收入　　　　3 800

本章小结

本章的重点包括存货盘存制度、货币资金的清查方法以及财产清查结果的账务处理等；难点是银行存款的清查和财产清查结果的账务处理。

企业期末要进行账证核对、账账核对和账实核对，以保证财务报表信息的准确、完整和可靠性，而账实核对一般就要结合财产清查进行。通过财产清查，可以及时发现问题、查明原因、解决问题，一旦查明账实不符，即应采取相应的方法进行处理，从而做到账实相符。

财产清查有不同的分类方式。按清查范围不同，可分为全面清查和局部清查；按清查时间不同，可分为定期清查和不定期清查。财产清查工作涉及面广、工作量大，必须遵循一定的程序有序、高效地进行。因各种财产物资的形态和性质不同，其清查的具体方法也不同。常用的清查财产物资实存数的方法包括：实地盘点法、对账单法、技术推算法、抽样盘存法和函证核对法等。清查财产物资账存数的方法包括：永续盘存制和实地盘存制两种。财产清查对象的种类不同，对清查结果的账务处理也不同。

财产清查后，若实存数与账存数一致，即账实相符，不必进行账务处理；若出现盘盈、盘亏或毁损，报请有关部门审批，设置“待处理财产损溢”账户进行核算。

思考与练习

一、单项选择题

1. 现金清查的方法是(　　)。

A. 技术测算法　　B. 实地盘点法

C. 外调核对法　　D. 与银行对账单核对

2. 实地盘存制与永续盘存制的主要区别是(　　)不同。

A. 盘点方法　　B. 盘点目标

C. 盘点工具　　D. 盘亏结果处理

3. 一般而言,单位撤销、合并时,要进行(　　)。

A. 定期检查　　B. 局部清查

C. 全面清查　　D. 实地清查

4. “待处理财产损溢”账户未转销的借方余额表示(　　)。

A. 尚待处理的盘盈数　　B. 尚待处理的盘亏和毁损数

C. 已处理的盘盈数　　D. 已处理的盘亏和毁损数

5. 对债权债务的清查应采用的方法是(　　)。

A. 函证核对法　　B. 实地盘点法

C. 技术推算盘点法　　D. 抽样盘存法

6. 对价值小、数量多、不便于一一盘点的财产应该采用(　　)进行盘点。

A. 逐一盘点法　　B. 丈量计算法

C. 对账单法　　D. 抽样盘点法

7. 机器设备等固定资产采用的清查方法一般是(　　)。

A. 技术推算法　　B. 丈量计算法

C. 逐一盘点法　　D. 抽样盘点法

8. 下列说法正确的是(　　)。

A. 库存现金应该每日盘点一次

B. 银行存款每月至少同银行核对两次

C. 贵重物资天天应盘点一次

D. 债权债务每年至少核对二三次

9. 银行存款余额调节表中调节后的余额是(　　)。

A. 银行存款账面余额

B. 对账单余额与日记账余额的平均数

C. 对账日企业可以动用的银行存款实有数额

D. 银行方面的账面余额

10. 下列记录可以作为调整账面数字的原始凭证的是(　　)。

A. 盘存单　　B. 实存账存对比表

C. 银行存款余额调节表　　D. 往来款项对账单

11. 某企业仓库本期期末盘亏原材料原因已经查明,属于一般经营损失,经批准后,会计人员应编制的会计分录为(　　)。

A. 借记"待处理财产损溢",贷记"原材料"

B. 借记"待处理财产损溢",贷记"管理费用"

C. 借记"管理费用",贷记"待处理财产损溢"

D. 借记"营业外支出",贷记"待处理财产损溢"

12. 编制银行存款余额调节表时,本单位银行存款调节后的余额等于(　　)。

A. 本单位银行存款余额+本单位已记增加而银行未记增加的账项－银行已记增加而本单位未记增加的账项

B. 本单位银行存款余额+银行已记增加而本单位未记增加的账项－银行已记减少而本单位未记减少的账项

C. 本单位银行存款余额+本单位已记增加而银行未记增加的账项－本单位已记增加而银行未记增加的账项

D. 本单位银行存款余额+银行已记减少而本单位未记减少的账项－银行已记增加而本单位未记增加的账项

13. 关于现金的清查,下列说法不正确的是(　　)。

A. 在清查小组盘点现金时,出纳人员必须在场

B. "现金盘点报告表"需要清查人员和出纳人员共同签字盖章

C. 要根据"现金盘点报告表"进行账务处理

D. 不必根据"现金盘点报告表"进行账务处理

14. 年终决算前进行的财产清查属于(　　)。

A. 局部清查和定期清查　　B. 全面清查和定期清查

C. 全面清查和不定期清查　　D. 局部清查和不定期清查

15. 在各种实物的清查过程中,(　　)必须在场参加盘点,但不宜单独承担财产清查工作。

A. 单位行政领导人　　B. 会计主管人员

C. 出纳人员　　D. 实物保管人员

二、多项选择题

1. 下列属于财产清查一般程序的有(　　)。

A. 组织清查人员学习有关政策规定

B. 确定清查对象、范围，明确清查任务

C. 制定清查方案

D. 填制盘存单和清查报告表

2. 全面清查是指对企业的全部财产进行盘点和核对，包括属于本单位和存放在本单位的所有财产物资、货币资金和各项债权债务。其中财产物资包括(　　)。

A. 在本单位的所有固定资产、库存商品、原材料、包装物、低值易耗品、在产品、未完工程等

B. 属于本单位但在途中的各种在途物资

C. 委托其他单位加工、保管的材料物资

D. 存放在本单位的代销商品、材料物资等

3. 对于盘亏、毁损的存货，经批准后进行账务处理时，可能涉及的借方账户有(　　)。

A. 其他应收款　　B. 营业外支出

C. 管理费用　　D. 原材料

4. 出纳人员天天工作结束前都要将库存现金日记账结清并与库存现金实存数核对，这属于(　　)。

A. 定期清查　　B. 不定期清查

C. 全面清查　　D. 局部清查

5. 以下情况中可能造成账实不符的有(　　)。

A. 财产收发计量或检验不准　　B. 管理不善

C. 未达账项　　D. 账簿记录发生差错

6. 财产清查按清查范围可分为(　　)。

A. 定期清查　　B. 不定期清查

C. 全面清查　　D. 局部清查

7. 使企业银行存款日记账的余额小于银行对账单余额的未达账项有(　　)。

A. 企业已收款记账而银行尚未收款记账

B. 企业已付款记账而银行尚未付款记账

C. 银行已收款记账而企业尚未收款记账

D. 银行已付款记账而企业尚未付款记账

8. 下列业务中需要通过“待处理财产损溢”账户核算的有(　　)。

A. 库存现金丢失　　B. 原材料盘亏

C. 发现账外固定资产　　　　　　D. 应收账款无法收回

9. 由于仓库保管员变动对其保管的全部存货进行盘点属于(　　)。

A. 定期清查　　　　　　B. 不定期清查

C. 全面清查　　　　　　D. 局部清查

10. 下列记录中可以作为调整账面数字的原始凭证有(　　)。

A. 盘存单　　　　　　B. 实存账存对比表

C. 银行存款余额调节表　　　　　　D. 库存现金盘点报告表

11. 银行存款日记账余额与银行对账单余额不一致,原因可能有(　　)。

A. 银行存款日记账有误　　　　　　B. 银行记账有误

C. 存在未达账项　　　　　　D. 存在企业与银行均未付的款项

12. 对下列资产的清查,应采用实地盘点法的有(　　)。

A. 库存现金　　　　　　B. 银行存款

C. 存货　　　　　　D. 往来款项

13. 出纳人员每天工作结束前都要将现金日记账结清并与库存现金实存数核对,这属于(　　)。

A. 定期清查　　　　　　B. 全面清查

C. 不定期清查　　　　　　D. 局部清查

14. 产生未达账项的情况有(　　)。

A. 企业已收款入账,而银行尚未收款入账

B. 企业已付款入账,而银行尚未付款入账

C. 银行已收款入账,而企业尚未收款入账

D. 银行已付款入账,而企业尚未付款入账

15. 全面清查是指对企业的全部财产进行盘点和核对,包括属于本单位和存放在本单位的所有财产物资、货币资金和各项债权债务。其中的财产物资包括(　　)。

A. 在本单位的所有固定资产、库存商品、原材料、包装物、低值易耗品、在产品、未完工程等

B. 属于本单位但在途中的各种在途物资

C. 委托其他单位加工、保管的材料物资

D. 存放在本单位的代销商品、材料物资等

三、判断题

1. 技术推算法是按照一定标准推算出实物资产实有数的一种方法。(　　)

2. “盘存单”需经盘点人员和实物保管人员共同签章方能有效。(　　)

3. 经过银行存款余额调节表调节后的存款余额,是企业可动用的银行存款

实有数。（　）

4. 企业对于与外部单位往来款项的清查，一般采取编制对账单寄交给对方单位的方式进行，因此属于账账核对。（　）

5. 经批准转销固定资产盘亏净损失时，账务处理应借记“营业外支出”账户，贷记“固定资产清理”账户。（　）

6. 企业银行存款日记账与银行对账单所记的内容是相同的，都是反映企业的银行存款的增减变动情况。（　）

7. 全面清查是对企业所有财产物资进行全面的盘点和核对，包括各种在途材料，委托外单位加工、保管的材料等。（　）

8. 盘点实物时，发现账面数大于实存数，即为盘盈。（　）

9. 实物盘点后，应根据“实存账存对比表”作为调整账面余额记录的原始依据。（　）

10. 账实不符是财产管理不善或会计人员水平不高的结果。（　）

11. 从财产清查的对象和范围看全面清查只有在年终进行。（　）

12. 根据“清查结果报告表”、“盘点报告表”等已经查实的数据资料，编制记账凭证，记入有关账簿，使账簿记录与实际盘存数相符，同时将处理建议报会计机构负责人（会计主管人员）审批。（　）

13. 定期清查和不定期清查对象的范围均既可以是全面清查，也可以是局部清查。（　）

14. 在进行库存现金和存货清查时，出纳人员和实物保管人员不得在场。（　）

15. “银行存款余额调节表”编制完成后，可以作为调整企业银行存款余额的原始凭证。（　）

四、业务题

1. 某公司在财产清查中，发现E材料盘盈1 000千克，价值5 000元。经董事会批准后予以转销。

2. 某公司在财产清查中，发现账外设备一台，其重置价值为68 000元，估计已提折旧20 000元。报经批准后予以转销。

3. 某公司在清查盘点现金时，发现短缺800元，其中500元系由出纳员过失造成，300元系无法查明的其他原因造成。

4. 某公司在财产清查中，发现B材料短缺和毁损价值7 000元。材料盘亏，报经董事会批准分别作如下处理：① 材料短缺的800元由过失人赔偿；② 由于非常灾害造成的材料毁损3 500元，列入“营业外支出”；③ 2 700元材料短缺是由于经营不善造成的，列入“管理费用”。

5．某公司在财产清查中发现短缺设备一台，原价 80 000 元，已提折旧 20 000 元。经董事会批准盘亏设备列“营业外支出”处理。

6．某企业月份终了时，银行存款日记账余额为 57 000 元，银行对账单余额为 95 000 元，经核对存在下列未达账项：

（1）企业送存转账支票 40 000 元并已登记了银行存款日记账，但银行尚未记账。

（2）银行代付水电费 2 000 元，企业尚未入账。

（3）企业开出转账支票 20 000 元，但持票人尚未到银行办理转账手续。

（4）企业委托银行代为收款 60 000 元，银行已收妥入账，而企业尚未入账。

第九章 财务报告

引导案例

王明同学在学习了财务报告章节后，看了某上市公司的年报，产生了困惑：

公司年末资产负债表上列示的资产总价值为3亿元，负债为1亿元，可公司在外发行的股份为1亿股，当日每股市价为3元，总价值也为3亿元，发行的股份即为所有者权益。

该公司资产=所有者权益，负债应该等于零，这不是有问题吗？

【学习目标】

(1) 掌握财务报表的分类及列报的基本要求；

(2) 理解资产负债表和利润表的定义、结构和编制方法；

(3) 了解现金流量表、所有者权益变动表与报表附注的定义、结构和编制方法。

【学习重点与难点】

(1) 资产负债表的结构和编制方法；

(2) 利润表的结构和编制方法。

第一节 财务报告概述

一、编制财务报告的意义

财务报告是指企业对外提供的反映企业在某一特定日期财务状况和某一会计期间经营成果、现金流量等会计信息的文件。财务报告是以日常会计核算资料为主要依据编制的，是会计核算工作的总结，也是企业对外披露会计信息最重要的手段。

编制财务报告是为了满足投资者、债权人、政府及其机构以及企业自身经营管理对财务信息的需求。财务报告作为其使用者进行经济决策的重要依据，具有十分重要的意义。

1. 财务报告提供的信息是投资者和债权人进行决策的依据

债权人、部分投资者一般不直接参与企业的生产经营活动，不能直接从中获得其所需的信息，为了进行投资等方面的决策，需要通过对企业财务报告的分析，了解企业财务状况及生产经营情况，分析企业偿债能力，并对企业财务状况做出准确判断，作为投资、信贷、融资、筹资决策的依据；同时，一些投资者还需要通过财务报告提供的信息，了解企业情况，监督企业生产经营管理，以保护自身合法权益。

2. 财务报告提供的信息是企业加强和改善经营管理的重要依据

企业内部经营管理部门通过财务报告，可以全面、系统、总括地了解企业生产经营活动、财务状况和经营成果，检查、分析财务成本计划和有关方针政策的执行情况，能够及时地发现经营活动中存在的问题，迅速做出决策，采取有效措施，改善生产经营管理；同时也可利用财务报告提供的信息，为未来经营计划和经营方针提供准确的依据，促使企业计划和经营方针更为科学合理。

3. 财务报告提供的信息是国家经济管理部门进行宏观调控和管理的依据

政府部门可以利用财务报告所提供的财务信息，及时掌握各企业的经济情况和管理情况，便于对企业生产经营情况进行检查分析。国家宏观经济管理部门还可以通过对企业财务报告提供的资料，进行汇总分析和考核国民经济总体运行情况，从而发现国民经济运行中存在的问题，对宏观经济运行做出准确的决策，为政府进行国民经济宏观调节和控制提供依据。国家有关部门还可以通过财务报告所提供的信息，检查和评价各项政策的制定是否科学合理，为有关部门制定和修订政策提供依据。

二、财务报告的组成

财务报告包括财务报表和其他应当在财务报告中披露的相关信息和资料。

财务报表是对企业财务状况、经营成果和现金流量的结构性表述。一套完整的财务报表至少应当包括“四表一注”:① 资产负债表;② 利润表;③ 现金流量表;④ 所有者权益(或股东权益,下同)变动表;⑤ 附注。财务报表上述组成部分具有同等的重要程度。

其他应当在财务报告中披露的相关信息和资料包括:公司基本情况简介、会计数据和业务数据简介、股东变动及股东情况、股东大会简介、董事会报告、监事会报告、重要事项、注册会计师报告、公司其他有关资料及备查文件目录。

三、财务报表的分类

财务报表可按以下标准进行分类。

1. 按财务报表编报期间的不同,可以分为中期财务报表和年度财务报表

中期财务报表是以短于一个完整会计年度的报告期间为基础编制的财务报表,包括月报、季报和半年报等。中期财务报表至少应当包括资产负债表、利润表、现金流量表和附注,其中,中期资产负债表、利润表和现金流量表应当是完整报表,其格式和内容应当与年度财务报表相一致。与年度财务报表相比,中期财务报表中的附注披露可适当简略。

2. 按财务报表编报主体的不同,可以分为个别财务报表和合并财务报表

个别财务报表是由企业在自身会计核算基础上对账簿记录进行加工而编制的财务报表,它主要用以反映企业自身的财务状况、经营成果和现金流量情况。合并财务报表是以母公司和子公司组成的企业集团为会计主体,根据母公司和所属子公司的财务报表,由母公司编制的综合反映企业集团财务状况、经营成果及现金流量的财务报表。

四、财务报表列报的基本要求

(1) 企业应当以持续经营为基础,根据实际发生的交易和事项,按照会计准则的规定进行确认和计量,在此基础上编制财务报表。企业不应以附注披露代替确认和计量,不恰当的确认和计量也不能通过充分披露相关会计政策而纠正。

(2) 在编制财务报表的过程中,企业管理层应当利用所有可获得信息来评价企业自报告期末起至少 12 个月的持续经营能力。

(3) 企业如有近期获利经营的历史且有财务资源支持,则通常表明以持续经营为基础编制财务报表是合理的。

(4) 除现金流量表按照收付实现制原则编制外,企业应当按照权责发生制原则编制财务报表。

(5) 财务报表项目的列报应当在各个会计期间保持一致,不得随意变更。

(6) 性质或功能不同的项目,应当在财务报表中单独列报,但不具有重要性的项目除外。

(7) 在合理预期下，财务报表某项目的省略或错报会影响使用者据此做出经济决策的，该项目具有重要性。

(8) 财务报表中的资产项目和负债项目的金额、收入项目和费用项目的金额、直接计入当期利润的利得项目和损失项目的金额不得相互抵销。

(9) 当期财务报表的列报，至少应当提供所有列报项目上一个可比会计期间的比较数据，以及与理解当期财务报表相关的说明，但其他会计准则另有规定的除外。

(10) 企业应当在财务报表的显著位置至少披露下列各项：编报企业的名称、资产负债表日或财务报表涵盖的会计期间、人民币金额单位，财务报表是合并财务报表的，应当予以标明。

(11) 企业至少应当按年编制财务报表。

(12) 规定在财务报表中单独列报的项目，应当单独列报。

五、财务报告审核与报送

1. 财务报告的复核

复核是保证财务报告质量的一项重要措施。企业财务报告编制完成后，在报送之前，必须由单位会计主管人和单位负责人进行复核。其中，财务报告复核的内容主要包括：

(1) 报表所列金额与账簿记录是否一致；

(2) 报表的项目是否填列齐全；

(3) 报表的各项数字计算是否正确；

(4) 内容是否完整，相关报表之间有关数字的钩稽关系是否正确与衔接一致；

(5) 财务报表的附注是否符合有关要求。

经审查无误后，对财务报告应依次编定页数、加具封面、装订成册、加盖公章。封面应注明企业的名称、地址、主管部门、开业年份、报表所属年度和月份、送出日期等。

2. 财务报告的报送

企业财务报告必须由企业领导、总会计师、会计主管人员和制表人员签名盖章后才能报出。单位负责人对财务报告的合法性、真实性负法律责任。

应向哪些单位报送财务报告，这与各单位的隶属关系、经济管理和经济监督的需要有关。国有企业一般要向上级主管部门、开户银行、财政、税务和审计机关报送财务报告；同时应向投资者、债权人以及其他与企业有关的报告使用者提供财务报告。股份有限公司还应向证券交易和证券监督管理机构提供财务报告。根据法律和国家有关规定，对股份有限公司财务报表必须进行审计的单位应先委托会计师事务所进行审计，并将注册会计师出具的审计报告，随同财务报告按照规定期限报送有关部门。

3. 财务报告的审批

上级主管部门或总公司、财政、税务和金融部门，对各企业报送的财务报告应当认真审核。主要审核财务报表的编制是否符合会计准则和会计制度的有关规定，审查和分析财务报告的指标内容，以便对报送单位的财务活动情况进行监督。在审核过程中，如果发现报告编制有错误或不符合要求，应及时通知原单位进行更正，错误较多的应当重新编报。如果发现有违反法律和财经纪律、弄虚作假的现象，应查明原因，及时纠正，严肃处理。

第二节　资产负债表

一、资产负债表的定义及编制意义

资产负债表是反映企业在某一特定日期财务状况的会计报表。某一特定日期是指编制报表这一天，如月末、季末、年末，因此，又称为静态报表。财务状况主要是指企业资产、负债和所有者权益的总额、构成以及各项目之间的合理组合。资产负债表根据“资产＝负债＋所有者权益”平衡式，依照一定的分类标准和一定的次序，把企业在某一特定日期的资产、负债和所有者权益项目予以适当排列编制而成。

资产负债表能提供企业在某一特定日期所掌握的经济资源、应偿付的债务、所有者在企业中所拥有的权益、企业的偿债能力、财务前景等重要资料。资产负债表提供的会计信息，对于企业投资者、债权人以及企业管理人员进行决策具有重要作用。通过对当期资产负债表与前期的比较，或通过期初与期末数的比较，对公司的资本结构、负债结构、所有者权益及公司偿债能力、资产管理能力进行有效分析。

二、资产负债表的格式与项目列示

资产负债表由表首和正表两个部分构成。

1. 表首

表首部分包括资产负债表的名称、编号、编制单位、编表时间和金额单位等内容。

2. 正表

正表是资产负债表的主体部分，包括用以说明企业财务状况的资产、负债和所有者权益三个会计要素。资产负债表正表的格式一般有两种：报告式资产负债表和账户式资产负债表。

报告式资产负债表（见表 9-1）是上下结构，上半部列示资产，下半部列示负债和所有者权益。具体排列形式又有两种：一是按“资产＝负债＋所有者权益”的原理排列；二是按“资产－负债＝所有者权益”的原理排列。账户式资产负债表（见表 9-2）是左右结构，左边列示资产，右边列示负债和所有者权益。

表 9-1　　报告式资产负债表（报告式简表）

资产负债表

会企 01 表

编制单位：×× 公司　　20××年××月××日　　单位：元

项　目	期末余额	年初余额
资产		
流动资产		
长期资产		
固定资产		
无形资产		
其他资产		
资产合计		
负债		
流动负债		
长期负债		
负债合计		
所有者权益		
实收资本		
资本公积		
盈余公积		
未分配利润		
所有者权益合计		

法定代表人：　　主管会计工作负责人：　　会计机构负责人：

资产负债表不管采取什么格式，“资产各项目的合计＝负债与所有者权益各项目的合计”这一等式不变。各要素按一定的标准进行分类，并按一定的顺序加以排列。资产项目按照其流动性的大小（即变现能力的强弱）排列，分为流动资产和非流动资产两类，并分项列示；负债项目按照其到期日的远近排列，分为流动负债和长期负债两类，并分项列示；所有者权益项目按其永久程度高低排列，一般分为实收资本、资本公积、盈余公积和未分配利润等项目。

在我国，资产负债表采用账户式。每个项目又分为“年初数”和“期末数”两栏分别填列，以便报表使用者通过比较不同时点资产负债表的数据，掌握企业财务状况的变动情况及发展趋势。

表 9-2　　账户式资产负债表(账户式)

资产负债表

会企 01 表

编制单位:××公司　　20××年××月××日　　单位:元

资产	期末余额	年初余额	负债和所有者权益	期末余额	年初余额
流动资产:			流动负债:		
货币资金			短期借款		
以公允价值计量且其变动计入当期损益的金融资产			以公允价值计量且其变动计入当期损益的金融负债		
应收票据			应付票据		
应收账款			应付账款		
预付款项			预收款项		
应收利息			应付职工薪酬		
应收股利			应交税费		
其他应收款			应付利息		
存货			其他应付款		
划分为持有待售的资产			划分为持有待售的负债		
一年内到期的非流动资产			一年内到期的非流动负债		
流动资产合计			流动负债合计		
非流动资产:			非流动负债:		
投资性房地产			长期借款		
固定资产			非流动负债合计		
在建工程			负债合计		
工程物资			所有者权益:		
固定资产清理			实收资本		
无形资产			其他权益工具		
开发支出			资本公积		
商誉			其他综合收益		
长期待摊费用			盈余公积		
其他非流动资产			未分配利润		
非流动资产合计			所有者权益合计		
资产总计			负债和所有者权益总计		

法定代表人:　　主管会计工作负责人:　　会计机构负责人:

三、资产负债表的编制方法

资产负债表中各项目均须同时填列年初数和期末数。

1. 年初数的填列

资产负债表"年初数"栏内各项数字，应当根据上年末资产负债表"期末余额"栏有关项目填列本年度资产负债表"年初余额"栏。如果企业发生了会计政策变更、前期差错更正，应当对"年初余额"栏中的有关项目进行相应调整；如果企业上年度资产负债表规定的项目名称和内容与本年度不一致，应当对上年年末资产负债表相关项目的名称和金额按照本年度的规定进行调整，填入"年初余额"栏。

2. 期末数的填列

资产负债表"期末数"栏内的各项数字，应以总分类账或有关明细分类账的期末余额为依据填列。有的可以直接填列，但也有一些项目不能直接填列，需要对有关账户资料进行加工、调整计算后填列。具体填列方法主要有以下几种。

(1) 根据总账科目余额填列

资产负债表中的有些项目，可直接根据有关总账科目的余额填列，如"以公允价值计量且其变动计入当期损益的金融资产"、"工程物资"、"固定资产清理"、"短期借款"、"以公允价值计量且其变动计入当期损益的金融负债"、"应付票据"、"应交税费"、"实收资本(或股本)"、"资本公积"、"其他综合收益"、"盈余公积"等项目，应根据有关总账科目的余额填列。

有些项目则应根据几个总账科目的余额计算填列，如"货币资金"项目，需根据"库存现金"、"银行存款"、"其他货币资金"三个总账科目余额的合计数填列。

(2) 根据明细账科目的余额计算填列

例如，"开发支出"项目，应根据"研发支出"科目中所属的"资本化支出"明细科目期末余额填列；"应付账款"项目，应根据"应付账款"和"预付账款"科目所属的相关明细科目的期末贷方余额合计数填列；"一年内到期的非流动资产"、"一年内到期的非流动负债"项目，应根据有关非流动资产或负债项目的明细科目余额分析填列；"应付职工薪酬"项目，应根据"应付职工薪酬"科目的明细科目期末余额分析填列；"未分配利润"项目，应根据"利润分配"科目中所属的"未分配利润"明细科目期末余额填列。

(3) 根据总账科目和明细账科目的余额分析计算填列

例如，"长期借款"项目，应根据"长期借款"总账科目余额扣除"长期借款"科目所属的明细科目中将在资产负债表日起一年内到期且企业不能自主地将清偿义务展期的长期借款后的金额计算填列；"长期待摊费用"项目，应根据"长期待摊费用"科目的期末余额减去将于一年内(含一年)摊销的数额后的金额填列。

(4) 根据有关科目余额减去其备抵科目余额后的净额填列

例如,"在建工程"应根据相关科目的期末余额填列,已计提减值准备的,还应扣减相应的减值准备;"固定资产"、"无形资产"、"投资性房地产"等项目,应根据相关科目的期末余额扣减相关的累计折旧(或摊销、折耗)填列,已计提减值准备的,还应扣减相应的减值准备,采用公允价值计量的上述资产,应根据相关科目的期末余额填列。

(5) 综合运用上述填列方法分析填列

主要包括:"应收票据"、"应收利息"、"应收股利"、"其他应收款"项目,应根据相关科目的期末余额,减去"坏账准备"科目中有关坏账准备期末余额后的金额填列;"应收账款"项目,应根据"应收账款"和"预收账款"科目所属各明细科目的期末借方余额合计数,减去"坏账准备"科目中有关应收账款计提的坏账准备期末余额后的金额填列;"预付款项"项目,应根据"预付账款"和"应付账款"科目所属各明细科目的期末借方余额合计数,减去"坏账准备"科目中有关预付款项计提的坏账准备期末余额后的金额填列;"存货"项目,应根据"材料采购"、"原材料"、"发出商品"、"库存商品"、"周转材料"、"委托加工物资"、"生产成本"、"受托代销商品"等科目的期末余额合计,减去"受托代销商品款"、"存货跌价准备"科目期末余额后的金额填列,材料采用计划成本核算的企业,还应按加或减材料成本差异后的金额填列;"划分为持有待售的资产"、"划分为持有待售的负债"项目,应根据相关科目的期末余额分析填列等。

第三节　利　润　表

一、利润表的定义及编制意义

利润表是反映企业在一定会计期间经营成果和综合收益的报表。一定会计期间可以是一个月、一个季度、半年,或者是一年,因此又称为动态报表。经营成果是指企业进行经营活动产生的结果,主要由利润及其构成表示。利润表根据"收入－费用＝利润"的平衡关系,依照一定的标准和顺序,把企业在一定会计期间内的收入、费用和利润项目予以适当排列编制而成。

利润表把一定会计期间的收入与同一会计期间相关的费用进行配比,以计算出企业一定时期的净利润。通过利润表反映的收入和费用情况,能够反映企业生产经营的收入、费用耗费情况,表明企业一定时期的生产经营成果;同时,通过利润表提供的不同时期比较数字(本月数、本年累计数、上年数),从而有助于使用者分析评价企业的盈利能力及其构成与质量。

二、利润表的格式与结构

利润表一般有表首和正表两部分。

1. 表首

说明报表名称、编制单位、编制日期、报表编号、货币名称、计量单位等。

2. 正表

利润表格式主要有单步式利润表和多步式利润表两种。

单步式利润表(见表 9-3)是将当期所有收入列在一起,然后将所有费用列在一起,两者相减得出当期净损益。其优点是结构简单、直观,易于编制。但这种形式的利润表所提供的资料无法直接揭示企业在报告期内收入与费用、支出的配比关系,以及利润的构成情况。

表 9-3　　单步式利润表(单步式)

利润表(单步式)　　会企 02 表

编制单位:××公司　　20××年 1～12 月　　单位:元

项　目	金　额
收入	
营业收入	
投资收益	
营业外收入	
费用	
营业成本	
税金及附加	
销售费用	
管理费用	
财务费用	
营业外支出	
所得税费用	
净利润	

法定代表人:　　主管会计的工作负责人:　　会计机构负责人:

多步式利润表(见表 9-4)是通过对当期收入、费用、支出项目按性质加以归类,按利润形成的主要环节列示一些中间性利润指标,如营业利润、利润总额、净利润,分步计算当期净损益。其优点在于,便于对企业生产经营情况进行分析,有利于不同企业之间进行比较,更重要的是利用多步式利润表有利于预测企业以后的盈利能力。

表 9-4　　多步式利润表

利润表(多步式)　　会企 02 表

编制单位:××公司　　20××年 1～12 月　　金额单位:元

项　　目	本期金额	上期金额
一、营业收入		
减:营业成本		
税金及附加		
销售费用		
管理费用		
财务费用		
资产减值损失		
加:公允价值变动收益(损失以"一"号填列)		
投资收益(损失以"一"号填列)		
其他收益		
二、营业利润(亏损以"一"号填列)		
加:营业外收入		
其中:非流动资产处置利得		
减:营业外支出		
其中:非流动资产处置损失		
三、利润总额(亏损总额以"一"号填列)		
减:所得税费用		
四、净利润(净亏损以"一"号填列)		
五、其他综合收益的税后净额		
(一) 以后不能重分类进损益的其他综合收益		
(二) 以后将重分类进损益的其他综合收益		
六、综合收益总额		
七、每股收益		
(一) 基本每股收益		
(二) 稀释每股收益		

法定代表人:　　主管会计工作负责人:　　会计机构负责人:

我国企业采用多步式利润表,而且利润表还就各项目再分为"本期金额"和"上期金额"两栏分别填列。

三、利润表的编制方法

利润表中的各项目分为"本期金额"和"上期金额"两栏分别填列。

1. 上期金额的填列

利润表"上期金额"栏内各项数字，应根据上年同期利润表"本期金额"栏内所列数字填列本年度利润表的"上期金额"栏。如果企业上年该期利润表规定的项目名称和内容与本期不一致，应当对上年该期利润表相关项目的名称和金额按照本期的规定进行调整，填入"上期金额"栏。

2. 本期金额的填列

利润表中"本期金额"栏反映各项目的本期实际发生数；在编报半年度中期财务报告时，填列上年同期累计实际发生数；在编报年度财务报告时，填列上年全年累计实际发生数。

利润表内的"本期金额"栏各项数字，应以有关总分类账户本期发生额为依据填列。具体填列方法主要有以下几种：

(1) 根据有关账户的发生额分析填列

利润表中大部分项目的填列都是采用这种方法，如：营业收入、营业成本、税金及附加、销售费用、管理费用、财务费用、营业外收入、营业外支出、所得税费用等。通常，收入类项目是根据账户的贷方发生额填列，费用类项目是根据账户的借方发生额填列。

(2) 根据报表项目之间的关系计算填列

利润表中的某些项目需要根据项目之间的关系计算填列，如：营业利润、利润总额、净利润。

当报表编制完成后，可利用报表之间的钩稽关系进行核对，以检查报表编制的正确性。如，利润表中的净利润以及利润分配表中的未分配利润与资产负债表中的未分配利润项目相互核对。

(3) 综合收益和其他综合收益的填列

综合收益是指企业在某一期间除与所有者以其所有者身份进行的交易之外的其他交易或事项所引起的所有者权益变动。综合收益总额项目反映净利润和其他综合收益扣除所得税影响后的净额相加后的合计金额。其他综合收益是指企业根据其他会计准则规定未在当期损益中确认的各项利得和损失。

第四节 现金流量表

一、现金流量表的定义及编制意义

现金流量表是反映企业一定会计期间现金和现金等价物流入和流出的报表。现金流量表按照收付实现制原则，根据"现金流入－现金流出＝现金流量净额"的平衡关系，以现金的流入和流出反映企业在一定期间内的经营活动、投资活动和筹资活动的动态情况。

编制现金流量表的主要意义表现在：它能够说明企业在一定期间内现金流入和流出的原因；能够说明企业的偿债能力和支付应付股利的能力；能够分析企业未来获取现金的能力；能够分析企业投资和理财活动对经营成果和财务状况的影响；通过补充资料能够提供不涉及现金的投资和筹资活动的信息。

现金流量表的编制是一个较为复杂的会计问题，本书只对其格式和填列方法作一个简单介绍，具体编制方法的掌握需通过《财务会计学》的学习来完成。

二、现金流量表的结构

在现金流量表中，现金及现金等价物被视为一个整体。现金流量，是指企业现金和现金等价物的流入和流出。企业从银行提取现金、用现金购买短期到期的国库券等现金和现金等价物之间的转换不属于现金流量。现金，是指企业库存现金以及可以随时用于支取的存款。不能随时用于支取的存款不属于现金。现金等价物，是指企业持有的期限短、流动性强、易于转换为已知金额现金、价值变动风险很小的投资。企业应当根据具体情况，确定现金等价物的范围，一经确定不得随意变更。

从内容上看，现金流量表被划分为经营活动、投资活动和筹资活动三个部分。经营活动是指企业投资活动和筹资活动以外的所有交易和事项；投资活动是指企业长期资产的购建和不包括在现金等价物范围内的投资及其处置活动；筹资活动是指导致企业资本及债务规模和构成发生变化的活动。

从结构上看，现金流量表将企业一定期间产生的现金流量分为三类：一是经营活动产生的现金流量，如购买和销售商品产生的现金流量；二是投资活动产生的现金流量，如购建和处置固定资产产生的现金流量；三是筹资活动产生的现金流量，如发行债券和偿还债务产生的现金流量。

现金流量表的具体格式如表 9-5 所示。

表 9-5　　现金流量表

现金流量表　　会企 03 表

编制单位：××公司　　20××年　　单位：元

项　　目	本期金额	上期金额
一、经营活动产生的现金流量：		
销售商品、提供劳务收到的现金		
收到的税费返还		
收到的其他与经营活动有关的现金		
经营活动现金流入小计		

续表 9-5

项　　目	本期金额	上期金额
购买商品、接受劳务支付的现金		
支付给职工以及为职工支付的现金		
支付的各项税费		
支付的其他与经营活动有关的现金		
经营活动现金流出小计		
经营活动产生的现金流量净额		
二、投资活动产生的现金流量：		
收回投资所收到的现金		
取得投资收益所收到的现金		
处置固定资产、无形资产和其他长期资产所收回的现金净额		
收到的其他与投资活动有关的现金		
投资活动现金流入小计		
购建固定资产、无形资产和其他长期投资所支付的现金		
投资所支付的现金		
支付的其他与投资活动有关的现金		
投资活动现金流出小计		
投资活动产生的现金流量净额		
三、筹资活动产生的现金流量：		
吸收投资所收到的现金		
借款所收到的现金		
收到的其他与筹资活动有关的现金		
筹资活动现金流入小计		
偿还债务所支付的现金		
分配股利、利润或偿付利息所支付的现金		
支付的其他与筹资活动有关的现金		
筹资活动现金流出小计		
筹资活动产生的现金流量净额		
四、汇率变动对现金的影响		
五、现金及现金等价物净增加额		
加：期初现金及现金等价物余额		
六、期末现金及现金等价物余额		

法定代表人：　　主管会计工作负责人：　　会计机构负责人：

三、现金流量表的编制方法及程序

1. 工作底稿法和T型账户法

具体编制现金流量表时可以采用工作底稿法和T型账户法，两者的编制程序基本一致，区别在于验算平衡方式不一样。工作底稿法是通过现金流量表工作底稿来验算调整分录是否平衡；T型账户法是通过开设“现金及现金等价物”T型账户来验算调整分录是否平衡。

其中，工作底稿法的编制程序是：

第一步，将资产负债表期初数和期末数过入工作底稿期初数栏和期末数栏，将利润表本年发生数过入工作底稿本期数栏。

第二步，对当期业务进行分析并编制调整分录。

第三步，将调整分录过入工作底稿相应部分。

第四步，核对调整分录，借贷合计应当相等。资产负债表期初数加减调整分录中的借贷金额以后，应当等于期末数；利润表项目中调整分录借贷金额应当等于本期数。

第五步，根据工作底稿中的现金流量表项目编制正式的现金流量表。

2. 经营活动现金流量反映的直接法和间接法

在现金流量表中，经营活动产生的现金流量可以采用直接法和间接法两种方法反映。其中，直接法是以营业收入为起算点去计算调整经营活动产生的现金流量，在现金流量表主表中反映；间接法以净利润为起算点，调整不涉及现金的收入、费用、营业外收支等有关项目，剔除投资活动、筹资活动对现金流量的影响，据此计算出经营活动产生的现金流量。

直接法的主要优点是显示了经营活动现金流量的各项目流入流出的具体内容，与间接法相比较，它更能全面地反映企业一定时期的现金收支全貌，其所提供的信息有助于预测企业未来现金流量，有助于揭示企业的偿债能力、投资能力和支付股利的能力。间接法的优点是通过对企业净利润与现金净流量差异的揭示，有助于分析影响现金流量的原因，进而从现金流量角度分析企业净利润的质量。所以，我国一方面要求企业按直接法编制现金流量表，另一方面又要求在现金流量表“补充资料”中提供按间接法（见表9-6）将净利润调节为经营活动现金流量的信息，从而兼顾了两种方法的优点。

表9-6　　现金流量表补充资料

补充资料	本期金额	上期金额
1. 将净利润调节为经营活动现金流量：		
净利润		

续表 9-6

补充资料	本期金额	上期金额
加：资产减值准备		
固定资产折旧		
无形资产摊销		
长期待摊费用摊销		
处置固定资产、无形资产和其他长期资产的损失(收益以"—"号填列)		
固定资产报废损失(收益以"—"号填列)		
公允价值变动损失(收益以"—"号填列)		
财务费用(收益以"—"号填列)		
投资损失(收益以"—"号填列)		
递延所得税资产减少(增加以"—"号填列)		
存货的减少(增加以"—"号填列)		
经营性应收项目的减少(增加以"—"号填列)		
经营性应付项目的增加(减少以"—"号填列)		
其他		
经营活动产生的现金流量净额		
2. 不涉及现金收支的投资和筹资活动：		
债务转为资本		
一年内到期的可转换公司债券		
融资租入固定资产		
3. 现金及现金等价物净增加情况：		
现金的期末余额		
减：现金的期初余额		
加：现金等价物的期末余额		
减：现金等价物的期初余额		
现金及现金等价物净增加额		

第五节 所有者权益变动表与报表附注

一、所有者权益变动表的定义及编制意义

所有者权益变动表是反映构成所有者权益各组成部分当期增减变动情况的

报表。所有者权益是指企业资产扣除负债后由所有者享有的剩余权益。所有者权益的来源包括所有者投入的资本(包括实收资本和资本溢价等资本公积)、其他综合收益、留存收益(包括盈余公积和未分配利润)等。

所有者权益变动表应当全面反映一定时期所有者权益变动的情况,不仅包括所有者权益总量的增减变动,还包括综合收益和与所有者(或股东)的资本交易导致的所有者权益变动。对所有者权益增减变动的重要结构性信息,有助于报表使用者理解所有者权益增减变动的根源。

二、所有者权益变动表的结构

所有者权益变动表以矩阵的形式列示:一方面,列示导致所有者权益变动的交易或事项,按所有者权益变动的来源对一定时期所有者权益变动情况进行全面反映;另一方面,按照所有者权益各组成部分(包括实收资本、资本公积、其他综合收益、盈余公积、未分配利润、库存股等)及其总额列示相关交易或事项对所有者权益的影响。

我国企业需要提供比较所有者权益变动表,而且所有者权益变动表还就各项目再分为"本年金额"和"上年金额"两栏分别填列,以反映所有者权益各组成部分的期初和期末余额及其调节情况。所有者权益变动表具体格式如表 9-7 所示。

三、所有者权益变动表的编制方法

1. 上年金额栏的填列方法

所有者权益变动表"上年金额"栏内各项数字,应根据上年度所有者权益变动表"本年金额"栏内所列示数字填列。如果上年度所有者权益变动表规定的各个项目名称和内容与本年度不一致,应对上年度所有者权益变动表各项目的名称和内容按本年度规定进行调整,填入所有者权益变动表"上年金额"栏内。

2. 本年金额栏的填列方法

企业应当根据所有者权益类科目和损益类有关科目的发生额分析填列所有者权益变动表"本年金额"栏,具体包括如下情况:

(1)"上年年末余额"项目,应根据上年资产负债表中"实收资本(或股本)"、"资本公积"、"其他综合收益"、"盈余公积"、"未分配利润"等项目的年末余额填列。

(2)"会计政策变更"和"前期差错更正"项目,应根据"盈余公积"、"利润分配"、"以前年度损益调整"等科目的发生额分析填列,并在"上年年末余额"的基础上调整得出"本年年初金额"项目。

(3)"本年增减变动额"项目分别反映如下内容:

第一,"综合收益总额"项目,反映企业当年的综合收益总额,应根据当年利

表 9-7

所有者权益变动表

所有者权益变动表　　会企 04 表

编制单位：××公司　　20××年 1～12 月　　单位：元

项目	本年金额								上年金额							
	实收资本	其他权益工具	资本公积	减：库存股	其他综合收益	盈余公积	未分配利润	所有者权益合计	实收资本	其他权益工具	资本公积	减：库存股	其他综合收益	盈余公积	未分配利润	所有者权益合计
一、上年年末余额																
加:会计政策变更																
前期差错更正																
二、本年年初余额																
三、本年增减变动金额(减少以"－"号填列)																
(一)综合收益总额																
(二)所有者投入和减少资本																
1.股东投入的普通股																
2.其他权益工具持有者投入资本																
3.股份支付计入所有者权益的金额																
4.其他																
(三)利润分配																
1.提取盈余公积																
2.对所有者(或股东)的分配																
3.其他																
(四)所有者权益内部结转																
1.资本公积转增资本(或股本)																
2.盈余公积转增资本(或股本)																
3.盈余公积弥补亏损																
4.其他																
四、本年年末余额																

法定代表人：　　主管会计工作负责人：　　会计机构负责人：

润表中“其他综合收益的税后净额”和“净利润”项目填列，并对应列在“其他综合收益”和“未分配利润”栏。

第二，“所有者投入和减少资本”项目，反映企业当年所有者投入的资本和减少的资本，其中：“所有者投入资本”项目，反映企业接受投资者投入形成的实收资本（或股本）和资本公积，应根据“实收资本”、“资本公积”等科目的发生额分析填列，并对应列在“实收资本”和“资本公积”栏。“股份支付计入所有者权益的金额”项目，反映企业处于等待期中的权益结算的股份支付当年计入资本公积的金额，应根据“资本公积”科目所属的“其他资本公积”二级科目的发生额分析填列，并对应列在“资本公积”栏。

第三，“利润分配”下各项目，反映当年对所有者（或股东）分配的利润（或股利）金额和按照规定提取的盈余公积金额，并对应列在“未分配利润”和“盈余公积”栏。其中：“提取盈余公积”项目，反映企业按照规定提取的盈余公积，应根据“盈余公积”、“利润分配”科目的发生额分析填列。“对所有者（或股东）的分配”项目，反映对所有者（或股东）分配的利润（或股利）金额，应根据“利润分配”科目的发生额分析填列。

第四，“所有者权益内部结转”下各项目，反映不影响当年所有者权益总额的所有者权益各组成部分之间当年的增减变动，包括资本公积转增资本（或股本）、盈余公积转增资本（或股本）、盈余公积弥补亏损等。其中：“资本公积转增资本（或股本）”项目，反映企业以资本公积转增资本或股本的金额，应根据“实收资本”、“资本公积”等科目的发生额分析填列。“盈余公积转增资本（或股本）”项目，反映企业以盈余公积转增资本或股本的金额，应根据“实收资本”、“盈余公积”等科目的发生额分析填列。“盈余公积弥补亏损”项目，反映企业以盈余公积弥补亏损的金额，应根据“盈余公积”、“利润分配”等科目的发生额分析填列。

四、财务报表附注

附注是对在资产负债表、利润表、现金流量表和所有者权益变动表等报表中列示项目的文字描述或明细资料，以及对未能在这些报表中列示项目的说明等。

1. 附注披露的总体要求

附注相关信息应当与资产负债表、利润表、现金流量表和所有者权益变动表等报表中列示的项目相互参照，以有助于使用者联系相关联的信息，并由此从整体上更好地理解财务报表。

2. 附注披露的主要内容

附注一般应当按照下列顺序至少披露有关内容，具体包括：

(1) 企业的基本情况。主要包括以下内容：

第一，企业注册地、组织形式和总部地址；

第二,企业的业务性质和主要经营活动;

第三,母公司以及集团最终母公司的名称;

第四,财务报告的批准报出者和财务报告批准报出日,或者以签字人及其签字日期为准;

第五,营业期限有限的企业,还应当披露有关其营业期限的信息。

(2) 财务报表的编制基础。判断企业是否持续经营,并披露财务报表是否以持续经营为基础编制。

(3) 遵循企业会计准则的声明。企业应当声明编制的财务报表符合企业会计准则的要求,真实、完整地反映了企业的财务状况、经营成果和现金流量等有关信息。

(4) 重要会计政策和会计估计。重要会计政策的说明,包括财务报表项目的计量基础和在运用会计政策过程中所做的重要判断等。重要会计估计的说明,包括可能导致下一个会计期间内资产、负债账面价值重大调整的会计估计的确定依据等。企业应当披露采用的重要会计政策和会计估计,并结合企业的具体实际披露其重要会计政策的确定依据和财务报表项目的计量基础,及其会计估计所采用的关键假设和不确定因素。

(5) 会计政策和会计估计变更以及差错更正的说明。

(6) 报表重要项目的说明。按照资产负债表、利润表、现金流量表、所有者权益变动表及其项目列示的顺序,对报表重要项目的说明采用文字和数字描述相结合的方式进行披露。报表重要项目的明细金额合计,应当与报表项目金额相衔接。在附注中披露费用按照性质分类的利润表补充资料,可将费用分为耗用的原材料、职工薪酬费用、折旧费用、摊销费用等。

(7) 或有和承诺事项、资产负债表日后非调整事项、关联方关系及其交易等需要说明的事项。

(8) 有助于财务报表使用者评价企业管理资本的目标、政策及程序的信息。

本章小结

财务报告是会计核算工作的结果,是指企业对外提供的反映企业在某一特定日期财务状况和某一会计期间经营成果、现金流量等会计信息的文件。

财务报告作为其使用者进行经济决策的重要依据,具有十分重要的意义。财务报告提供的信息是:投资者和债权人进行决策的依据;企业加强和改善经营管理的重要依据;国家经济管理部门进行宏观调控和管理的依据。

财务报告包括财务报表和其他应当在财务报告中披露的相关信息和资料。

资产负债表是反映企业在某一特定日期财务状况的报表。利润表是反映企业在一定会计期间经营成果的报表。现金流量表是反映企业在一定会计期间现金和现金等价物流入和流出的报表。所有者权益变动表是反映构成所有者权益各组成部分当期增减变动情况的报表。

企业财务报表编制完成后，在报送之前，必须由单位会计主管人和单位负责人进行复核。

思考与练习

一、单项选择题

1. 在资产负债表中，所有者权益按照(　　)的顺序排列。

A. 流动性程度的高低　　B. 到期日由近至远

C. 永久性递减　　D. 金额的大小

2. 利润表是主要的财务报表，它反映企业在一定会计期间的(　　)。

A. 所有者权益变动　　B. 经营成果

C. 现金流量　　D. 财务状况

3. 现金流量表是以(　　)为基础编制的财务报表。

A. 权责发生制　　B. 收付实现制

C. 应收应付制　　D. 费用配比制

二、多项选择题

1. 财务报表至少应当包括(　　)组成部分。

A. 资产负债表

B. 利润表

C. 现金流量表

D. 所有者权益(或股东权益)变动表

E. 附注

2. 能计入利润表中"营业利润"的项目有(　　)。

A. 主营业务收入　　B. 管理费用

C. 主营业务成本　　D. 所得税费用

E. 营业外收入

三、判断题

1. 编制财务报表的主要目的就是为财务报表使用者决策提供信息。(　　)

2. 我国利润表的格式采用多步式。(　　)

3. 现金流量表中的“现金”即为货币资金。 (　　)

四、业务题

1. 资产负债表的编制

A 公司 20××年 12 月 31 日有关总账科目余额见下表。

科目余额表 单位:万元

总账科目	借方余额	贷方余额
库存现金	2	
银行存款	2 000	
应收账款	7 900	
预付账款	5 000	
原材料	2 000	
生产成本	4 000	
库存商品	2 000	
固定资产	60 000	
累计折旧		10 000
短期借款		10 000
应付账款		2 000
预收账款		3 200
应付职工薪酬		200
应交税费		500
应付利润		72
实收资本		50 000
资本公积		2 000
盈余公积		3 200
未分配利润		1 730

要求:根据上述资料编制 A 公司 20××年 12 月 31 日的资产负债表。

2. 利润表的编制

已知 B 企业 20××年 12 月份营业收入发生额为 145 000 元,营业成本发生额为 103 000 元,税金及附加的发生额为 6 500 元,销售费用发生额为 5 400 元,财务费用发生额为 3 000 元,管理费用发生额为 2 500 元,营业外收入发生额为 3 000 元,营业外支出发生额为 700 元,所得税税率为 25%。

要求:根据上述资料编制 B 企业 20××年 12 月份的利润表。

第十章 账务处理程序

引导案例

张武同学利用暑假到一家汽车制造企业进行了一番认识实习。返校后，他和一位在另一家外贸公司实习的同学交流后发现，两家公司的总账登记方法有所不同。一家是根据记账凭证直接逐笔登记，而另一家是汇总记账凭证后形成科目汇总表，然后据此登记总账。

启示：为什么两家公司的总账登记方法不同？两家公司的账务处理程序有何不同？如何选择和设置账务处理程序？实际工作中，各单位如何选择和设计适合本单位经济业务特点的账务处理程序？

【学习目标】

（1）正确理解账务处理程序的概念、要求和种类；

（2）掌握记账凭证账务处理程序；

（3）掌握科目汇总表账务处理程序；

（4）了解其他账务处理程序。

【学习重点和难点】

(1) 记账凭证账务处理程序的特点和基本内容；

(2) 科目汇总表账务处理程序的特点和基本内容。

第一节　账务处理程序概述

一、账务处理程序的概念

账务处理程序也称会计核算组织程序，是指从原始凭证的整理、汇总，记账凭证的填制、汇总，日记账、分类账的登记，到会计报表编制的步骤和方法。

不同单位的性质、规模和业务繁复程度的不同，适用的账务处理程序也不同。不同的账务处理程序对汇总凭证、登记总分类账的依据和办法的要求也不同。因此，各单位必须根据自己的实际情况，科学地组织账务处理程序，以保障会计工作的效率、充分发挥会计的职能。

二、科学组织账务处理程序的意义及要求

1. 科学组织账务处理程序的意义

(1) 有利于及时正确地提供会计核算资料，保证会计记录的完整性和正确性，增强会计信息的可靠性。

(2) 有利于规范会计工作，保证会计信息加工过程的严密性，提高会计信息质量。

(3) 有利于减少不必要的会计核算环节，提高会计工作效率。

2. 科学组织账务处理程序的要求

(1) 要适合本单位的性质和生产经营管理活动特点，有利于会计机构内部的分工协作和加强岗位责任制。

(2) 能及时提供本单位经济活动真实、完整的资料，以满足企业经营管理和宏观综合平衡工作的需要。

(3) 在保证及时和完整地提供会计资料的前提下，应尽可能地简化会计核算手续，提高会计工作的效率，节约核算费用。

三、账务处理程序的种类

在会计实践中，常见的账务处理程序主要有以下几种。

(1) 记账凭证账务处理程序；

(2) 科目汇总表账务处理程序；

(3) 汇总记账凭证账务处理程序；

(4) 日记总账账务处理程序；

(5) 电算化账务处理程序。

各种账务处理程序之间的主要区别在于登记总账的依据和方法不同。

第二节 记账凭证账务处理程序

一、记账凭证账务处理程序的基本概念

记账凭证账务处理程序是指对发生的经济业务，根据原始凭证或汇总原始凭证编制记账凭证，然后直接根据记账凭证逐笔登记总分类账的一种账务处理程序。该程序下，记账凭证可以采用一种通用的格式，也可以采用收款凭证、付款凭证和转账凭证三种格式。账簿设置一般应设置现金日记账、银行存款日记账、总分类账和明细分类账。日记账和总分类账一般采用三栏式，明细分类账可根据需要采用三栏式、数量金额式或多栏式等格式。

二、记账凭证账务处理程序的一般步骤

记账凭证账务处理程序的一般步骤如图 10-1 所示。

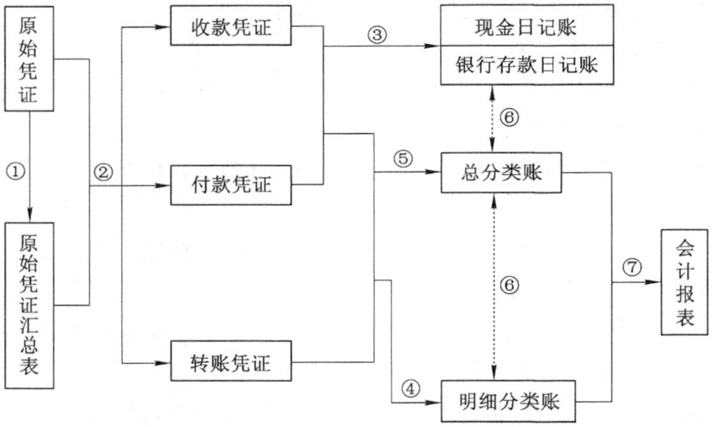

图 10-1 记账凭证账务处理程序

记账凭证账务处理程序一般步骤说明：

① 根据原始凭证编制汇总原始凭证；

② 根据原始凭证或汇总原始凭证，编制记账凭证；

③ 根据收款凭证、付款凭证逐笔登记现金日记账和银行存款日记账；

④ 根据原始凭证、汇总原始凭证和记账凭证，登记各种明细分类账；

⑤ 根据记账凭证逐笔登记总分类账；

⑥ 期末，现金日记账、银行存款日记账和明细分类账的余额同有关总分类账的余额核对相符；

⑦ 期末，根据总分类账和明细分类账的记录，编制会计报表。

三、记账凭证账务处理程序的特点

记账凭证账务处理程序的特点是直接根据记账凭证，逐笔登记总分类账。它是最基本的一种会计账务处理程序，其他各种账务处理程序，都是以它为基础发展演化而成的。

四、记账凭证账务处理程序的优缺点和适用范围

记账凭证账务处理程序的优点是简单明了、易于理解，总分类账可以较详细地反映经济业务的来龙去脉。缺点是登记总分类账工作量较大。所以，记账凭证账务处理程序适用于规模较小、经济业务量较少的单位。

第三节 科目汇总表账务处理程序

一、科目汇总表账务处理程序的基本概念

科目汇总表又称记账凭证汇总表，是根据记账凭证，按照相同的总分类会计科目归类，定期汇总计算每个科目借方、贷方发生额而编制的汇总表，具体格式如表 10-1 和表 10-2 所示。它是在记账凭证账务处理程序的基础上形成的。科目汇总表账务处理程序是指对发生的经济业务，根据原始凭证或汇总原始凭证编制记账凭证，再根据记账凭证编制科目汇总表，最后依据科目汇总表登记总分类账的一种账务处理程序。

表 10-1 科目汇总表(格式一)

年 月 日至 日 科汇第 号

会计科目	记账凭证起讫号数	本期发生额		总账页数
		借方	贷方	
合计				

表 10-2 科目汇总表(格式二)

年 月 日

会计科目	总账页数	1 日至 10 日		11 日至 20 日		21 日至 31 日		本月合计	
		借方	贷方	借方	贷方	借方	贷方	借方	贷方

在科目汇总表账务处理程序下，会计凭证及账簿的设置与记账凭证账务处理程序相同，可以设置收款凭证、付款凭证和转账凭证三种专用记账凭证，也可以设置通用记账凭证；设置三栏式现金日记账和银行存款日记账；设置三栏式总分类账及三栏式、数量金额式等明细分类账。

二、科目汇总表账务处理程序的一般步骤

科目汇总表账务处理程序的一般步骤如图 10-2 所示。

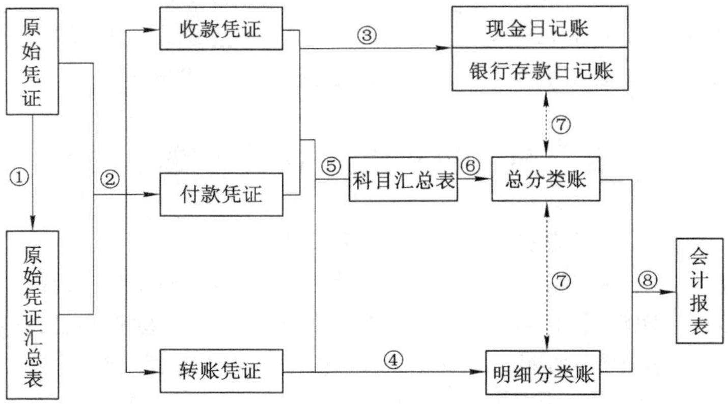

图 10-2　科目汇总表账务处理程序

① 根据原始凭证编制汇总原始凭证；

② 根据原始凭证或汇总原始凭证，编制记账凭证；

③ 根据收款凭证、付款凭证逐笔登记现金日记账和银行存款日记账；

④ 根据原始凭证、汇总原始凭证和记账凭证，登记各种明细分类账；

⑤ 根据各种记账凭证编制科目汇总表；

⑥ 根据科目汇总表登记总分类账；

⑦ 现金日记账、银行存款日记账和明细分类账的余额同有关总分类账的余额核对相符；

⑧ 根据总分类账和明细分类账的记录，编制会计报表。

采用这种账务处理程序，对凭证和账簿的要求及记账程序与记账凭证账务处理程序基本相同。

三、科目汇总表账务处理程序的特点

科目汇总表账务处理首先要根据一定时期内的全部记账凭证汇总编制科目汇总表再根据定期编制的科目汇总表登记总分类账。

在科目汇总表账务处理程序下，关键是编制科目汇总表。为了便于编制科

目汇总表，必须注意以下几点：

(1) 每一张收款凭证一般应填列一个贷方科目，每一张付款凭证一般应填列一个借方科目；转账凭证，只应填列一个借方科目和一个贷方科目，一式两联，一联作为借方科目的汇总，一联作为贷方科目的汇总。

(2) 为了便于登记总账，科目汇总表上的科目排列应按总分类账上科目排列的顺序来定。

(3) 科目汇总表汇总的时间不宜过长，业务量多的单位可每天汇总一次，一般间隔期为 5 至 10 天，以便对发生额进行试算平衡，及时了解资金运动情况。

四、科目汇总表账务处理程序的优缺点和适用范围

采用科目汇总表账务处理程序，由于总分类账是根据科目汇总表登记的，因此简化了登记总分类账的工作量。同时在登记总分类账之前，通过编制科目汇总表，起到了试算平衡的作用，可以保证总分类账记录的正确性。但由于总分类账是根据科目汇总表登记的，因此这种账务处理程序不能反映账户的对应关系，也不便于查对账目和分析经济业务的来龙去脉。这种账务处理程序一般适用于规模较大、经济业务量较多的企业。

第四节 汇总记账凭证账务处理程序

一、汇总记账凭证账务处理程序的基本概念

汇总记账凭证账务处理程序是记账凭证账务处理程序的发展，该程序先定期将全部记账凭证按照种类不同分别归类编制汇总记账凭证，然后再根据汇总记账凭证登记总分类账。

采用汇总记账凭证账务处理程序，除需设置专用记账凭证之外，还应设置汇总记账凭证(包括汇总收款凭证、汇总付款凭证和汇总转账凭证)，作为登记总账的直接依据。汇总收款凭证是按“库存现金”和“银行存款”科目的借方分别设置的一种汇总记账凭证，用来汇总一定时期内库存现金和银行存款的收款业务，它按有关对应的贷方科目归类汇总编制；汇总付款凭证是按“库存现金”和“银行存款”科目的贷方分别设置的一种汇总记账凭证，用来汇总一定时期内库存现金和银行存款的付款业务，它按有关对应的借方科目归类汇总编制；汇总转账凭证是按照除“库存现金”、“银行存款”以外的每一贷方科目分别设置，而按相应的借方科目进行归类汇总的一种汇总记账凭证，用来汇总一定时期内的全部转账业务。汇总记账凭证的格式见表 10-3、表 10-4 和表 10-5。

表 10-3　　　　汇总收款凭证

借方科目:库存现金(或银行存款)　　年　月　　　　第××号

贷方科目	金额				总账页数	
	上旬凭证 ×号至×号	中旬凭证 ×号至×号	下旬凭证 ×号至×号	全月合计	借方	贷方
合计						

表 10-4　　　　汇总付款凭证

贷方科目:库存现金(或银行存款)　　年　月　　　　第××号

借方科目	金额				总账页数	
	上旬凭证 ×号至×号	中旬凭证 ×号至×号	下旬凭证 ×号至×号	全月合计	借方	贷方
合计						

表 10-5　　　　汇总转款凭证

贷方科目:应付职工薪酬　　年　月　　　　第××号

借方科目	金额				总账页数	
	上旬凭证 ×号至×号	中旬凭证 ×号至×号	下旬凭证 ×号至×号	全月合计	借方	贷方
生产成本						
制造费用						
管理费用						
合计						

汇总记账凭证账务处理程序要求：在编制转账凭证和付款凭证时，只能编制一借一贷或一贷多借的凭证，而不能编制一借多贷的凭证；编制收款凭证时，则只能编制一借一贷或一借多贷的凭证，而不能编制一贷多借的凭证。

在汇总记账凭证账务处理程序下，需要设置的特种日记账有现金日记账和银行存款日记账，一般采用三栏式；总账按总账科目设置账页，一般也采用三栏式；各种明细账可根据实际情况，采用三栏式、数量金额式或多栏式等。

二、汇总记账凭证账务处理程序的一般步骤

汇总记账凭证账务处理程序的一般步骤如图 10-3 所示。

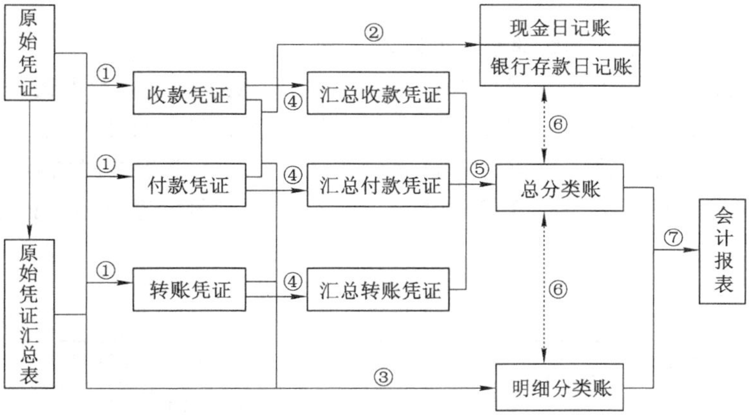

图 10-3 汇总记账凭证账务处理程序

① 根据原始凭证或汇总原始凭证，编制记账凭证(收、付、转三类)；

② 根据收款凭证和付款凭证，登记特种日记账(现金、银行存款日记账)；

③ 根据原始凭证、汇总原始凭证和记账凭证，登记有关明细账；

④ 根据一定时期内的记账凭证，分别汇总编制各种汇总记账凭证；

⑤ 根据各种汇总记账凭证，登记总分类账；

⑥ 月末，将特种日记账的余额以及各种明细账的余额合计数，分别与总账中相应账户的余额核对；

⑦ 月末，根据经核对无误的总账和有关的明细账记录，编制会计报表。

三、汇总记账凭证账务处理程序的特点

在汇总记账凭证账务处理程序下，要求定期根据记账凭证分类编制汇总收款凭证、汇总付款凭证和汇总转账凭证，再根据各种汇总凭证登记总分类账。

四、汇总记账凭证账务处理程序的优缺点和适用范围

采用汇总记账凭证账务处理程序，由于总分类账是根据汇总记账凭证登记

的，因此相对于记账凭证账务处理程序而言简化了登记总分类账的工作量。同时，收款凭证以借方科目为主，按照对应的贷方科目进行汇总；付款凭证和转账凭证以贷方科目为主，按照对应的借方科目进行汇总，使凭证的整理归类工作比较简便，并能保证数字正确无误。但这种账务处理程序总分类账的记录比较简略，难以具体反映企业的经济活动。所以，这种账务处理程序一般适用于规模较大、业务较多的企业。

第五节　日记总账账务处理程序

一、日记总账账务处理程序的基本概念

日记总账账务处理程序是指根据记账凭证逐笔登记日记总账的一种账务处理程序。日记总账账务处理程序的主要特点是：设置日记总账，所有经济业务都必须在日记总账中进行登记。日记总账既要根据业务发生的时间顺序登记，又要将所有科目的总分类核算都集中到一张账页上。因此，它既是日记账，又是总账，具体格式如表 10-6 所示。

表 10-6　　日记总账

年		记账凭证号数	摘　要	发生额	××科目		××科目		××科目		……	
月	日				借方	贷方	借方	贷方	借方	贷方	借方	贷方

二、日记总账账务处理程序的一般步骤

日记总账账务处理程序的一般步骤如图 10-4 所示。

日记总账账务处理程序的步骤，一般可归纳如下：

① 根据原始凭证编制汇总原始凭证；

② 根据原始凭证或汇总原始凭证，编制记账凭证；

③ 根据收款凭证、付款凭证逐笔登记现金日记账和银行存款日记账；

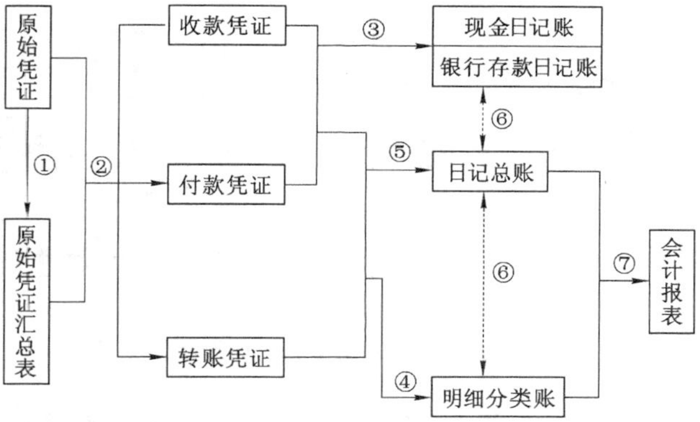

图 10-4　日记总账账务处理程序流程图

④ 根据原始凭证、汇总原始凭证和记账凭证，登记各种明细分类账；

⑤ 根据记账凭证逐笔登记日记总账；

⑥ 期末，现金日记账、银行存款日记账和明细分类账的余额同有关总分类账的余额核对；

⑦ 期末，根据总分类账和明细分类账的记录，编制会计报表。

三、日记总账账务处理程序的特点

日记总账需要把所有总分类会计科目均设置在一张账页内，因此日记总账的账页过长。

四、日记总账账务处理程序的优缺点和适用范围

日记总账账务处理程序简便易行，但所有的科目均设在一张账页内，导致账页过长，不便于记账和查阅，也不便于登账工作的分工。因此，该账务处理程序只适合于业务很少且所用会计科目也很少的单位。

第六节　电算化账务处理程序

以电子计算机为主的现代信息技术充分应用于会计工作后，对传统会计实务产生了深刻影响：会计信息的处理工具由算盘发展到键盘，会计信息的载体从纸张发展到磁盘文件，会计信息的处理与传输呈现出高度自动化、电子化、无纸化和实时化的特点，并促使以簿记为主的传统会计组织发生根本性改变。

电算化会计账务处理流程如图 10-5 所示。

在电算化账务处理程序中，整个账务处理流程分为输入、处理、输出三个环

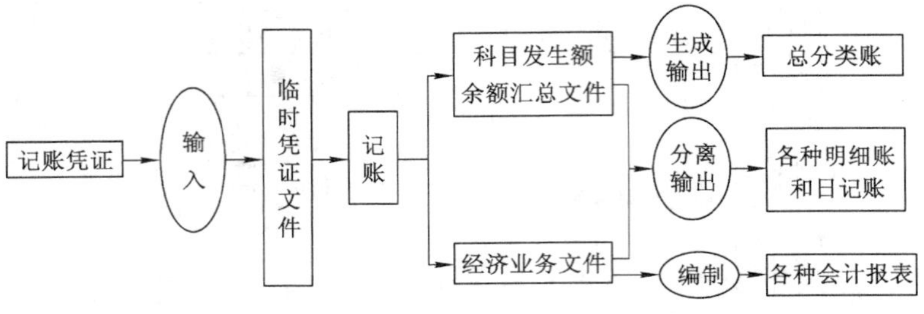

图 10-5 电算化账务处理程序

节。首先将分散于手工会计各个核算岗位的会计数据统一收集后集中输入计算机,此后的各种数据处理工作都由计算机按照会计软件的要求自动完成,不受人工干预。从输入会计凭证到输出会计报表,一气呵成,一切中间环节都在机内自动处理,而需要的任何中间资料都可以通过系统提供的查询功能得到,真正实现了数出一间(都从凭证上来),数据共享(同时产生所需账表)。整个账务处理流程具有高度的连续性、严密性,呈现出一体化趋势,极大地提高了财务报告的时效性。这样,在手工会计中非常费时、费力和烦琐的工作,变成了电算化系统中一个简单的指令或动作。过去需要众多人员从事的填制凭证、记账、编表等工作,现在只需要少量的录入人员进行操作就可以了。

因此,手工会计中不同账务处理程序的划分已没有必要,可以采用一种统一的账务处理程序,这就为实现电算化系统中账务处理程序的通用化提供了前提。

本章小结

会计账务处理程序就是规定凭证、账簿的种类、格式和登记方法及各种凭证之间、账簿之间和各种凭证与账簿之间,以及各种报表之间,各种账簿与报表之间的相互联系及编制的程序。主要包括:记账凭证账务处理程序、科目汇总表账务处理程序、汇总记账凭证账务处理程序、日记总账账务处理程序、电算化账务处理程序等。其中,记账凭证账务处理程序是最基本的账务处理程序,其他各种账务处理程序基本上是在它的基础上发展形成的。

思考与练习

一、单项选择题

1. 采用科目汇总表账务处理程序,(　　)是其登记总账的直接依据。

A. 汇总记账凭证　　B. 科目汇总表

C. 记账凭证　　D. 原始凭证

2. 记账凭证、科目汇总表、汇总记账凭证三种账务处理程序中会计报表是根据(　　)资料编制的。

A. 日记账、总账和明细账　　B. 日记账和明细分类账

C. 明细账和总分类账　　D. 日记账和总分类账

3. 以下项目中,属于科目汇总表账务处理程序缺点的是(　　)。

A. 增加了会计核算的账务处理程序

B. 增加了登记总分类账的工作量

C. 不便于检查核对账目

D. 不便于进行试算平衡

4. 在各种不同账务处理程序中,不能作为登记总账依据的是(　　)。

A. 记账凭证　　B. 汇总记账凭证

C. 汇总原始凭证　　D. 科目汇总表

5. 科目汇总表是依据(　　)编制的。

A. 记账凭证　　B. 原始凭证

C. 原始凭证汇总表　　D. 各种总账

6. 下列属于记账凭证账务处理程序优点的是(　　)。

A. 总分类账反映经济业务较详细

B. 减轻了登记总分类账的工作量

C. 有利于会计核算的日常分工

D. 便于进行试算平衡

7. 汇总记账凭证是依据(　　)编制的。

A. 记账凭证　　B. 原始凭证

C. 原始凭证汇总表　　D. 各种总账

8. (　　)账务处理程序是最基本的一种账务处理程序。

A. 日记总账　　B. 汇总记账凭证

C. 科目汇总表　　D. 记账凭证

9. 下列属于记账凭证核算程序主要缺点的是(　　)。

A. 不能体现账户的对应关系　　B. 不便于会计合理分工

C. 方法不易掌握　　D. 登记总账的工作量较大

10. 汇总记账凭证账务处理程序与科目汇总表账务处理程序的相同点是(　　)。

A. 登记总账的依据相同　　B. 记账凭证的汇总方法相同

C. 保持了账户间的对应关系　　D. 简化了登记总分类账的工作量

11. 关于记账凭证账务处理程序,下列说法不正确的是(　　)。

A. 根据记账凭证逐笔登记总分类账,是最基本的账务处理程序

B. 简单明了,易于理解,总分类账可以较详细地反映经济业务的发生情况

C. 登记总分类账的工作量较大

D. 适用于规模较大、经济业务量较多的单位

12. 规模较小、业务量较少的单位适用(　　)。

A. 记账凭证账务处理程序　　B. 汇总记账凭证账务处理程序

C. 日记总账账务处理程序　　D. 科目汇总表账务处理程序

13. 下列不属于科目汇总表账务处理程序优点的是(　　)。

A. 科目汇总表的编制和使用较为简便,易学易做

B. 可以清晰地反映科目之间的对应关系

C. 可以大大减少登记总分类账的工作量

D. 科目汇总表可以起到试算平衡的作用,保证总账登记的正确性

14. 各种账务处理程序之间的区别在于(　　)。

A. 总账的格式不同　　B. 编制会计报表的依据不同

C. 登记总账的程序和方法不同　　D. 会计凭证的种类不同

15. 在科目汇总表账务处理程序下,一般采用(　　)记账凭证比较方便。

A. 一借多贷　　B. 多借多贷

C. 一贷一借　　D. 一贷多借

二、多项选择题

1. 对于汇总记账凭证账务处理程序,下列说法错误的有(　　)。

A. 登记总账的工作量大

B. 不能体现账户之间的对应关系

C. 明细账与总账无法核对

D. 当转账凭证较多时,汇总转账凭证的编制工作量较大

2. 各种会计账务处理程序下,登记明细账的依据可能有(　　)。

A. 原始凭证　　B. 汇总原始凭证

C. 记账凭证　　D. 汇总记账凭证

3. 下列不属于科目汇总表账务处理程序优点的有(　　)。

A. 便于反映各账户间的对应关系　　B. 便于进行试算平衡

C. 便于检查核对账目　　D. 简化登记总账的工作量

4. 下列项目中,属于科学、合理地选择适用于本单位的账务处理程序的意义有(　　)。

A. 有利于会计工作程序的规范化
B. 有利于增强会计信息的可靠性
C. 有利于提高会计信息的质量
D. 有利于保证会计信息的及时性

5. 在我国,常用的账务处理程序主要有(　　)。
A. 记账凭证账务处理程序　　B. 汇总记账凭证账务处理程序
C. 多栏式日记账账务处理程序　　D. 科目汇总表账务处理程序

6. 以下属于记账凭证账务处理程序优点的有(　　)。
A. 简单明了、易于理解
B. 总分类账可较详细地记录经济业务发生情况
C. 便于进行会计科目的试算平衡
D. 减轻了登记总分类账的工作量

7. 在常见的账务处理程序中,共同的账务处理工作有(　　)。
A. 均应填制和取得原始凭证　　B. 均应编制记账凭证
C. 均应填制汇总记账凭证　　D. 均应设置和登记总账

8. 账务处理程序也叫会计核算程序,它是指(　　)相结合的方式。
A. 会计凭证　　B. 会计账簿
C. 会计报表　　D. 会计科目

9. 各种账务处理程序的相同之处是(　　)。
A. 根据原始凭证编制汇总原始凭证
B. 根据原始凭证和记账凭证登记明细账
C. 根据收款凭证和付款凭证登记现金、银行存款日记账
D. 根据总账和明细账编制会计报表

10. 以记账凭证为依据,按有关账户的贷方设置,按借方账户归类的有(　　)。
A. 汇总收款凭证　　B. 汇总转账凭证
C. 汇总付款凭证　　D. 科目汇总表

第十一章 会计规范与会计管理

引导案例

吴先生和妻子经营电脑打印店已经两年，积累了一定的资金，决定与其他出资者一起申请注册一家公司，起名为集安科技有限责任公司。公司创办一年零三个月后的一天，财政局、工商局、税务局的工作人员到公司检查会计工作后，指出以下几点：第一，吴先生等人创办的公司，账簿设置不够全面，仅对支出、银行存款和库存现金的记录比较全面，部分固定资产仅有验收凭证，而未及时入账，没有全面遵守《会计法》和《企业会计准则》的要求，公司内部会计控制制度也不完善。第二，经询问和检查发现，公司两名从事会计工作的人员刚从计算机专科学校毕业一年多，现在虽在函授学习会计课程，但还没有具备全面会计专业能力，不能很好地履行会计人员的职责。第三，公司创办已经一年零三个月，全部会计凭证都堆放在几个文件柜内，没有装订和归档保管，不符合会计档案管理的要求。

从上述案例你是否想到以下问题：《会计法》对企业会计核算有何特殊要求吗？《企业会计准则》的体系和内容到底有哪些？如何才能聘用到符合要求的会计人员？会计人员的基本职责到底有哪些？会计人员的后续教育是否有最低要求？实际工作中，为什么有些单位可以没有会计机构？年末结账后，怎样做才能符合会计档案管理的要求？不同的会计档案保管年限是否相同呢？

【学习目标】

(1) 要求理解和掌握我国会计规范体系的形成和内容构成；

(2) 了解会计机构的设置方式、会计人员的分工和基本职责及权限；

(3) 熟悉会计职业道德的本质、特征和内容；

(4) 了解会计档案保管的具体规定和要求。

【学习重点与难点】

(1) 会计规范体系的含义、层次和内容构成；

(2) 会计职业道德基本规范的内容。

第一节 会计规范体系

一、会计规范体系及其作用

1. 会计规范体系的含义和层次

(1) 会计规范体系的含义

会计规范体系是指国家(或特别行政区)的权力机关或其他授权机构制定的,用于规范会计核算实务和会计基础工作、规定会计主体和相关人员会计责任等的规范性文件总称。会计规范体系是经济规范体系的一个重要组成部分,是各单位组织和从事会计工作必须遵守的规范。我国经济规范体系中,除了会计规范外,其他有关法律法规对会计核算和组织工作也提出了要求,如《公司法》、《税法》、《证券法》等,对会计核算和组织工作、会计信息的披露都有规定。

从程序上讲,会计活动是对本单位所发生的经济业务事项进行确认、计量、记录和报告。会计在处理各项经济业务事项时所涉及和反映的经济利益关系,不仅包括本单位内部企业与员工的经济利益关系,而且更多的是反映企业与国家、企业与投资者、企业与债权人、企业与消费者等的经济利益关系。因此,会计在处理各项经济利益关系时,必须有一个具有广泛约束力的会计规范,规范各个单位的会计活动,这是协调和维护各利益关系方利益的客观需要,也是维护市场经济秩序正常进行的需要。

(2) 会计规范体系的层次

会计规范体系是关于会计工作的法律、行政法规、准则和制度的总称,是会计行为的一系列标准。目前,我国会计规范体系主要包括三个层次:一是会计法律规范、二是会计准则和制度规范、三是会计职业道德规范。会计规范体系是以一定的会计理论研究成果为基础的,根据国家(或特别行政区)的财经方针、政策,将单位会计工作所应遵循的各项原则和方法,用法规的形式进行明确规定,以保证会计工作按照一定的目标正常进行。会计规范体系是会计工作经验和会计理论研究成果的概括和总结。

2. 会计规范的基本作用

《中华人民共和国会计法》(以下简称《会计法》)是为了加强单位会计工作、保障会计人员依法履行会计工作的各项职责、维护社会经济的正常秩序、发挥单位会计工作在维护国家财经方针和制度的执行、加强单位经济管理、不断提高经济效益中的作用而颁布实施的。会计准则和基于会计准则规定的系列会计政策,不仅可以在规范社会主义市场经济秩序、协调和维护企业利益关系者的利益中起到重要作用,而且能够促进企业可持续发展,有助于完善资本市场,并为我国企业走出去提供了国际商业语言。

二、会计法律规范

《会计法》是会计工作中最高层次的法律规范,是指导我国会计工作的最高准则,是各个单位从事会计工作、办理会计事务必须遵循的基本法律规范。《会计法》是我国的一项重要经济法规,是会计工作必须遵循的法律,是政府制定其他会计法规、准则、指南、办法、程序等的法律依据,涉及各个单位会计工作的若干方面。新中国成立后的首部《会计法》于 1985 年 1 月 21 日由第六届全国人民代表大会常务委员会第九次会议通过,并于 1985 年 5 月 1 日起正式施行。之后,为了进一步规范会计信息的生成过程和披露,适应我国改革和经济发展的需要,1993 年 12 月 29 日第八届全国人民代表大会常务委员会第五次会议通过了《关于修改〈中华人民共和国会计法〉的决定》,自公布之日起正式施行。1999 年 10 月 31 日,第九届全国人民代表大会常务委员会第十二次会议通过了修订的《会计法》,修订并重新发布,自 2000 年 7 月 1 日起施行,该《会计法》共有 7 章 52 条,2017 年 11 月 4 日第十二届全国人民代表大会常务委员会第三十次会议《关于修改〈中华人民共和国会计法〉等十一部法律的决定》对《会计法》进行了第二次修正。

《会计法》包括以下几部分内容。

1. 总则部分

我国《会计法》总则部分规定的内容包括:① 明确规定了我国会计法的立法宗旨是规范会计行为,保证会计资料真实、完整,加强经济管理和财务管理,提高经济效益,维护社会主义市场经济秩序;② 明确规定了我国会计法的适用范围是国家机关、社会团体、企业、事业单位、个体工商户和其他组织;③ 明确规定了单位负责人应对本单位会计工作和会计资料的真实性、完整性负责;④ 明确了我国会计工作的管理体制,在总则中规定国务院财政部门主管全国的会计工作,地方各级人民政府财政部门管理本地区的会计工作;⑤ 国家实行统一会计规范制度,由国务院财政部门制定国家统一会计规范并具体公布实施。

2. 规定了单位会计核算的内容和要求

我国《会计法》的单位会计核算部分规定了会计核算基本内容，如款项和有价证券的收付，财物的收发、增减和使用，债权债务的发生和结算，收入、费用、成本的计算等。为了保证会计信息的质量，《会计法》原则性地规定了对填制会计凭证、登记会计账簿、编制财务报表等会计核算全过程通用的基本要求。会计核算的内容和要求是保证会计信息符合国家宏观经济管理要求，满足有关利益关系方了解企业财务状况和经营成果的需要，满足加强单位企业内部经营管理需要的重要条件。

3. 公司、企业会计核算的特别规定

特别规定主要是针对公司、企业会计核算的特殊性和重要性，强调了公司、企业会计核算中对会计要素确认、计量、记录的基本要求以及公司、企业会计核算的禁止性规定。

4. 会计监督体系部分

我国《会计法》的会计监督部分规定了五个方面：单位内部会计监督制度、相关人员在单位内部会计监督中的各项职责、对违法会计行为的检举、对会计工作的社会监督、对会计工作的国家监督。会计监督部分旨在健全和完善我国适应市场经济发展与新形势要求的"三位一体"的会计监督体系。三位一体的会计监督体系是指通过建立单位内部会计监督制度进行的单位内部监督、通过注册会计师进行的社会监督和以财政部门为主的国家监督。

2017 年 11 月 4 日新修正的《会计法》，将"从事会计工作的人员是否具备从业资格"，改为"从事会计工作的人员是否具备专业能力、遵守职业道德"。

5. 单位会计机构的设置和会计人员的配备

我国《会计法》的会计机构和会计人员部分全面规定了七个方面：会计机构的设置、总会计师的设置、会计机构内部稽核制度和内部牵制制度、会计人员从业能力、会计机构负责人的任职资格、会计人员业务培训与教育、会计人员工作交接等。会计人员调动工作或者离职，必须与接管人员办清交接手续。

一般会计人员办理交接手续，由会计机构负责人（会计主管人员）监交；会计机构负责人（会计主管人员）办理交接手续，由单位负责人监交，必要时主管单位可以派人会同监交。

2017 年 11 月 4 日新修正的《会计法》，对会计人员的专业能力、会计机构负责人、"不得再从事会计工作"的情形做出新的规定，"会计人员应当具备从事会计工作所需要的专业能力"。"担任单位会计机构负责人（会计主管人员）的，应当具备会计师以上专业技术职务资格或者从事会计工作三年以上经历。""因有提供虚假财务报告，做假账，隐匿或者故意销毁会计凭证、会计账簿、财务会计报告，贪污，挪用公款，职务侵占等与会计职务有关的违法行为被依法追究刑事责任的人员，不得再从事会计工作。”

6. 会计法律责任的规定

我国《会计法》的法律责任部分主要规定了会计机构、单位负责人、会计人员和其他有关人员违反《会计法》应当承担的法律责任。违反《会计法》应当承担的法律责任包括行政责任和刑事责任两种。

2017 年 11 月 4 日新修正的《会计法》规定，不依法设置会计账簿的，私设会计账簿的，未按照规定填制、取得原始凭证或者填制、取得的原始凭证不符合规定的，以未经审核的会计凭证为依据登记会计账簿或者登记会计账簿不符合规定的，随意变更会计处理方法的，向不同的会计资料使用者提供的财务报告编制依据不一致的，未按照规定使用会计记录文字或者记账本位币的，未按照规定保管会计资料，致使会计资料毁损、灭失的，未按照规定建立并实施单位内部会计监督制度或者拒绝依法实施的监督或者不如实提供有关会计资料及有关情况的，任用会计人员不符合本法规定的。以上所列行为之一，构成犯罪的，依法追究刑事责任；情节严重的，五年内不得从事会计工作。

三、会计准则

会计准则是对会计要素进行会计确认、计量、记录和报告所应依据的标准和规则。我国企业会计准则强调了会计要素和主要经济业务事项的确认、计量和报告的标准和规则，同时兼顾了会计记录的要求。

从会计准则体系的法律定位看，我国企业会计准则属于法规体系的一个组成部分，而国际财务报告准则虽在国际资本市场上具有广泛影响和较强约束力，但不是法规体系。国际财务报告准则不规范会计记录，而是由企业根据会计确认、计量和报告准则的要求，自行处理会计记录；各国会计准则的内容因社会和经济背景不同、会计准则的制定机构不同而不同。我国企业会计准则是在计划经济向市场经济转变后，借鉴国际惯例，于 1992 年 11 月由财政部颁布，之后从 1997 年开始陆续颁布和施行了 16 项具体会计准则、《企业会计制度》、《金融企业会计制度》和《小企业会计制度》。

伴随着世界经济的全球化趋势、我国改革开放的进一步深化以及知识经济的快速发展，国际上会计理论研究的成果也在不断增加和完善。世界范围内会计标准国际协调的步伐不断加快，会计标准趋同的趋势也日益明显。为使我国会计信息更客观、完整、准确地反映经济业务的变化和发生情况，同时，也为了更好地适应经济全球化的趋势，使我国在更广的范围内获得市场经济国家地位的认同，我国会计准则的全面国际化趋同的步伐不断加快。2005 年，我国在基本准则和具体准则的征求意见稿完成后，就我国会计准则与国际财务报告准则的趋同问题，与国际会计准则理事会的理事和技术专家进行了数次深入的研讨并达成了共识。2005 年 11 月，签署了联合声明，确认中国会计准则与国际财务报告准则实现了实质性趋同。声明指出，建立和完善一套全球高质量的会计准则，是适应经济全球化发展趋势的必然要求。会计趋同是会计准则制定工作的基本目标之一，旨在使企业按照我国会计准则编制的财务报表与按照国际财务报告准则编制的财务报表相同，趋同的具体方式由中国确定。

2006 年 2 月 15 日，我国正式发布了企业会计准则体系。企业会计准则虽没有称为中国财务报告准则，但与国际财务报告准则的出发点和理念是一致的。这个企业会计准则体系不但实现了我国会计准则与国际财务报告准则内涵上的统一、与国际财务报告准则趋同，也与我国国情相适应。

我国企业会计准则体系，从 1 项基本准则和 42 项具体准则，到企业会计准则应用指南和企业会计准则解释，共包括四个层次，其核心内容是对会计确认、计量和报告加以规范，并在内容上充分涵盖了各类企业（小企业除外）的全部经济业务。

我国企业会计准则体系于 2007 年 1 月 1 日起，在上市公司范围内全面实施，并鼓励其他企业实施。2008 年 1 月 1 日起，企业会计准则实施范围扩大到了所有中央企业、非上市银行、有关金融机构以及非上市的商业保险公司。2009 年 1 月 1 日起，企业会计准则的实施范围进一步扩大到农村信用社和相当部分省市的国有企业等。

1.《企业会计准则——基本准则》

我国《企业会计准则——基本准则》，类似于国际财务报告准则中编报财务报表的框架，是具体准则制定的基本依据，在企业会计准则体系中起着统驭作用，也为尚未有具体准则规范的会计实务问题提供处理原则。主要规范了企业财务报告目标、会计基本假设、会计确认和计量的基础、会计信息质量要求、会计要素及其确认与计量原则、财务报告等内容。

《企业会计准则——基本准则》所规范的具体内容，包括 11 章共 50 条，主要章节包括：① 总则（第一章，共 11 条）；② 会计信息质量要求（第二章，共 8 条）；③ 资产（第三章，共 3 条）；④ 负债（第四章，共 3 条）；⑤ 所有者权益（第五章，共 4 条）；⑥ 收入（第六章，共 3 条）；⑦ 费用（第七章，共 4 条）；⑧ 利润（第八章，共 4 条）；⑨ 会计计量（第九章，共 3 条）；⑩ 财务报告准则（第十章，共 5 条）；⑪ 附则（第十一章，共 2 条）。

2. 企业具体会计准则

我国企业具体会计准则涵盖了各种不同业务类型企业的各项经济交易或事项的会计处理，主要规范了各项具体经济业务事项的确认、计量和报告。我国

42 项具体会计准则，具体分为一般业务准则、特殊业务准则和报告类准则三个层次。

(1) 用于规范一般业务的准则

一般业务准则主要规范了各类企业普遍适用的一般经济业务事项的确认和计量。主要包括：存货、长期股权投资、投资性房地产、固定资产、无形资产、资产减值、所得税、职工薪酬、股份支付等会计准则。

(2) 用于规范特殊行业、特定业务的准则

特殊行业及特定业务，如保险行业、套期保值等。特殊行业、特定业务准则主要规范了特殊行业、特定业务确认和计量的过程和要求，主要包括：金融工具确认和计量、金融资产转移、套期会计、金融工具列报、原保险合同、再保险合同等会计准则。

(3) 用于规范财务报告的准则

报告类会计准则主要规范了普遍适用于各类企业的报告类准则，主要包括：财务报表列报、现金流量表、合并财务报表、中期财务报告、分部报告、关联方披露等会计准则。

我国 42 项具体会计准则如下。

企业会计准则第 1 号——存货

企业会计准则第 2 号——长期股权投资

企业会计准则第 3 号——投资性房地产

企业会计准则第 4 号——固定资产

企业会计准则第 5 号——生物资产

企业会计准则第 6 号——无形资产

企业会计准则第 7 号——非货币性资产交换

企业会计准则第 8 号——资产减值

企业会计准则第 9 号——职工薪酬

企业会计准则第 10 号——企业年金基金

企业会计准则第 11 号——股份支付

企业会计准则第 12 号——债务重组

企业会计准则第 13 号——或有事项

企业会计准则第 14 号——收入

企业会计准则第 15 号——建造合同

企业会计准则第 16 号——政府补助

企业会计准则第 17 号——借款费用

企业会计准则第 18 号——所得税

企业会计准则第 19 号——外币折算
企业会计准则第 20 号——企业合并
企业会计准则第 21 号——租赁
企业会计准则第 22 号——金融工具确认和计量
企业会计准则第 23 号——金融资产转移
企业会计准则第 24 号——套期会计
企业会计准则第 25 号——原保险合同
企业会计准则第 26 号——再保险合同
企业会计准则第 27 号——石油天然气开采
企业会计准则第 28 号——会计政策、会计估计变更和差错更正
企业会计准则第 29 号——资产负债表日后事项
企业会计准则第 30 号——财务报表列报
企业会计准则第 31 号——现金流量表
企业会计准则第 32 号——中期财务报告
企业会计准则第 33 号——合并财务报表
企业会计准则第 34 号——每股收益
企业会计准则第 35 号——分部报告
企业会计准则第 36 号——关联方披露
企业会计准则第 37 号——金融工具列报
企业会计准则第 38 号——首次执行企业会计准则
企业会计准则第 39 号——公允价值计量
企业会计准则第 40 号——合营安排
企业会计准则第 41 号——在其他主体中权益的披露
企业会计准则第 42 号——持有待售的非流动资产、处置组和终止经营

3. 企业会计准则的应用指南

企业会计准则应用指南对具体会计准则相关条款的细化以及对重点和难点内容提供了具体解释性、操作性的规定，对具体指导会计实务有重要帮助。主要包括：具体准则解释、会计科目和主要账务处理等，为企业实际执行会计准则提供了操作性的规范和指导。我国企业会计准则应用指南涵盖了目前各种类型企业的各项经济交易或事项的会计处理。

4. 企业会计准则解释

我国企业会计准则实施后，并随着逐步扩大企业会计准则实施范围后，会计准则体系不能频繁修改，应保持相对稳定。而对不断涌现的新情况和新问题及实务中遇到的实施问题，客观上要求及时做出解释，综合各方面因素，财政部采

取了发布《企业会计准则解释》的方式，以财政部规范性文件形式陆续印发解释公告，较好地解决企业会计实务中遇到的实际问题。《企业会计准则解释》与具体会计准则具有同等效力，这与国际财务报告准则体系中的解释公告相互对应。财政部印发的企业会计准则解释如下：

2007 年财政部印发了《企业会计准则解释第 1 号》，2008 年财政部印发了《企业会计准则解释第 2 号》，2009 年财政部印发了《企业会计准则解释第 3 号》，2010 年财政部印发了《企业会计准则解释第 4 号》，2012 年 11 月财政部印发了《企业会计准则解释第 5 号》，2014 年 1 月财政部印发了《企业会计准则解释第 6 号》，2015 年 11 月财政部印发了《企业会计准则解释第 7 号》，2015 年 12 月财政部印发了《企业会计准则解释第 8 号》，2017 年 6 月财政部同时印发了四个解释公告，分别是《企业会计准则解释第 9 号——关于权益法下投资净损失的会计处理》、《企业会计准则解释第 10 号——关于以使用固定资产产生的收入为基础的折旧方法》、《企业会计准则解释第 11 号——关于以使用无形资产产生的收入为基础的摊销方法》、《企业会计准则解释第 12 号——关于关键管理人员服务的提供方与接受方是否为关联方》。

第二节 会计职业道德

一、职业道德的概念和本质

1. 职业道德的概念

职业道德的提倡是由于社会分工的出现而形成的，与职业联系在一起。职业是指人们由于社会分工和生产经营活动的内部劳动分工，而长期连续从事的具体业务和特定职责；道德是以善恶评价标准为前提，依靠社会舆论和传统习俗以及人们内心信念的力量，来调整人们之间相互关系的道德准则和行为规范。社会分工和协作、利益分配，要求做官要讲“官德”，从教要讲“师德”，经商要有“商德”。各行各业都应有与本行业和岗位的社会地位、功能、权利和义务相一致的道德准则和行为规范。要求各行各业的从业人员，在一定职业活动中应遵守行业的职业行为准则和行为规范。

职业道德的概念有广义和狭义之分。狭义的职业道德是指各行各业的从业人员在一定的职业活动中，应遵循的、体现一定职业特征的、调整一定职业关系的职业行为准则和行为规范。广义的职业道德是指各行各业从业人员在一定的职业活动中，应该遵循的职业行为准则和行为规范，涵盖了从业人员与服务对象、职业与职工、职业与职业之间的关系。

2. 职业道德的本质和特征

(1) 职业道德的本质

各行各业的职业道德具有同样的本质。职业道德是由一定社会经济关系所决定的社会意识形态，是职业活动对职业行为的道德要求和规范，是调节职业活动所形成的各种职业关系、处理利益关系的手段。良好的职业道德，可以促进职业活动的健康、有序进行，也可以促进职业的健康发展，对正常社会道德风尚会产生积极的影响。

(2) 职业道德的特征

职业道德具有以下三个特征：职业道德具有职业性，职业道德的具体内容与各个不同的职业实践活动紧密相连，特定职业活动对从业人员行为的道德要求不同；职业道德具有实践性，职业道德总是与具体的职业活动紧密联系、在具体的职业活动中体现，具有较强的实践性；职业道德具有继承性，不同历史时期的职业道德具有继承或传承关系。

二、会计职业道德的特征和作用

1. 会计职业道德的概念

会计职业道德是指在会计职业活动中，应遵循的、体现会计职业特征的、调整会计职业关系的职业行为准则和行为规范的总和。会计职业道德概念中包括以下三个要点内容。

(1) 会计职业道德是调整会计职业活动中各种利益关系的准则和规范

在社会主义市场经济运行中，各经济主体的利益与国家利益、社会公众利益存在矛盾和冲突。会计职业活动中也存在复杂的经济关系，各种经济关系的实质是经济利益关系。通过会计职业准则和行为规范，可以配合国家相关法律制度，调整会计职业关系中的经济利益关系，维护正常的市场经济秩序。会计职业准则和行为规范道德允许各经济主体和个人获取合法的利益，而反对获取违法利益，使国家和社会公众利益受到损害。

(2) 会计职业道德具有相对稳定性

会计是实用性强、技术性强的一门经济管理学科，目标是加强单位的经营管理，提高经济效益，规范市场经济秩序。市场经济的运行是遵循经济规律的。在认识客观经济规律的基础上，任何社会和个人都应当主动掌握和运用经济规律。会计作为对单位经济业务事项进行确认、计量、记录和报告的一门技术，会计规范体系的设计、会计程序的设计与选择、会计政策和方法的选择，都是遵循客观经济规律要求的结果，而且具有相对的稳定性。遵循相对稳定的会计规范，也是会计职业道德的内在要求，否则就有可能提供虚假会计信息。因此，会计职业道德具有历史继承性和相对稳定性。

(3) 会计职业道德具有社会性和国际性

会计职业道德是全社会对会计职业行为的必然要求。会计因其服务对象涉及社会经济关系的各个方面,提供的会计报告是公共产品,因而会计职业道德的状况将会影响国家和社会公众利益,甚至引发利益冲突。会计要为政府机构、金融机构、投资者、企业管理层、债权人及社会公众等,提供符合质量要求的会计信息。因此,会计职业道德具有广泛的社会性,会计信息质量直接影响着社会经济的发展和社会经济秩序的运行。随着企业产权制度改革的不断深化,我国主板、中小企业板、创业板上市公司数量的不断增加,从受托责任观点出发,会计目标决定了会计所承担的社会责任。随着经济全球化的加快和我国国际融资能力的增强,会计还要为境外金融机构、投资者、债权人及公众等,提供符合质量要求的会计信息,使会计职业道德的影响还具有国际性。

2. 会计职业道德的特征

会计职业作为社会经济活动中的一种特殊职业,其职业道德与其他职业道德相比,具有自身的特征。

(1) 会计职业道德的自学性与强制性相结合

一般说来,自我约束意识、主观能动性和自学意识强的人,会计职业道德容易得到较好实现。如果会计人员具有良好的会计职业道德理想,就不会违反会计法规。一方面,一位能够恪守最高要求道德规范的会计人员,容易遵守会计的法律规范。所以,遵守会计职业道德可以大大提高会计法律制度的作用。另一方面,大量会计活动实践证明,会计职业道德还必须与强制性相结合,会计职业道德的强制性是市场经济的必然选择。会计职业道德侧重于调整人们的行为动机和内心信念,通常对那些最低限度的要求赋予强制性。在日常会计活动中,会计从业人员的职业道德意识和会计法规需要同时发生约束作用。

(2) 会计职业道德履行涉及社会公众利益

会计活动的一个显著特征是会计活动与社会公众利益密切联系。会计职业道德既是会计职业活动中的规范,也是会计行业对社会所应负的道德责任与义务。当会计人员的个人利益、会计主体利益与国家利益、社会公众利益出现矛盾时,如果会计人员维护会计主体利益,而忽视国家利益、投资者利益、社会公众利益,便会产生会计职业道德缺失,产生信任危机,因此,会计职业道德要求较多关注社会公众利益。会计人员在会计工作中,受到经济利益因素的驱动,在会计确认、计量、记录和报告的程序、会计政策的选择和运用等职业行为上的任何不良道德表现,都会使会计职业活动中的各利益关系方受到有利或不利的影响。另外,在审计业务活动中,注册会计师从事独立审计时,也容易受到经济利益因素的影响,产生会计职业道德缺失。会计职业活动的社会公众利益性,要求会计人员在会计职业活动中，坚持客观公正，发生利益道德冲突时，坚持会计职业规则，维护公众利益。

（3）会计职业活动的时效性与程序性相结合

会计工作产生的会计报告，具有时效性。强调效率是会计工作的内在要求。在会计工作中，对时效性的要求比较具体、严格，否则就会影响会计活动目标的实现，给会计活动涉及的各个利益关系方及社会公众的经济利益带来损失。遵守会计职业活动的时效性要求，也是会计职业道德履行的一个特征。但需要注意的是，会计工作决不能因追求时效性而忽视其他质量要求，必须按照会计活动的程序，规范地进行会计处理核算，办理经济业务，提供的会计信息要可靠、相关和有用。因为会计工作程序的合理化，一方面可以保证工作过程的合法化、规范化；另一方面还有利于避免会计工作中差错的出现。

3. 会计职业道德的作用

会计工作的专业性、技术性强，需要具有会计专业知识的人才从事会计工作，会计工作和信息质量的好坏，不仅决定于会计人员的专业水平，也决定于会计职业道德状况。会计职业道德的作用，主要体现在以下几个方面。

（1）会计职业道德是会计法律制度的重要补充

在市场经济发展中，存在部分会计人员职业道德观念、法律意识淡薄，违背会计规范，弄虚作假，甚至利用职务之便，通过不法手段，为违纪违法行为出谋划策，谋取私利，因而，会计法律规范了会计职业道德的最低要求。会计法律规范只能对会计人员不得违法的行为做出规定，不宜对会计人员怎样爱岗敬业、提高技能、强化服务等提出明确具体的要求；如果会计人员没有爱岗敬业的态度和热情，没有必要的会计职业技能和服务能力，也难以保证会计信息达到客观、完整、有用的法定目标。因此，会计职业道德对会计法律规范具有重要的辅助和补充作用，会计职业道德的作用也是其他会计法律制度不可能替代的。

（2）会计职业道德是规范会计行为的必要基础

会计职业道德对会计的行为动机提出了相应的要求，如诚实守信、客观公正等，引导、规劝、约束会计人员树立正确的职业观念，遵循职业道德要求，从而达到规范会计行为的目的。一些会计活动行为是由会计人员的内心信念来改变的，个人观念的善良与邪恶将可能直接导致会计活动的行为方向。会计职业道德既是会计工作要遵守的行为规范和行为准则，也是衡量一个会计工作者工作好坏的标准。

（3）会计职业道德是确保会计目标实现的重要规范

会计目标就是为会计职业活动关系中的各个服务对象，提供决策有用的会计信息。会计活动能否为这些服务对象及时提供可靠的、完整的、相关的会计信息，取决于会计人员能否严格遵守会计职业道德、履行会计职业行为的职能。因而，会计职业道德规范需要约束会计人员的职业行为和职业过程，这是实现会计活动目标的重要保证。如果会计人员故意或非故意地提供了不完整、不可靠的会计信息，会严重背离会计目标，造成会计信息严重失真，误导会计信息使用者的决策，甚至会造成社会经济秩序的失常。

（4）会计职业道德是会计人员素质提高的内在要求

政府和社会倡导会计职业道德，重视加强会计职业道德教育，并结合会计职业活动，积极引导会计人员进一步提高自我道德修养，提高会计专业技术能力，有利于促进会计人员整体素质的不断提高。随着社会经济的不断发展，对会计人员的职业素质要求也越来越高，会计职业道德是会计人员素质的内在要求。一个高素质的会计人员应当自觉做到爱岗敬业、诚实守信、廉洁自律，提高专业胜任能力，这些不仅是会计职业道德的主要内容，也是会计人员遵循会计职业道德的基本要求和保证。

三、会计职业道德规范体系与内容

1．会计职业道德规范的体系

为了强化我国会计职业道德建设，会计职业道德中的许多内容都直接纳入了会计法律制度。例如，我国现行《会计法》和《会计基础工作规范》等法律法规，都规定了会计职业道德的内容和基本要求。会计职业道德还包含许多非强制性内容，也可以发挥积极作用，如会计职业道德中提高专业技能、强化服务、参与管理、奉献社会等内容，虽然不属于强制性要求，但直接影响到会计人员的专业胜任能力、会计信息的质量、会计职业的社会声誉等，因此，也要求会计人员持续地、认真地履行。

我国会计职业道德的规范对象，包括会计人员和注册会计师，因为两者都是以会计信息为载体从事工作，从广义上说，都是会计人员的一部分。单位会计人员依据我国现行会计准则等会计法律、法规和规章制度，生成会计信息；注册会计师运用独立审计准则等，对单位会计信息的合法性、完整性、可靠性进行审计。会计职业道德的层次结构包括会计职业道德基本规范、道德评价和惩戒规范等。会计职业道德的内容具有广泛性，会计职业道德的实施途径具有综合性。

2．会计职业道德基本规范的内容

会计职业道德基本规范的内容与会计职业活动有紧密联系。随着社会的发展，新的会计职业活动内容不断出现，会计职业道德基本规范的内容也将不断丰富和发展。有的会计职业道德规范内容可能被提升为会计法律规范的内容，有的会计职业道德规范被取消，一些新的会计职业道德规范内容被充实完善。

深刻理解和准确掌握会计职业道德规范的基本内容，是引导会计人员树立正确人生观和价值观，履行会计职业道德的前提和基础。根据我国会计工作和会计人员的实际情况，按照《会计基础工作规范》中对会计人员的职业道德规定和我国《公民道德建设实施纲要》和国际上会计职业道德的一般要求，兼顾社会公德的一般要求，也考虑到会计职业的特征和特殊要求，我国目前会计职业道德的内容包括以下几个方面。

（1）爱岗敬业

爱岗敬业是会计职业道德规范的首要内容。爱岗就是会计人员要热爱会计各个岗位的工作，安心本职岗位，为做好本职工作尽职尽责。“岗”一般是指会计工作岗位。一个单位的会计工作可划分为若干具体岗位，主要包括：总会计师、会计主管、出纳、财产物资核算、成本费用核算、财务成果核算、销售及往来核算、商品库存核算、财务报告编制、稽核、档案管理等。

敬业一般是指对所从事的会计职业或行业具备正确认识和恭敬态度，并坚持用严肃恭敬的态度认真地对待会计工作。会计职业道德中的敬业就是指从事会计职业的人要充分认识到会计工作在国民经济发展中的作用，要充分认识到会计工作与服务对象的利益密切相关，敬重会计工作，谨慎处理会计业务，具有献身于会计工作的耐心和决心。

如果没有形成爱岗敬业的牢固观念，不树立良好的职业声誉，不忠于职守，甚至物欲膨胀，向会计信息使用者提供虚假会计信息，不仅严重干扰了信息使用者的决策，还很可能损害国家和其他利益关系者的利益，其后果会扰乱社会经济生活，败坏会计职业的社会声誉。作为会计人员，要充分认识会计工作在整个经济和社会发展过程中的地位和作用，认识本职工作的社会意义和道德价值，端正专业思想，明确服务宗旨，树立良好的会计职业道德品质，做到爱岗敬业，以高度的事业心和责任感把本职工作做好。

（2）诚实守信

诚实守信是会计职业道德规范的基本要求。自古以来，人们将诚实和守信视为道德的最高境界，也将其作为会计职业道德的基本要求。市场经济是“信用经济”、“契约经济”，必须注重“诚实守信”。信用是维护市场经济正常发展的重要前提，是市场经济中企业赖以生存的基础。诚实是指言行跟内心思想一致，做老实人、说老实话、办老实事，不为利益所诱惑，不弄虚作假、不欺上瞒下，保持良好的人格和品质。守信就是遵守会计人员所做出的职业承诺，讲求信用，信守诺言，保守秘密。一般来说，诚实即为守信，守信就是诚实，有诚无信，道德品质得不到延伸和推广；有信无诚，信就会失去根基。诚实守信都是会计职业道德的表现形式。随着市场经济的进一步发展，职业更加社会化，诚实守信的职业道德也更加有利于竞争和发展。

(3) 廉洁自律

廉洁自律是会计职业道德规范的约束性要求。会计活动直接涉及和影响国家、单位、投资者、债权人等各方的经济利益。廉洁自律要求会计人员遵纪守法、清正廉洁、公私分明、不贪不占。廉洁自律是会计职业道德的约束性要求,是衡量会计人员职业道德的基本尺度,也是会计职业声誉的"试金石"。

廉洁要求会计人员不收受贿赂,不贪污钱财。自律是指会计人员按照一定的标准,自己约束自己、自己控制自己的言行和思想的过程。廉洁是会计人员自律的基础,而自律是会计人员廉洁的保证,二者不可偏废。会计人员整天与钱、物打交道,如果会计人员不能做到清正廉洁、客观公正,其职业活动必然会损害或影响其他利益关系者的利益;如果会计人员在职业活动中不能自我约束、严格自律、抵制某些不正当的意识和行为,也难做到客观公正、清正廉洁。会计职业自律包括会计人员自律和会计行业自律。会计人员自律是会计人员的自我约束,属于个体范畴。会计人员的自律是会计行业自律的保证和基础。如果整个会计行业的自律性强,反映出每个会计人员自律性普遍强。

(4) 客观公正

客观公正是会计职业道德规范的核心内容。客观是指如实反映经济业务事项的客观实际情况,依法办事,不掺杂会计人员的主观意愿,也不为其他利益关系方左右,既不夸大也不缩小客观实际情况。维护会计信息的客观性是会计职业道德的起码要求,是会计人员职业道德规范的灵魂。对于会计活动来说,客观主要包括以下含义:一是真实性,即以客观事实为依据,真实地记录和反映实际经济业务事项;二是可靠性,即会计核算要准确,记录要可靠,凭证要合法。

在会计工作中,公正的含义应包括三个方面:一是国家统一的会计制度,即会计准则体系和内容的规定要公正。二是具体执行会计准则的单位、单位管理层和会计人员应当诚实守信,摒弃单位和个人私利,公正地开展会计核算,进行会计监督,参与经济决策工作,即在履行会计的主要职能时,公平公正、不偏不倚地对待有关利益各方。在现实工作中,有的会计人员工作勤恳、兢兢业业,遇到一些违规做法时,却睁一眼闭一眼,缺乏公正意识,失去了会计监督的职能。三是注册会计师在进行审计鉴证时,应以独立、公正的第三方态度,进行公平公正的判断和评价,出具客观、公正的审计意见,以取信于社会公众。

(5) 坚持准则

坚持准则是会计职业道德规范的重要内容。会计人员在进行核算和监督的过程中,只有坚持各项准则,以各项准则作为会计工作的行动指南,在与利益关系方发生道德冲突时,应坚持准则,以维护国家利益、社会公众利益和正常的经济秩序为重。注册会计师应严格按照国家法律、法规和相关准则的规定和要求,执行审计业务，出具客观公正的审计报告。

坚持准则不仅要求会计人员熟悉和掌握国家法律、法规和会计准则的内容，而且要始终坚持按法律、法规和会计准则的要求，规范地进行会计核算，实施会计监督。这是会计人员从事会计工作所遵守的行为规范和具体要求，也是会计职业道德规范的重中之重。这里所说的"准则"不仅指会计准则，而且包括会计法律、国家统一的会计制度以及与会计工作相关的法律制度。

（6）提高技能

会计是一门不断发展变化的学科，与社会经济发展有着密切的联系。提高技能是会计职业道德规范适应时代发展的需要。随着我国市场经济的快速发展和经济全球化进程的加快，特别是我国境外融资需求的不断增加，会计的专业性、技术性更加复杂和多变，如环境会计、衍生金融工具、人力资源价值的计量与核算、通货膨胀、外币兑换损益等，都将使会计核算和监督的内容发生变化，使会计学科处在不断丰富和发展当中，对会计人员所应具备的职业技能和相关知识的要求也逐渐提高，也对会计服务提出更高的需求，要求会计人员增强提高专业技能的自觉性和紧迫感，勤学苦练，刻苦钻研，不断进取，提高业务水平。

会计工作的专业性和技术性很强，会计从业人员必须具备扎实的会计专业知识和技能，才能胜任会计工作，才能根据客观环境做出正确的职业判断，如选择恰当的会计政策、做出合理的会计估计等。会计理论和知识在以前所未有的速度更新。不学习就意味着落伍，就将被时代淘汰。

（7）参与管理

科学参与管理是良好会计职业道德规范的有效实现。参与管理就是会计人员在做好本职工作的同时，全面熟悉本单位经营活动和钻研相关业务流程，主动提出合理化建议，协助领导决策，积极参与管理。按照管理活动论的观点，会计工作本质上就是一种管理活动，以货币计量为主要形式，以各个单位的资金运动为管理对象，以核算、监督、参与决策为主要职能参与经济管理活动，谋求提高经济效益。参与管理属于间接参加管理活动，是为管理者当参谋，也是管理活动的组成部分。而按照信息系统论的观点，会计是一个以提供会计信息为主的信息系统，为信息使用者正确、及时地进行经营决策提供所需的货币信息数据。

会计人员要具有参与管理的意识，应当熟悉本单位的生产经营业务管理情况，掌握单位的生产经营能力、技术设备能力、产品市场及资源状况等情况，从会计工作的角度对投入产出进行可行性论证，积极主动地当好管理者的参谋。会计人员不能只是消极被动地记账、算账和报账，要主动地向管理者反映经营活动中的新情况和存在问题，提出合理建议，协助领导决策，真正参与经营管理活动。

（8）强化服务

强化服务是会计职业道德规范有待发展的内容。强化服务要求会计人员树立服务意识,不断提高服务质量,重视维护和提升会计职业的良好社会形象。强化服务就是要求会计人员具备文明的服务态度、强化的服务意识和优良的服务质量。会计人员的服务态度和服务质量,直接关系到会计职业道德的社会声誉。会计人员做到讲文明礼貌、维护信誉、诚实守信、服务态度好、工作质量高、坚持准则,就能提高会计职业的社会信誉;反之,就会影响会计职业的社会声誉,甚至会影响到整个会计行业的生存和发展。

单位会计人员和注册会计师的服务内容各有侧重,其服务效果的表现也不同,但强化服务的关键都是提高服务质量。单位会计人员服务的内容就是客观、完整地记录、反映单位的经济业务活动,为管理者提供真实、完整、正确的会计信息,当好参谋,为利益关系者真实地记录财产的变动状况,确保所有者权益的完整与增值。注册会计师或会计师事务所与委托人之间是一种服务与被服务的关系。注册会计师接受被审计人的委托,要以独立、客观、公正的态度提供会计鉴证、会计咨询等服务。注册会计师在审计中,不仅要与委托人还要与在实际工作中接受服务的单位和个人进行业务沟通,因而,强化服务的内容主要是以客观、公正的态度来正确评价委托单位的财务状况,更好地为社会公众及会计信息使用者提供良好的中介服务。

第三节　会计机构和会计人员

各单位要做好会计工作,履行会计的职能作用,实现会计目标,除了要遵循会计规范外,还必须设置会计机构,配备合格的会计专业人员,这是顺利进行会计工作、按时提供会计信息、参与经济管理的组织和人员的保障条件。

一、会计机构

1. 会计机构的设置规范与方式

(1) 会计机构的设置规范

为了保证会计工作顺利进行和充分发挥会计职能的作用,各企业、事业和行政机关等单位一般都应单独设置会计机构。单独设置会计机构可以使会计机构独立行使经济管理的监督职能,发挥会计在经济管理中的作用。会计机构是组织领导和直接从事会计工作的职能部门。《会计法》第三十六条明确了会计机构的设置规范,规定"各单位应当根据会计业务的需要,设置会计机构,或者在有关机构中设置会计人员并指定会计主管人员;不具备设置条件的,应当委托经批准设立从事会计代理记账业务的中介机构代理记账"。

根据《会计法》的规定,为了合理、有效、正常地组织开展单位日常会计工作,凡实行独立核算的企业、行政和事业单位，都应当设置专门的会计工作机构。不能单独设置会计机构的单位，可以在有关机构中设置会计人员并指定会计主管人员。有些规模较小、会计核算业务比较简单的单位，财务收支数额也较小，可以不单独设置会计机构，但要配备专职会计人员办理会计核算业务。对于不具备设置会计机构和会计人员条件的单位，可以委托专业人员实行代理记账。代理记账就是由经有关部门批准的代理记账机构根据委托人的委托，进行会计核算，包括审核原始凭证、填制记账凭证、登记会计账簿、编制财务报告、定期向有关部门提供财务报告、定期向税务机构提供税务资料等。

(2) 会计机构的设置方式

按照我国会计机构的职能划分，会计机构分为两种类型：一类是主管会计工作的机构。我国主管会计工作的机构是各级财政部门，一般在各级财政部门设置专门的会计管理机构。中央各部、委设置的财务会计司以及地方各厅、局设置的财务会计处，主要负责组织、领导和监督本系统下属单位的会计工作。这些会计机构实际承担着双重任务，既负责本系统会计事务的管理工作，又承担着本系统的会计业务工作，比如汇总编制本系统的会计报表等。另一类是各单位设置的会计机构，如单位设置的会计部(处、科)等。在会计管理体制上，实行统一领导、分级管理的原则，体现了政府对会计工作的管理职能。我国财政部的会计管理机构主管全国会计工作，县级以上各级人民政府财政部门负责管理本地区会计工作。会计在为各单位经营管理和业务活动服务的同时，要为国家宏观调控服务。

由于我国目前的财务工作和会计工作都属于综合性的经济管理工作，通常把财务管理工作和会计核算工作合并在一个部门，设置一个财务会计机构，统一办理财务管理工作和会计核算工作。在实际工作中，各单位对会计机构的叫法也不一样，如“财务部(处、科、股)”、“会计部”、“计财部”、“财会部”等。所以，会计机构通常是指财务会计部门，名称虽然不同，实际上都是这里所讲的会计机构。为了明确责任，应在会计人员中指定会计主管人员，行使会计机构负责人的职权。

会计机构要接受上级管理机构、国家财政、税务和审计等部门的指导与监督，并按规定向上级报送会计报表。随着国家宏观经济调控机制的改变和我国经济环境的不断深化，会计机构的形式和职能内容将会随之发生相应的调整。

2. 会计机构的领导和组织形式

会计工作是一个综合性的经济管理工作，会计机构和单位内部其他各职能部门、各生产经营业务单位的工作，都有着十分密切的联系，相互协作和制约。因此，会计机构要主动为各职能部门、各业务单位做好服务，并依靠各职能部门和业务单位的配合，做好会计工作，实现会计目标。各单位会计机构，在行政领导人的领导下开展会计工作。在设置总会计师的单位，其会计机构由总会计师直接领导，同时，也接受上级财务会计部门的指导和监督。

由于单位组织管理机构的不同、生产经营活动规模的不同、业务复杂程度的不同，会计核算存在两种形式，一种是会计集中核算形式，另一种是会计分散（或分级）核算形式。

会计集中核算形式是指单位的主要会计工作都集中在财务会计部门进行。在会计集中核算形式下，单位内部有关部门对发生的经济业务事项，只需取得或填制原始凭证，并对原始凭证进行适当的汇总，定期将其送到企业财务会计部门，由财务会计部门进行审核，登记有关账簿。单位可以集中设置一个会计机构，配备专职会计人员进行会计工作。单位内部有关部门不进行全面、完整的会计核算。会计集中核算形式的优点是有利于会计业务的分工协作，精减人员，但不利于调动单位内部各有关部门的核算积极性。会计集中核算形式适用于规模小、内部机构或部门设置简单的单位。

会计分散核算形式是指对单位内部各部门发生的经济业务，由各部门进行核算。会计分散核算形式也称非集中核算形式。在会计分散核算形式下，对单位内部各部门发生的经济业务事项，由单位的会计分支机构填制原始凭证或原始凭证汇总表、登记有关账簿、单独核算成本费用和盈亏、编制会计报表。单位除了要设置总的会计机构以外，还要在所属部门设置二级、三级等会计分支机构。如大型企业集团，除在集团公司设财务部外，还在厂部设财务处，在车间设财务组。分散核算形式的优点有利于单位内部开展全面经济核算，也有利于提高内部会计管理的及时性。实行会计分散核算形式的单位，内部有关部门拥有一定数量资金的独立支配权，也负有相应的经济责任，需要完善内部会计监督，尤其应注意内部有关部门单独与外部单位签订合同、债权债务的监督。会计分散核算形式适用于已具备一定规模的单位。

3. 会计机构内部的岗位与分工

无论是采用会计集中核算形式，还是会计分散核算形式，在单位会计机构中，需要配备多少会计人员、设置哪些会计岗位，主要考虑单位经营规模、组织结构形式、业务性质、业务繁简和工作量，不同单位有不同的设置要求。我国《会计法》及相关法规对单位会计人员配备、会计岗位设置有原则性规定，规定会计工作岗位可以一人一岗、一人多岗或一岗多人。会计岗位一般包括：会计负责人（会计主管人员）、出纳、财产物资核算、工资核算、成本费用核算、财务成果核算、资金核算、往来核算、总账报表、档案管理等。如大中型制造业企业，可以根据需要在会计机构内部设置几个组，设置材料组、工资组、成本组、往来组、综合组，由每个组负责有关的会计工作。

我国《会计法》规定:“会计机构内部应当建立稽核制度。出纳人员不得兼任稽核、会计档案保管和收入、支出、费用、债权债务账目的登记工作。”在会计机构内部具体分工中,明确每个岗位的工作范围和职责的同时,要体现单位内部稽核制度和内部牵制制度。内部稽核制度、内部牵制制度是内部控制制度的一个重要组成部分。内部稽核制度是指在会计机构中指定专人对会计凭证、会计账簿和会计报表以及其他会计资料进行审核,包括事前审核和事后审核。稽核是稽查与复核的简称。建立健全内部稽核制度,可以防止会计核算工作中的差错和舞弊行为。内部牵制制度也称钱账分管制度,是指凡是涉及款项和财物收付、结算及登记的任何一件工作,必须由两人或两人以上分工办理,以起到相互制约作用的一种制度。建立健全内部牵制制度,能够加强会计人员的相互制约、相互监督和相互核对,提高会计信息的质量。

二、会计人员

1. 会计人员的教育和培训

我国《会计法》第三十九条规定:“会计人员应当遵守职业道德,提高业务素质。对会计人员的教育和培训工作应当加强。”

2013 年 8 月,为落实《会计法》关于“会计人员应当遵守职业道德,提高业务素质。对会计人员的教育和培训工作应当加强”的规定,财政部印发了《会计人员继续教育规定》(财会〔2013〕18 号),自 2013 年 10 月 1 日起实施。明确规定会计人员享有参加继续教育的权利和接受继续教育的义务。会计人员继续教育内容主要涉及会计理论、政策法规和职业道德、业务知识和技能训练等。

2. 会计人员的基本职责

我国《会计法》对会计机构、会计人员基本职责做了基本规定。第五条规定:“会计机构、会计人员依照本法规定进行会计核算,实行会计监督。”

(1) 完成会计核算

会计人员要按照单位会计核算程序,组织和进行会计核算,这是会计人员最基本的职责。根据实际发生的经济业务事项,及时填制、审核会计凭证,登记各种会计账簿和核对账目,确定财务成果,按期和及时编制财务报告。

(2) 履行会计监督

通过全面、连续、系统的会计核算,对本单位的经济业务事项及财务收支的合法性、合理性,进行事前、事中和事后的经济监督。

三、会计专业技术资格

会计专业技术资格是指承担会计专业职务、履行会计职责的任职资格。会计专业技术资格是用于考核和评价会计人员的专业知识和业务技能的制度,目的是通过考核，合理评价和确定会计人员的技术等级，促进会计人员的业务学习和素质的提高，保障会计人员履行其职责。

1. 会计专业技术资格的级别划分

根据1986年4月中央职称改革工作领导小组转发财政部制定的《会计专业职务试行条例》的规定，会计专业职务分为高级会计师、会计师、助理会计师和会计员。高级会计师为高级职务，会计师为中级职务，助理会计师和会计员为初级职务。《会计专业职务试行条例》还对会计专业职务的基本条件、基本职责以及聘(任)用办法等做出了具体规定。

会计专业技术资格是区别会计人员业务技能的技术等级，分为初级资格、中级资格和高级资格。1992年3月，根据财政部、人事部联合发布的《会计专业技术资格考试暂行规定》及相关补充规定，会计师、助理会计师和会计员技术资格实行全国统一考试制度，以考代评。初级、中级会计资格考试实行全国统一组织、统一考试时间、统一考试大纲、统一考试命题、统一合格标准的考试制度。中级会计资格考试成绩以两年为一个周期，单科成绩采取滚动计算的方法；初级会计资格考试未实行单科成绩滚动的方法，实行一年内一次通过全部科目考试的方法；高级会计师资格实行考试与评审相结合的制度。2003年，人事部、财政部联合印发了《关于高级会计师资格实行考评结合试点工作的通知》，规定高级会计师资格实行考试与评审相结合的评价办法。考试科目为《高级会计实务》，主要考核应试者运用会计、财务、税收等相关理论知识、政策法规，对试卷所提供的背景资料进行判断分析和处理业务的综合能力。申请参加高级会计师资格评审的人员，经考试合格后，方可参加评审。参加考试并达到国家合格标准的人员，由全国会计专业技术资格考试办公室核发高级会计师资格考试成绩合格证。2004年8月，财政部、人事部联合印发了《关于调整会计专业技术资格考试科目及有关问题的通知》，对报名条件、考试科目、考试级别、聘任制度、证书管理等做出了调整。

2. 会计专业技术资格考试的报名条件

申请参加会计专业技术资格考试的人员，应当符合下列基本条件：① 坚持原则，具备良好的职业道德品质。② 认真执行《会计法》和国家统一的会计制度，以及有关财经法律、法规、规章制度，无严重违反财经纪律的行为。③ 履行岗位职责，热爱本职工作。④ 具备会计从业资格，持有会计从业资格证书。

除具备上述基本条件外，报考初级会计资格考试的人员，还须具备教育部门认可的高中毕业以上学历。报考中级会计资格考试的人员，还须具备下列条件之一：① 取得大专学历，从事会计工作满5年；② 取得大学本科学历，从事会计工作满4年；③ 取得双学士学位或研究生毕业，从事会计工作满2年；④ 取得硕士学位，从事会计工作满1年；⑤ 取得博士学位，即可报考。会计工作年限是指取得相应学历前、后从事会计工作时间的总和。

3. 会计专业技术职务的评聘

通过全国统一考试取得初级或中级会计专业技术资格的会计人员，表明其已具备担任相应级别会计专业技术职务的任职资格。会计专业技术资格考试通过的合格者，由省级人事部门颁发由人事部统一印制的会计专业技术资格证书，且证书在全国范围内有效。对于已取得中级会计资格并符合国家有关规定的会计人员，可聘任会计师职务。

四、会计机构负责人的职责

按照我国《会计法》的规定，各单位应当根据业务需要设置会计机构，或者在有关机构中设置会计人员并指定会计主管人员；担任单位会计机构负责人(会计主管人员)的应当具备会计师以上专业技术职务资格或者从事会计工作3年以上经历。会计机构负责人或会计主管人员是各单位会计工作的组织者和领导者。

会计机构负责人或会计主管人员的职责主要包括：按照国家财经法规和统一的会计制度，结合本单位的具体情况，主持制定本单位的会计制度实施办法；科学地组织会计工作，并领导会计机构的会计人员贯彻执行国家财经法规和本单位的会计制度；参与单位的经营决策，主持编制和考核本单位财务预算；经常研究工作，总结经验，不断改进或完善会计工作；组织安排本单位会计人员的业务学习，合理分工和调配会计人员，考核会计人员的工作业绩。

五、总会计师制度

总会计师是主管本单位财务会计工作的行政领导。总会计师协助单位主要行政领导人工作，直接对单位主要行政领导人负责。从1961年开始，我国在规模较大的国营企业中，逐步试行总会计师制度。《会计法》和国务院于1990年12月31日发布的《总会计师条例》，对总会计师的设置范围、任职资格、职责权限等做出了规定。

1. 设置总会计师的范围和任免

根据我国《会计法》第三十六条的规定："国有的和国有资产占控股地位或者主导地位的大、中型企业必须设置总会计师。总会计师的任职资格、任免程序、职责权限由国务院规定。"《会计法》不限制其他单位根据需要设置总会计师，其他单位可以根据业务需要自行决定是否设置总会计师。根据《总会计师条例》规定，国有大中型企业的总会计师由本单位主要行政领导人提名、政府主管部门任命或者聘任，总会计师免职或者解聘程序与任命或者聘任程序相同；事业单位和业务主管部门的总会计师，依照干部管理权限任命或聘任，免职或者解聘程序与任命或者聘任程序相同。集体所有制企业、事业单位任免(包括聘任或解聘)总会计师,可以参照《总会计师条例》的有关规定办理。

2. 总会计师的行政领导地位

总会计师是单位财务会计工作的主要负责人,是单位行政领导成员之一。根据《总会计师条例》的规定,凡是设置总会计师的单位,不应当再设置与总会计师职责重叠的行政副职,总会计师依法行使工作职权。总会计师全面负责财务会计管理和经济核算,参与单位的重大经营决策活动,是单位主要行政领导人的参谋和助手。

3. 总会计师的任职资格和基本条件

根据《总会计师条例》的规定,担任总会计师应当具备下列条件:① 坚持社会主义方向,积极努力地为我国社会主义经济建设和改革开放服务。② 坚持工作原则,廉洁奉公。③ 取得会计师任职资格,主管一个单位或者单位内一个重要方面的财务会计工作的时间不少于 3 年。④ 有较高的财务会计理论和政策水平,熟悉国家财经法律、法规、方针、政策和制度,掌握现代化管理的有关知识。⑤ 具备本行业的基本业务知识,熟悉行业发展情况,有较强的组织领导能力和责任心。⑥ 身体健康,能胜任本职工作。

4. 总会计师的基本职责和工作权限

(1) 总会计师的基本职责

根据我国《总会计师条例》的规定,总会计师的职责主要包括:① 负责本单位的预算编制和执行、财务收支计划、信贷计划,拟订资金筹措和使用方案,开辟财源,有效地使用资金。② 负责本单位的成本费用预测、计划、控制、核算、分析和考核,督促本单位有关部门降低消耗,节约费用,提高经济效益。③ 建立健全本单位的经济核算制度,利用财务会计资料进行经济活动分析和评价。④ 负责对本单位会计机构的设置和会计人员的配备与分工、会计专业职务的设置和聘用等提出方案,支持会计人员依法行使职权,组织会计人员的业务培训和考核评价。⑤ 协助单位主要行政领导人对企业的生产经营、行政事业单位的业务发展以及基本建设投资等问题做出决策,参与重大合同和经济协议的审查和修改。

(2) 总会计师的权限规定

根据我国《总会计师条例》的规定,总会计师的权限主要包括:① 对违反国家财经法律、法规、方针、政策、制度和有可能在经济上造成损失、浪费的行为,有权制止或者纠正;制止或者纠正无效时,提请单位主要行政领导人处理。② 有权组织本单位各职能部门、直属基层组织的经济核算、财务会计和成本管理方面的工作。③ 主管审批财务收支工作。除一般的财务收支可以由总会计师授权的财会机构负责人或者其他指定人员审批外，重大的财务收支须经总会计师审批或者由总会计师报单位主要行政领导人批准。④ 组织编制和签署预算、财务收支计划、成本和费用计划、信贷计划、财务专题报告、会计决算报表；涉及财务收支的重大业务计划、合同、经济协议等，在单位内部须经总会计师会签。⑤ 会计人员的任用、晋升、调动、奖惩应当事先征求总会计师的意见；财会机构负责人或者会计主管人员的人选，应当由总会计师进行业务考核，依照有关规定审批。

随着我国市场经济体制的不断完善，总会计师的基本职责和工作权限也应当调整和充实。

第四节　会计档案管理

会计档案是国家档案的重要组成部分。会计档案是指单位的会计凭证、会计账簿和财务报告等会计核算的专业资料。会计档案具有严格的数据平衡性、序时性和规范性。会计档案存有大量有价值的信息，是记录、反映和监督单位经济业务的重要史料和证据，是进行经济预测和决策所需要的重要参考资料。任何单位都应加强对会计档案管理工作的领导，规范建立和健全会计档案的定期整理、立卷归档、按期保管、调阅和销毁等管理制度，管好用好会计档案。

一、会计档案的定期立卷和归档保管

国家档案局和财政部联合发布的《会计档案管理办法》，规定各单位每年形成的会计凭证、会计账簿、财务报告及其他会计档案，定期由财务会计部门按照归档保管的要求，负责整理立卷或装订成册。使用会计核算系统软件的上机日志、打印输出的会计凭证、账册、会计报表等，应定期按规定整理立卷，先经会计主管签章，然后移交存档保管。电算化会计档案是存储在磁性介质或光盘上的，存档时应将数据进行双备份。单位使用的计算机操作系统、各类会计核算系统软件、软件的备份磁盘，也应当加强安全保管。

一个会计期间（通常指一年）形成的会计档案在会计年度终了，为了便于分析对比，可暂由本单位财务会计部门保管一年。期满之后，移交本单位的档案部门保管时，原则上应由财务会计部门编造清册；单位未设立档案部门的，可以在财务会计部门内部由专门人员保管。本单位的档案部门接收保管后的会计档案，原则上应当保持原立卷的封装，如果需要拆封重新整理的，为了便于明确责任，需要会同财务会计部门和经办人共同拆封整理和重新立卷。

单位应当建立和健全会计档案管理制度，科学管理会计档案资料，做到妥善保管、存放有序、查找方便，不得随意堆放，严防毁损和散失。同时，严格保障会计档案安全和保守保密。对采用磁性介质保存的会计档案，备份软盘必须贴上

保护标签，装入盘套，放进硬盒，存放在安全、防热、防潮、防磁的场所。还应定期进行检查，定期进行复制。

二、会计档案的查阅利用和复制手续

单位应当建立健全会计档案的查阅利用、复制登记制度。各单位保存的会计档案不得借出。如有特殊需要，各类会计档案的查阅利用，必须办理有关登记手续，经本单位负责人批准，可以提供查阅或者复制。会计档案原件不得外借，查阅利用过程中，档案管理人员不得离开现场，调阅人员不得在案卷中勾、划、涂、抹、拆封和抽换。如有特殊需要的情况，必须带出室外复制时，需经财务部门负责人批准，按照档案管理的有关规定，进行登记填写会计档案调阅登记簿，限期归还保管人员。

三、会计档案保管期限的具体规定

2015 年 12 月 11 日《会计档案管理办法》经财政部部务会议、国家档案局局务会议修订通过，从 2016 年 1 月 1 日起施行。国家机关、社会团体、企业、事业单位和其他组织(以下统称单位)管理会计档案都适用《会计档案管理办法》。

会计档案是指单位在进行会计核算等过程中接收或形成的，记录和反映单位经济业务事项的，具有保存价值的文字、图表等各种形式的会计资料，包括通过计算机等电子设备形成、传输和存储的电子会计档案。会计档案的类型和内容有很多，由于重要程度和特点的不同，其保管期限也应不同。根据会计档案的重要程度和特点，各种会计档案的保管期限分为永久和定期两类。定期保管期限由原来的 3 年、5 年、10 年、15 年、25 年五种期限，修改为 10 年和 30 年两种期限。会计档案的保管期限从会计年度终了后的第一天算起。

我国《会计档案管理办法》中，具体规定了我国企业和行政事业预算单位的会计档案的保管期限，详细见表 11-1、表 11-2。

表 11-1　　企业和其他组织会计档案保管期限表

序号	档案名称	保管期限	备注
一	会计凭证		
1	原始凭证	30 年	
2	记账凭证	30 年	
二	会计账簿		
3	总账	30 年	
4	明细账	30 年	
5	日记账	30 年	

续表 11-1

序号	档案名称	保管期限	备注
6	固定资产卡片		固定资产报废清理后保管 5 年
7	其他辅助性账簿	30 年	
三	财务报告		
8	月度、季度、半年度财务报告	10 年	
9	年度财务报告	永久	
四	其他会计资料		
10	银行存款余额调节表	10 年	
11	银行对账单	10 年	
12	纳税申报表	10 年	
13	会计档案移交清册	30 年	
14	会计档案保管清册	永久	
15	会计档案销毁清册	永久	
16	会计档案鉴定意见书	永久	

表 11-2 财政总预算、行政单位、事业单位和税收会计档案保管期限表

序号	档案名称	保管年限			备注
		财政总预算	行政、事业单位	税收会计	
一	会计凭证				
1	国家金库编送的各种报表及缴库退库凭证	10 年		10 年	
2	各收入机关编送的报表	10 年			
3	行政单位和事业单位的各种会计凭证		30 年		包括：原始凭证、记账凭证和传票汇总表
4	财政总预算拨款凭证和其他会计凭证	30 年			包括：拨款凭证和其他会计凭证
二	会计账簿				
5	日记账		30 年	30 年	
6	总账	30 年	30 年	30 年	
7	税收日记账(总账)			30 年	
8	明细分类、分户账或登记簿	30 年	30 年	30 年	

续表 11-2

序号	档案名称	保管年限			备　注
		财政总预算	行政、事业单位	税收会计	
9	行政单位和事业单位固定资产卡片				固定资产报废清理后保管5年
三	财务报告				
10	政府综合财务报告	永久			下级财政、本级部门和单位报送的保管2年
11	部门财务报告		永久		所属单位报送的保管2年
12	财政总决算	永久			下级财政、本级部门和单位报送的保管2年
13	部门决算		永久		所属单位报送的保管2年
14	税收年报(决算)			永久	
15	国家金库年报(决算)	10年			
16	基本建设拨、贷款年报(决算)	10年			
17	行政单位和事业单位会计月、季度报表		10年		所属单位报送的保管2年
18	税收会计报表			10年	所属税务机关报送的保管2年
四	其他会计资料				
19	银行存款余额调节表	10年	10年		
20	银行对账单	10年	10年	10年	
21	会计档案移交清册	30年	30年	30年	
22	会计档案保管清册	永久	永久	永久	
23	会计档案销毁清册	永久	永久	永久	
24	会计档案鉴定意见书	永久	永久	永久	

四、会计档案的销毁手续

会计档案保管期限分为永久保存和定期保存两类，各种会计档案的保管期限应当按规定执行。会计档案保管期满时，不得随意销毁，要按照规定由本单位档案部门提出销毁意见，会同财务会计部门共同鉴定，严格审查，编造会计档案销毁清册。对其中未了结的债权、债务以及涉及其他未了事项的原始凭证应抽出另立卷，不得销毁，保管到确无保管意义时再进行销毁。单独抽出立卷的会计档案应当在会计档案销毁清册和会计档案保管清册中列明。

确定销毁的档案，由档案保管人员编制会计档案销毁清册。会计档案销毁清册是销毁会计档案的记录和报批文件，列明应当销毁的档案名称、编号、数量、起止年度、应保管期限、已保管期限、销毁日期等内容，单位负责人要在会计档案销毁清册上签署意见，报上级主管单位批准。销毁清册一式三份，分别由档案、财会、上级主管单位保留。各单位按规定销毁会计档案时，由财会部门和档案部门共同派员监销。在销毁档案之前，监销人员应进行清点核对，要求在销毁清册上签名盖章，并将监销情况报告本单位负责人。各级财政部门销毁会计档案时，由同级审计机关派员监销。国家机关按规定销毁会计档案时，应由同级财政部门、审计部门派员监销。

本章小结

本章主要阐述会计规范与会计管理问题。会计规范体系是指国家(或特别行政区)的权力机关或其他授权机构制定的，用于规范会计核算实务和会计基础工作、规定会计主体和相关人员会计责任等的规范性文件总称。目前，我国会计规范体系主要包括三个层次：一是会计法律规范；二是会计准则和制度规范；三是会计职业道德规范。会计规范体系是会计工作经验和会计理论研究成果的概括和总结。从会计准则体系的法律定位看，我国企业会计准则属于法规体系的一个组成部分。我国企业会计准则体系，从 1 项基本准则和 42 项具体准则，到企业会计准则应用指南和企业会计准则解释，共包括四个层次，其核心内容是对会计确认、计量和报告加以规范，并在内容上充分涵盖了各类企业(小企业除外)的全部经济业务。

会计职业道德是指在会计职业活动中，应遵循的、体现会计职业特征的、调整会计职业关系的职业行为准则和行为规范的总和。会计职业道德概念中包括以下三个要点内容：第一，会计职业道德是调整会计职业活动中各种利益关系的准则和规范。第二，会计职业道德具有相对稳定性。第三，会计职业道德具有社会性和国际性。我国现行《会计法》和《会计基础工作规范》等法律法规，都规定了会计职业道德的内容和基本要求。

会计机构是直接从事和组织领导会计工作的职能部门。为了保证会计工作顺利进行和充分发挥会计职能的作用，各企业、事业和行政机关等单位一般都应单独设置会计机构。由于我国目前的财务工作和会计工作都属于综合性的经济管理工作，通常把财务管理工作和会计核算工作合并在一个部门，设置一个财务会计机构，统一办理财务管理工作和会计核算工作。《会计法》对单位会计人员配备、会计岗位设置等有原则性规定，会计工作岗位可以一人一岗、一人多岗或一岗多人。

会计档案是指会计凭证、会计账簿和会计报表等会计核算专业资料，它是记录和反映单位经济业务事项的重要资料。各单位必须加强对会计档案管理的领导，建立和健全会计档案的立卷、归档、保管、调阅和销毁等管理制度，对本单位的各种会计凭证、会计账簿、会计报表、单位预算和重要经济合同等会计资料，定期审查核对，整理立卷和归档保管，会计档案如需查阅利用和复制要按规定办理手续，会计档案的保管期限分为永久和定期两类。定期保管期限包括 10 年和 30 年两种。

思考与练习

一、单项选择题

1.《会计法》明确规定了我国的会计工作管理体制。下列各项中，属于《会计法》规定的会计工作管理体制的是（　　）。

A. 民主集中制　　B. 纵向领导与横向管理相结合

C. 统一性与灵活性相结合　　D. 统一领导，分级管理

2. 会计工作的组织形式有集中核算和非集中核算。下列各项中，属于集中核算特点的是（　　）。

A. 企业会计部门核算企业整体经济业务

B. 内部各部门登记本部门的会计账簿

C. 内部各部门负责本部门的对外往来

D. 内部各部门编制本部门的会计报表

3.《会计档案管理办法》规定，企业年度会计报表的保存期限是（　　）。

A. 15 年　　B. 10 年

C. 永久　　D. 30 年

4. 下列各项中，用于规范会计科目核算内容的是（　　）。

A. 企业会计准则——基本准则　　B. 企业会计准则——具体准则

C. 企业会计准则应用指南　　D. 会计法

5. 当年的会计档案在会计年度终了后，可由财务部门保管的期限是（　　）。

A. 3 年　　B. 1 年

C. 15 年　　D. 5 年

6. 各种会计档案的保管期限分为永久和定期两类。以下属于定期保管期限规定的是(　　)。

A. 5 年　　B. 30 年

C. 15 年　　D. 20 年

7. 会计职业道德是指会计职业活动中应遵循的、体现会计职业特征的、调整会计职业关系的(　　)。

A. 工作制度和纪律　　B. 职业行为准则和规范

C. 法律和法规　　D. 核算工作规范

8. 会计职业道德是对(　　)的重要补充。

A. 会计人员工作态度　　B. 会计核算形式

C. 会计行为规范　　D. 会计法律制度

9. 某企业为实行内部经济核算制而采用非集中核算的会计工作组织形式。在此工作组织形式下,内部有关部门不能办理的会计事项是(　　)。

A. 向银行借款　　B. 编制本部门的会计报表

C. 核算本部门的盈亏　　D. 计算本部门的成本

10. 总会计师属于行政职务。下列各项中,属于总会计师职责的是(　　)。

A. 组织编制和执行预算　　B. 完成会计核算

C. 拟订办理会计事项的具体办法　　D. 实行会计监督

二、多项选择题

1.《会计法》规定的单位会计人员的基本职责有(　　)。

A. 拟订本单位办理会计事务的具体办法

B. 会计监督

C. 会计核算

D. 负责会计人员的配备

E. 参与拟订有关计划

2. 会计工作的组织形式有集中核算和非集中核算,其选择的依据是(　　)。

A. 企业组织管理机构　　B. 生产经营活动规模

C. 业务复杂程度　　D. 会计准则的要求

3. 会计职业道德的特征(　　)。

A. 精神世界的高尚和完善　　B. 涉及社会公众利益

C. 自学性与强制性相结合　　D. 时效性与程序性相结合

4. 会计人员的职责之一是拟订本单位办理会计事务的具体办法。下列各项中，属于办理会计事务具体办法的有（　　）。

A. 进行会计核算　　B. 建立会计人员岗位责任制

C. 建立内部牵制制度　　D. 制定费用报销手续

5. 下列各项中，包括在《会计法》规定的会计监督体系中的有（　　）。

A. 单位内部监督　　B. 注册会计师的社会监督

C. 以单位负责人为主的内部监督　　D. 以财政部门为主的国家监督

6. 下列会计人员的行为中，属于违反《会计法》的是（　　）。

A. 伪造变造会计凭证　　B. 不依法设置会计账簿

C. 随意变更会计处理方法　　D. 故意销毁应依法保存的会计档案

7. 按照内部牵制制度的要求，出纳人员不得从事的会计工作有（　　）。

A. 登记库存现金日记账　　B. 审核原始凭证

C. 登记库存现金总账　　D. 登记银行存款日记账

8. 会计法及相关法规对单位会计人员配备、会计岗位设置有原则性规定，规定会计工作岗位可以（　　）。

A. 一人一岗　　B. 一人多岗

C. 一岗多人　　D. 岗位自选

9. 会计机构负责人或会计主管人员的职责主要包括（　　）。

A. 主持制定本单位的会计制度实施办法

B. 组织本单位的会计工作和合理分工调配会计人员

C. 主持编制和考核本单位财务预算

D. 参与单位的经营决策和改进完善会计工作

10. 下列会计档案中，属于《会计档案管理办法》规定的应永久保存的有（　　）。

A. 会计移交清册　　B. 会计档案保管清册

C. 涉外事务的会计账簿　　D. 会计档案销毁清册

三、判断题

1. 会计规范体系是经济规范体系的一个重要组成部分，是各单位组织和从事会计工作必须遵守的规范。（　　）

2. 任何一个单位都应设置独立的会计机构，保证会计核算的独立性和完整性。（　　）

3. 大中型企业的总会计师属于会计专业技术职务。（　　）

4. 我国《会计法》的适用范围是国家机关、社会团体、企业、事业单位、个体工商户和其他组织。（　　）

5. 未按照规定建立并实施单位内部会计监督制度的行为属于违反会计法

的行为。 （ ）

6. 单位负责人仅对本单位会计工作和会计资料的真实性负责。 （ ）

7. 三位一体的会计监督体系包括单位内部会计监督、通过注册会计师进行的社会监督和以财政部门为主的国家监督。 （ ）

8. 内部稽核制度、内部牵制制度是内部控制制度的一个重要组成部分。 （ ）

9. 违反会计法应当承担的法律责任，是指刑事责任，不包括行政责任。 （ ）

10. 企业具体会计准则涵盖了各种不同业务类型企业的各项经济交易或事项的会计处理。 （ ）

四、思考题

1. 我国企业会计准则体系的层次划分及其联系。

2. 会计职业道德的要点及其具体内容的关系。

思考与练习参考答案

第一章 总 论

一、单项选择题

1. A 2. C 3. C 4. B 5. C 6. B 7. A 8. D 9. A 10. B
11. B 12. D 13. E 14. B 15. A 16. D

二、多项选择题

1. BDE 2. BDE 3. ABC 4. AC 5. BC 6. ACD 7. BCD
8. ACD 9. ABCD 10. ABDE 11. ABCD 12. ACD 13. ABDE
14. BCD 15. ABCDE 16. AD

三、判断题

1. √ 2. × 3. √ 4. × 5. × 6. × 7. × 8. √ 9. √
10. √ 11. √ 12. × 13. √

四、业务题

1. 略。

2. 解：

① 资产(原材料)增加 6 000,负债(应付账款)增加 6 000

② 资产(原材料)增加 4 000,资产(银行存款)减少 4 000
③ 资产(固定资产)增加 70 000,所有者权益(实收资本)增加 70 000
④ 资产(银行存款)增加 40 000,负债(短期借款)增加 40 000
⑤ 资产(银行存款)增加 20 000,资产(应收账款)减少 20 000
⑥ 资产(其他应收款)增加 1 000,资产(库存现金)减少 1 000
⑦ 资产(银行存款)减少 30 000,负债(短期借款)减少 30 000
⑧ 资产(固定资产)增加 40 000,收入(营业外收入)增加 40 000
⑨ 负债(短期借款)增加 6 000,负债(应付账款)减少 6 000
⑩ 资产(银行存款)减少 30 000,负债(应交税费)减少 30 000
⑪ 资产(银行存款)减少 10 000,负债(应付账款)减少 10 000
⑫ 资产(库存现金)增加 4 000,资产(银行存款)减少 4 000
⑬ 所有者权益(实收资本)增加 10 000,所有者权益(盈余公积)减少 10 000

日期	资产　　　　=	负债　　　　+	所有者权益
7.1	800 000	210 000	590 000
1	+6 000	+6 000	
2	+4 000,−4 000		
3	+70 000		+70 000
4	+40 000	+40 000	
5	+20 000,−20 000		
6	+1 000,−1 000		
7	−30 000	−30 000	
8	+40 000		+40 000
9		+6 000,−6 000	
10	−30 000	−30 000	
11	−10 000	−10 000	
12	+4 000,−4 000		
13			+10 000,−10 000
7.31	886 000	186 000	700 000

3. 解:

(1) 权责发生制下的收入和费用

收入=760 000+60 000=820 000 元

费用=110 000+170 000+260 000=540 000 元

(2) 收付实现制下的收入和费用

收入＝620 000＋60 000＋200 000＝880 000 元

费用＝6 000＋117 000＋3 000＋170 000＋260 000＝556 000 元

第二章　会计科目与账户

一、单项选择题

1. B　2. B　3. C　4. D　5. A　6. A　7. B　8. C　9. D　10. A

二、多项选择题

1. AD　2. ABD　3. ABCD　4. CD　5. ABCD　6. BCD　7. ABCD
8. AB　9. ABCD　10. ABC

三、判断题

1. √　2. √　3. ×　4. √　5. ×　6. ×　7. √　8. √　9. √　10. √

四、业务题

1. 解

(1) 银行存款　　(2) 库存现金
(3) 原材料　　(4) 库存商品
(5) 应付账款　　(6) 固定资产
(7) 实收资本　　(8) 长期借款
(9) 应收账款　　(10) 盈余公积
(11) 固定资产

资产＝银行存款 126 000＋库存现金 600＋原材料 45 000＋
　　库存商品 85 000＋固定资产 560 000＋应收账款 42 000＋
　　固定资产 2 600 000＝3 458 600 元

负债＝应付账款 46 000＋长期借款 700 000＝746 000 元

所有者权益＝实收资本 2 372 600＋盈余公积 340 000 ＝2 712 600 元

资产＝负债＋所有者权益

2. 解：

会计账户名称	期初余额	本期借方发生额	本期贷方发生额	期末余额
库存现金	3 200	6 500	7 800	1 900
无形资产	870 000	35 000	15 000	890 000
应付票据	26 000	4 000	6 000	28 000
长期借款	160 000	30 000	20 000	150 000

第三章　复式记账与借贷记账法

一、单项选择题

1. D　2. B　3. A　4. B　5. A　6. A　7. C　8. C　9. D　10. B

二、多项选择题

1. AD　2. AC　3. AC　4. ACD　5. AC　6. ABCD　7. CD　8. BC　9. BC　10. BD

三、判断题

1. ×　2. √　3. √　4. ×　5. √　6. √　7. ×　8. √　9. ×　10. √

四、业务题

① 借:固定资产	10 000	
贷:银行存款		10 000
② 借:库存现金	1 000	
贷:银行存款		1 000
③ 借:原材料	20 000	
贷:实收资本		20 000
④ 借:生产成本	40 000	
贷:原材料		40 000
⑤ 借:应付账款	22 500	
贷:银行存款		22 500
⑥ 借:银行存款	150 000	
贷:长期存款		150 000
⑦ 借:应交税费	9 000	
贷:银行存款		9 000
⑧ 借:银行存款	16 000	
库存现金	2 000	
贷:应收账款		18 000
⑨ 借:短期借款	20 000	
应付账款	28 000	
贷:银行存款		48 000

其次,记入有关账户:

库存现金

期初余额	1 500		
②	1 000		
⑧	2 000		
本期发生额	3 000	本期发生额	—
期末余额	4 500		

银行存款

期初余额	45 000	①	10 000
⑥	150 000	②	1 000
⑧	16 000	⑤	22 500
		⑦	9 000
		⑨	48 000
本期发生额	166 000	本期发生额	90 500
期末余额	120 500		

原材料

期初余额	90 000	④	40 000
③	20 000		
本期发生额	20 000	本期发生额	40 000
期末余额	70 000		

应收账款

期初余额	47 700	⑧	18 000
本期发生额	—	本期发生额	18 000
期末余额	29 700		

库存商品

期初余额	60 000		
本期发生额	—		
期末余额	60 000		

生产成本

期初余额	22 500		
④	40 000		
本期发生额	40 000	本期发生额	—
期末余额	62 500		

长期股权投资

期初余额	180 000		
本期发生额	—	本期发生额	—
期末余额	180 000		

固定资产

期初余额	600 000		
①	10 000		
本期发生额	10 000	本期发生额	—
期末余额	610 000		

短期借款

⑨	20 000	期初余额	195 000
本期发生额	20 000	本期发生额	—
		期末余额	175 000

应付账款

⑤	22 500	期初余额	142 500
⑨	28 000		
本期发生额	50 500	本期发生额	—
		期末余额	92 000

应缴税费

⑦	9 000	期初余额	9 000
本期发生额	9 000	本期发生额	—
		期末余额	0

长期借款

		期初余额	186 000
		⑥	150 000
本期发生额	—	本期发生额	150 000
		期末余额	336 000

实收资本

		期初余额	304 200
		③	20 000
本期发生额	—	本期发生额	20 000
		期末余额	324 200

资本公积

		期初余额	140 000
本期发生额	—	本期发生额	—
		期末余额	140 000

盈余公积

		期初余额	70 000
本期发生额	—	本期发生额	—
		期末余额	70 000

最后，根据账户记录进行试算平衡：

本期发生额及余额试算平衡表 单位:元

账户名称	期初余额		本期发生额		期末余额	
	借 方	贷 方	借 方	贷 方	借 方	贷 方
库存现金	1 500		3 000	—	4 500	
银行存款	45 000		166 000	90 500	120 500	
应收账款	47 700		—	18 000	29 700	
原材料	90 000		20 000	40 000	70 000	
库存商品	60 000		—	—	60 000	
生产成本	22 500		40 000	—	62 500	
长期股权投资	180 000		—	—	180 000	
固定资产	600 000		10 000	—	610 000	
短期借款		195 000	20 000	—		175 000

续表

账户名称	期初余额		本期发生额		期末余额	
	借　方	贷　方	借　方	贷　方	借　方	贷　方
应付账款		142 500	50 500	—		92 000
应交税费		9 000	9 000	—		0
长期借款		186 000	—	150 000		336 000
实收资本		304 200	—	20 000		324 200
资本公积		140 000	—	—		140 000
盈余公积		70 000	—	—		70 000
合　计	1 046 700	1 046 700	318 500	318 500	1 137 200	1 137 200

第四章　借贷记账法在制造企业中的应用

一、单项选择题

1. D　2. C　3. D　4. B　5. C　6. D　7. B　8. B　9. B　10. A　11. B　12. B　13. B　14. B　15. D　16. B　17. C　18. C　19. B　20. B

二、多项选择题

1. AD　2. BCD　3. ABCD　4. AB　5. BD　6. ABD　7. AD　8. BCD　9. BCD　10. BCD

三、判断题

1. ×　2. √　3. ×　4. √　5. ×

四、业务题

1. 解：

(1) 借：银行存款　500 000
　　贷：短期借款　500 000

(2) 借：银行存款　1 000 000
　　贷：实收资本　1 000 000

(3) 借：在途物资　90 700
　　应交税费——应交增值税（进项税额）　15 300
　　贷：应付账款　106 000

(4) 借：生产成本　30 000

制造费用 6 000

管理费用 4 000

贷:原材料 40 000

(5) 借:长期待摊费用 3 600

贷:银行存款 3 600

(6) 借:制造费用 20 000

管理费用 10 000

贷:累计折旧 30 000

(7) 借:生产成本 60 000

制造费用 8 000

管理费用 12 000

贷:应付职工薪酬 80 000

(8) 借:库存现金 80 000

贷:银行存款 80 000

(9) 借:应付职工薪酬 80 000

贷:库存现金 80 000

(10) 借:管理费用 200

贷:长期待摊费用 200

(11) 借:应付账款 106 000

贷:银行存款 106 000

(12) 借:应付利息 2 000

贷:银行存款 2 000

(13) 借:生产成本——A 38 000

——B 30 000

贷:制造费用 68 000

(14) 借:库存商品 160 000

贷:生产成本 160 000

(15) 借:应收账款 234 000

贷:主营业务收入 200 000

应交税费——应交增值税(销项税额) 34 000

(16) 借:销售费用 2 000

贷:银行存款 2 000

(17) 借:税金及附加 20 000

贷:应交税费 20 000

(18) 借:主营业务成本　　129 000

　　贷:库存商品　　129 000

(19) 营业利润＝营业收入－营业成本－税金及附加－管理费用－销售费用－财务费用
＝200 000－129 000－20 000－26 200－2 000－2 000
＝20 800(元)

利润总额＝营业利润＋投资收益＋营业外收入－营业外支出
＝20 800＋0＋0－0＝20 800(元)

净利润＝利润总额－所得税费用＝20 800－20 800×25%＝15 600(元)

2. 解:

(1) 借:本年利润　　179 200

　　贷:主营业务成本　　129 000

　　　　税金及附加　　20 000

　　　　销售费用　　2 000

　　　　财务费用　　2 000

　　　　管理费用　　26 200

　　借:主营业务收入　　200 000

　　贷:本年利润　　200 000

(2) 借:所得税费用　　5 200

　　贷:应交税费　　5 200

　　借:本年利润　　5 200

　　贷:所得税费用　　5 200

(3) 借:利润分配　　390

　　贷:盈余公积　　390

(4) 借:利润分配　　5 000

　　贷:应付利润　　5 000

(5) 借:应付利润　　5 000

　　贷:银行存款　　5 000

3. 解:

(1) 计算运费分配率

70÷(80＋40＋20)＝ 0.5(元/千克)

(2) 计算甲、乙、丙三种材料应分配的运费

甲材料应分配的运费:80×0.5＝40(元)

乙材料应分配的运费:40×0.5＝20(元)

丙材料应分配的运费：20×0.5=10(元)

(3) 计算保险费分配率

90÷(800+800+200)=0.05(元/千克)

(4) 计算甲、乙、丙三种材料应分配的保险费

甲材料应分配的保险费：800×0.05=40(元)

乙材料应分配的保险费：800×0.05=40(元)

丙材料应分配的保险费：200×0.05=10(元)

因此，甲、乙、丙三种材料的采购成本分别为：880 元(800+40+40)、860 元(800+20+40)、220 元(200+10+10)。

第五章 账户分类

一、单项选择题

1. A 2. D 3. D 4. A 5. C 6. C 7. B 8. A

二、多项选择题

1. AC 2. AB 3. ABCD 4. ABD 5. ABCD 6. BCD 7. BC
8. ACD

三、判断题

1. × 2. √ 3. × 4. × 5. √

四、业务题

1. 解：

(1) 固定资产净值 740 000 元。

(2) “累计折旧”账户是“固定资产”账户的资产备抵账户。

2. 解：

(1) 原材料实际成本为 45 000-2 000=43 000 元。

(2) “材料成本差异”账户是“原材料”账户的备抵调整账户。

(3) 原材料实际成本为 45 000+2 000=47 000 元，“材料成本差异”账户是“原材料”账户的附加调整账户。

第六章 会计凭证

一、单项选择题

1. C 2. C 3. D 4. B 5. B 6. A 7. C 8. C 9. B 10. A
11. C 12. D 13. C 14. C 15. B 16. A 17. A 18. D

19. C　20. D

二、多项选择题

1. ABCD　2. ABC　3. BD　4. AC　5. BCD　6. BC　7. ACD

8. ABCD　9. CD　10. CD

三、判断题

1. ×　2. √　3. ×　4. ×　5. ×　6. ×　7. ×　8. ×　9. √

10. √

第七章　会计账簿

一、单项选择题

1. B　2. C　3. C　4. D　5. A　6. A

二、多项选择题

1. ABD　2. AD　3. ABC　4. ABC　5. ABC　6. AD

三、判断题

1. √　2. √　3. ×　4. √　5. ×　6. √

第八章　财产清查

一、单项选择题

1. B　2. B　3. C　4. B　5. A　6. D　7. C　8. A　9. C　10. B

11. C　12. B　13. D　14. B　15. D

二、多项选择题

1. ABCD　2. ABCD　3. ABCD　4. ABD　5. ABCD　6. CD

7. BC　8. AB　9. BD　10. BD　11. ABC　12. AC　13. AD

14. ABCD　15. ABCD

三、判断题

1. √　2. √　3. √　4. ×　5. ×　6. √　7. √　8. ×　9. √

10. ×　11. ×　12. ×　13. √　14. ×　15. ×

四、业务题

1. 解：

(1) 财产清查中发现材料盘盈应先调整账面记录，做到账实相符，根据“实存账存对比表”做会计分录如下：

借：原材料——E材料　　　　5 000

贷:待处理财产损溢——待处理流动资产损溢　　　　5 000

(2) 上述 E 材料盘盈经董事会批准后予以转销。

经查明 E 材料的盘盈是由于计量不准造成的,经董事会批准,直接冲减期间费用,计入“管理费用”账户,根据批准文件做会计分录如下:

借:待处理财产损溢——待处理流动资产损溢　　5 000

贷:管理费用　　　　5 000

2. 解:

(1) 发现固定资产盘盈时,先根据“实存账存对比表”调整账簿记录,按现行《企业会计制度》规定,“盘盈固定资产,按同类或类似固定资产的市场价格,减去按该项资产的新旧程度估计的价值损耗后的余额作为入账价值”,这笔经济业务应做会计分录如下:

借:固定资产　　48 000

贷:待处理财产损溢——待处理固定资产损溢　　　　48 000

(2) 上述盘盈的设备,报经批准后予以转销。

企业盘盈的固定资产报经董事会批准后,应按净值转作“营业外收入”处理。根据批准文件做会计分录如下:

借:待处理财产损溢——待处理固定资产损溢　　48 000

贷:营业外收入　　　　48 000

3. 解:

(1) 财产清查中发现现金短缺应先调整账簿记录,做到账实相符,根据“库存现金盘点报告表”做会计分录如下:

借:待处理财产损溢——待处理流动资产损溢　　800

贷:库存现金　　　　800

(2) 上述现金短缺董事会批准后予以转销。根据批准文件短缺现金应由出纳员赔偿 500 元,其余 300 元记入“管理费用”,做会计分录如下:

借:其他应收款——应收现金短缺款　　500

管理费用　　300

贷:待处理财产损溢——待处理流动资产损溢　　　　800

4. 解:

(1) 在清查中发现盘亏材料,在报经批准前应先调整账面记录,使账实相符,根据“实存账存对比表”做会计分录如下:

借:待处理财产损溢——待处理流动资产损溢　　7 000

贷:原材料——B 材料　　　　7 000

(2) 上项盘亏的材料,报批准后予以转销。材料盘亏,报经董事会批准分别做如下处理：

借：其他应收款——应收材料短缺款　800

营业外支出　3 500

管理费用　2 700

贷：待处理财产损溢——待处理流动资产损溢　7 000

5. 解：

(1) 发现盘亏固定资产，报经批准前应先调整账面记录。应做会计分录如下：

借：待处理财产损溢——待处理固定资产损溢　60 000

累计折旧　20 000

贷：固定资产　80 000

(2) 经董事会批准盘亏设备列“营业外支出”处理。根据批准文件做会计分录如下：

借：营业外支出　60 000

贷：待处理财产损溢——待处理固定资产损溢　60 000

需要指出的是，如果企业清查的各种财产损溢，在期末结账前尚未批准，应在对外提供财务报告时先按上述规定进行处理，并在会计报表附注中做出说明；如果其后批准处理的金额与已处理的金额不一致的，应调整会计报表相关项目的年初数。

6. 解：

根据资料进行账项核对并编制“银行存款余额调节表”。如下表所示。

银行存款余额调节表

项　目	金额	项　目	金额
企业银行存款账面余额	57 000	银行对账单存款余额	95 000
加：银行已收，企业未收	60 000	加：企业已收，银行未收	40 000
减：银行已付，企业未付	2 000	减：企业已付，银行未付	20 000
调节后的存款余额	115 000	调节后的存款余额	115 000

表中左右两方调节后的金额相等，这说明该企业的银行存款日记账记账过程基本正确。

第九章 财务报告

一、单项选择题

1. C 2. B 3. B

二、多项选择题

1. ABCDE 2. ABC

三、判断题

1. √ 2. √ 3. ×

四、业务题

略

第十章 账务处理程序

一、单项选择题

1. B 2. C 3. C 4. C 5. A 6. A 7. A 8. D 9. D 10. D
11. D 12. A 13. B 14. C 15. C

二、多项选择题

1. ABC 2. ABC 3. AC 4. ABCD 5. ABD 6. AB 7. ABD
8. ABC 9. ABCD 10. BC

第十一章 会计规范与会计管理

一、单项选择题

1. D 2. A 3. C 4. C 5. B 6. B 7. B 8. D 9. A 10. A

二、多项选择题

1. BC 2. ABC 3. BCD 4. BCD 5. ABD 6. ABCD 7. BC
8. ABC 9. ABCD 10. ABCD

三、判断题

1. √ 2. × 3. × 4. √ 5. √ 6. × 7. √ 8. √ 9. ×
10. √

四、思考题

略

主要参考文献

[1] 财政部会计司. 企业会计准则讲解[M]. 北京:人民出版社,2016.
[2] 财政部会计资格评价中心. 初级会计实务[M]. 北京:中国财政经济出版社,2016.
[3] 陈国辉,迟旭升. 基础会计[M]. 第5版. 大连:东北财经大学出版社,2016.
[4] 郭道扬. 会计发展史纲[M]. 北京:中国广播电视大学出版社,1984.
[5] 侯刚,胡凡,靳永军. 基础会计学[M]. 南京:南京大学出版社,2015.
[6] 黄庆阳,袁晓玲,许爱娣,等. 会计学原理[M]. 第2版. 武汉:武汉理工大学出版社,2014.
[7] 孔庆林. 会计基础[M]. 北京:清华大学出版社,2016.
[8] 李伯兴. 会计学基础[M]. 北京:中国财政经济出版社,2010.
[9] 李迪,吴丽莉,王静. 基础会计学[M]. 北京:清华大学出版社,2016.
[10] 李海波. 会计学原理——基础会计[M]. 上海:立信会计出版社,2011.
[11] 刘常青. 世界会计思想发展史[M]. 郑州:河南人民出版社,2006.
[12] 刘文辉,李刚. 会计学基础[M]. 北京:首都经济贸易大学出版社,2008.
[13] 彭玉书,王秀丽. 会计学原理[M]. 北京:对外经济贸易大学出版社,2001.
[14] 秦海敏. 基础会计学[M]. 南京:南京大学出版社,2016.
[15] 王新红,陶水侠,王青亚. 会计学基础[M]. 西安:西安电子科技大学出版社,2013.
[16] 王艳茹. 会计学原理[M]. 北京:中国人民大学出版社,2008.
[17] 魏索艳. 新编会计学[M]. 北京:清华大学出版社,2007.
[18] 魏永宏. 基础会计[M]. 北京:电子工业出版社,2016.

[19] 徐泓. 基础会计学[M]. 北京:机械工业出版社,2014.
[20] 叶陈云. 会计学[M]. 北京:机械工业出版社,2010.
[21] 赵丽生. 会计学基础[M]. 北京:清华大学出版社,2007.
[22] 中华人民共和国财政部. 企业会计准则[M]. 北京:中国财政经济出版社,2017.
[23] 中华人民共和国财政部. 企业会计准则——应用指南[M]. 北京:中国财政经济出版社,2017.
[24] 朱小平,周华,秦玉熙. 初级会计学[M]. 第8版. 北京:中国人民大学出版社,2017.